KB272077

왜냐고 　　묻지
　　　　　않으면
아무것도 　바뀌지
　　　　　않는다

왜냐고 묻지 않으면 아무것도 바뀌지 않는다

공화국 시민의
삶과 분별에 관하여

김경집

북인어박스
book in a box
Publishing House

'반공화주의 시대'를 슬기롭게 건너는 힘

인간은 평생 배우며 산다. 배움은 호기심에서 비롯된다. 호기심을 놓치는 순간 배움은 멈추고 지혜는 사윈다. 분별력은 지혜의 영역이다. 예전과 달리 수많은 지식과 정보를 접한다. 쓰레기 정보와 가짜뉴스도 덩달아 판친다. 한두 개 출몰할 때는 쉽게 구별하고 가려내지만 한꺼번에 쏟아지고 입에서 입으로 퍼지면 옥석의 구분이 불가능해지게 된다. 그 수렁에 살고 있다. 그러니 배운 건 많은데 정작 분별하고 판단하는 힘까지 남에게 기댄다. 배움은 주체성과 독립성을 키우고 그것을 바탕으로 자아를 성장하게 하는데, 호기심과 탐구욕 그리고 분별력을 갖추지 못하니 제대로 된 지식은 멈추고 허위가 판치며 세상도 탁해진다.

수많은 혁명은 으레 반혁명과 직면했고 때론 아무렇지도 않은 듯 왕정복고가 반복되었다. 혁명 이후의 혼란은 대개 혁명의 본질이 아닌 부스러기 이익을 좇은 데서 비롯되었다. 그 정신에 충실하지 못했기 때문이다. 혁명 주변에 어슬렁거리던 자들까지 가세하여 전리품을 찢어 가려는 이전투구에 대한 환멸도 한몫했다. 그러나 핵심은 시민 다수의 각성과 현실 인식이 충분하지 못했다는 점이다. 어설픈 계몽의 단계에서 혁명이 먼저 도래했다면, 그 간극은 이성적 판단으로 메워졌어야 했다. 하지만 모두의 시선이 권력의 향배에만 쏠리면서 그 공백은 방치되었고, 그 결과가 역풍으로 되돌아왔다. 거의 모든 혁명은 그렇게 혹은 유사하게 반복된다. 그래도 다행히 인간의 지성은 진보의 길을 택했고, 그 방향으로 발전해왔다. 그게 지금 우리가 누리는 문명의 과정이다.

우리는 공화국에서 살고 있다. 우리는 모두 동등한 주권을 가진 민주시민으로서 공화국의 주인이자 공화국의 의무를 이행해야 하는 주체다. 그 의무 가운데 하나는 올바르게 알고 참과 거짓을 가려내며 거짓을 따르는 이들을 계도하거나 추방하는 것이다. 민주공화국인 대한민국은 불행히도 여러 차례 반공화주의자들의 반란에 시달렸다. 쿠데타로 집권한 뒤 힘으로 누르고 입을 틀어막으며 온갖 왜곡을 일삼았다. 그게 20세기의 숙명인 줄 알았더니 21세기에도 공화주의의 적들이 공화주의자인 양 위장하고 공화국을 망가뜨리려다 실패했다. 그것도 성공률이 90퍼센트가 넘는다는 친위쿠데타에서.

대한민국의 민주주의와 공화주의 정신이 살아 있는 덕분이다. 그러나 여전히 전복의 위험은 도사린다. 미국에서도 '노 킹스(No Kings)' 캠페인이 벌어지는 건 그런 조짐에 대한 시민 저항이라 할 수 있다. 일찍이 컬럼비아대학교의 역사학자 리처드 호프스태터(Richard Hofstadter)는 『미국의 반지성주의(Anti-Intellectualism in American Life)』(1963)에서 정치의 타락을 지성이 타락한 결과로 진단했다. 오늘날 트럼프 현상을 이해하는 핵심은 미국 사회에 뿌리내린 반지성주의에 있다. 이 점에서 그의 경고는 여전히 유효하다. 더 나아가 이 반지성주의가 오늘의 대한민국 사회를 비추는 거울이라는 사실은 그 위험이 결코 남의 일이 아님을 일깨운다.

현대 사회가 경험한 공화국의 역사는 길지 않다. 길게 잡아도 200년 남짓에 불과하며, 대한민국에서는 아직 한 세기도 채우지 못했다. 그럼에도 공화국을 자유로운 개인을 보장하는 정치·사회적 구조로 이해하는 신념은 빠르게 자리 잡았다. 이제 그 신념을 공허한 이상에 머물지 않게 하려면, 공화국을 더욱 견고히 세우고 지속적으로 발전시켜야 한다. 이러한 실천이 축적될 때, 시민은 비로소 공화국이 약속한 권리를 온전히 누릴 수 있다.

지식과 정보는 이미 차고도 넘친다. 우리에게 필요한 핵심은 진위를 가려내는 지적 능력과 사실에 담긴 의미와 가치를 찾아내는 지혜다. 보수와 진보의 대립을 교묘히 이용해 사익을 추구하는 집단을 경계해야 한다. 특히 보수와 수구를 구별하고, 극우와 수구를 배제할 수 있는 분별력이 필요하다. 수구가 보수를 참칭한 탓에, 한국 정치에서는 중도우파에 가까운 세력조차 진보로 불린다. 그와 마찬가지로 극좌에 휘둘려 정체성을 확립하지 못하는 이른바 진보 세력에게도 냉철한 통찰이 필요하다. 그런 까닭에 민주공화국의 시민으로서 우리에게 필요한 것은 각자의 성향이 보수건 진보건 거죽에 나타난 '건조한 문서'의 지식과 정보를 넘어서 그 본질을 비평적으로 꿰뚫어볼 수 있는 혜안이다.

소금은 인간에게 없어서는 안 될 중요한 물질이다. 그러나 진짜 좋은 소금은 반드시 간수를 제거한 뒤에야 얻을 수 있다. 간수에 포함된 염화마그네슘은 강한 쓴맛을 내며, 이 때문에 소금 고유의 짠맛과 감칠

맛이 가려지기 쉽다. 또 간수에는 우리 몸에 꼭 필요하지 않은 성분도 일부 포함돼 있어, 이를 제거해야 건강에 유익한 미네랄만이 남는다. 간수를 충분히 제거한 소금은 품질과 보관성도 좋다. 저장 중 굳거나 변질될 우려가 줄어드는 것이다. 지식도 마찬가지다. 겉보기엔 충만해 보여도 그것이 진짜 쓰일 수 있으려면 불필요한 간수를 걷어낼 여유가 필요하다. 반지성주의가 공화국을 위협하는 시대일수록 그 여유는 단순한 사치가 아니라 반드시 지켜야 할 태도다.

『논어』「자장편」에서 자하는 이렇게 말한다. "博學而篤志 切問而 近思 仁在其中矣(박학이독지 절문이근사 인재기중의)." 널리 배우고 그 뜻을 돈독히 하며, 간절히 묻고 가까이에서 사유하면 인(仁)은 그 가운데 있게 된다는 뜻이다. 자하가 제시한 배움의 길은 단순한 지식 축적에 머물지 않는다. 널리 배운 뒤에는 묻고, 생각하고, 삶 속에서 되새기며 자신의 것으로 만드는 과정이 따른다. 현상 너머의 본질을 꿰뚫어보고, 평면적인 지식에서 벗어나 입체적이며 비판적인 안목으로 사유할 수 있을 때 지식은 비로소 지혜가 되고 삶으로 이어진다. 그런 토대 위에서야 비로소 공화주의의 정신이 자라나고, 공화국이 건설된다. 그래야 이름뿐인 쭉정이들이 밭을 어지럽히는 일을 막을 수 있다.

그런 생각의 힘을 키우기 위해 먼지 쌓인 질문들과 다시 마주 앉았다. 때로는 겉흙을 벗겨내는 데 집중하기도 했고, 어떤 경우에는 땅속 깊이 파고들어 토질까지 살폈다. 하지만 이 책은 하나의 물음에서 시작했다. "왜"라는 물음이 선행되어야 비로소 "어떻게"가 유의미해진다. 우리는 그 반대로 살아왔다. '노하우'가 질문을 밀어내고 해답으로 행세했기 때문이다. 그러나 지금은 다르다. 사고의 전환 없이는 창의성도, 생산성도 기대하기 어렵다. 공화국의 기초를 다시 튼튼하게 놓기 위해서라도, 이제는 질문에서 출발해야 한다. 거짓과 부정한 욕망이 다시는 우리 사회를 망가뜨리지 않게 하려면, 지혜와 용기가 함께 필요하다. 그 힘은 분별하고 해석하는 능력에서 온다. 그리고 그 능력은 질문에서 비롯된다. 답은 하나지만 물음은 무한하다. 답은 이미 누군가 만들어놓은 보편의 해법일 수 있지만, 질문은 '내'가 던지는 것이기에 주체적이다. 그 질문을 따라 답을 찾아가는 동안 우리는 생각의 깊이를 키우고, 스스로 단련시킨다. 좋은 사회는 그 물음의 힘을 바탕으로 자라난다.

▬▬ III부 문화와 권력

"감시자는 누가 감시하는가?(Quis custodiet ipsos custodes?)" — 유베날리스

역사와 기억

1부

"역사는 단순히 과거에 관한 것이 아니다. 아니, 과거와는 거의
상관이 없다. 사실 역사가 강력한 힘을 갖는 까닭은 우리 안에
역사가 있기 때문이고, 우리가 깨닫지 못하는 다양한 방식으로
우리를 지배하기 때문이며, 그리하여 말 그대로 우리가 하는 모
든 일 안에 현존하기 때문이다."
—

제임스 볼드윈
James Baldwin, 1924~1987

역사의 유산, 기억의 책임
금속활자의 나라, 그러나 인쇄혁명은 없었다

우리나라는 세계 인쇄사에 큰 자취를 남긴 나라다. 그 대표적인 유산이 1377년(우왕 3년) 청주 흥덕사에서 인쇄된 『직지심체요절』이다. 정확한 명칭은 『백운화상초록불조직지심체요절(白雲和尙抄錄佛祖直指心體要節)』이며, 백운이라는 고승이 부처의 깨달음을 간추려 정리한 책이다. 『직지』는 금속활자로 인쇄된 현존 최고(最古)의 책으로, 요하네스 구텐베르크(Johannes Gutenberg, 1398년경~1468)의 성서(1455년경)보다 수십 년 앞선 시기에 제작됐다. 이 판본에 앞서 1234년 『상정고금예문』이 금속활자로 인쇄되었다는 내용이 『고려사』에 전해지지만, 현재 실물은 남아 있지 않다.

흔히 『직지』는 병인양요 때 프랑스군이 약탈해 간 것으로 알려졌으나, 외규장각 목록에 포함되어 있지 않아 사실과는 차이가 있다. 고서 수집가였던 주한 프랑스 공사 빅토르 콜랭 드 플랑시(Victor Collin de Plancy, 1853~1922)가 알려지지 않은 경로를 통해 소장했던 것을 1911년 수집가 앙리 베베르(Henri Vever)가 구입해 보관하다가, 유언에 따라 1950년 프랑스 국립도서관에 기증되었다고 한다. 이후 1972년 재불 역사학

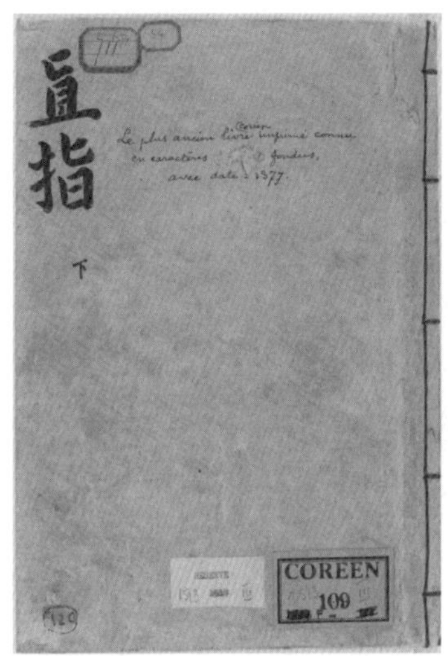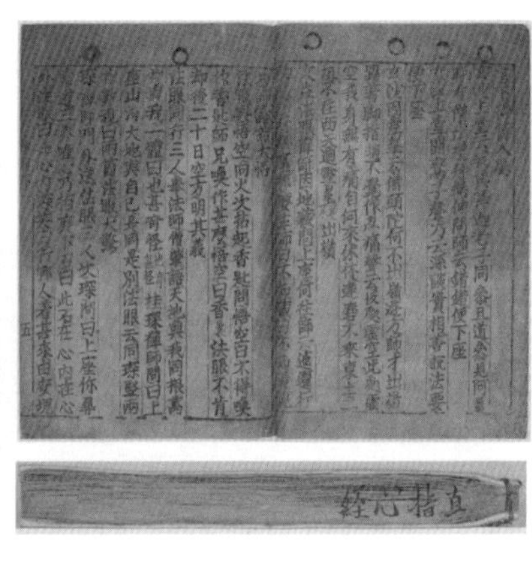

1377년 청주 흥덕사에서 금속활자로 인쇄된 『직지심체요절』 하권. 세계에서 가장 오래된 금속 활자본으로, 구텐베르크 성서보다 78년 앞선 인류 인쇄문화 유산이다.
(Bibliothèque nationale de France, Public Domain)

자 겸 서지학자인 박병선(朴炳善, 1903~2011) 박사에 의해 현존하는 세계에서 가장 오래된 금속활자 인쇄물임이 밝혀졌다.[*] 1993년 한국 고속철도 사업 기술 채택에 환심을 사려 했던 프랑수아 미테랑(François Mitterrand) 프랑스 대통령이 김영삼 대통령과의 회담에서 『직지』와 외규장각 의궤의 반환을 약속했으나 일부만 이뤄졌다. 20년 가까운 협상 끝에 외규장각 의궤는 2011년 5년 단위 임대 방식으로 돌아왔지만, 『직지』는 지금도 프랑스 국립도서관 서고에 보관되어 있다.

그런데 고려인들은 왜 목활자가 아닌 금속활자를 만들었을까. 우

---

[*] 이에 대해 『조선일보』가 2001년 일부의 의문 제기를 보도했으나, 이 견해는 학계에서 받아들여지지 않았다. 현재 국내외 학계는 물론 유네스코와 프랑스 국립도서관 역시 『직지』를 최초의 금속활자 인쇄본으로 공식 인정하고 있다.

리는 세계 최초라는 타이틀에는 익숙해하면서도 정작 그 맥락은 묻지 않는다. 그러나 이 질문은 그리 멀리 돌아가지 않아도 실마리를 찾을 수 있다. 완전히 새로운 것을 발명한다는 건 우연히 이루어지기도 하지만 대부분 절실할 때 이루어지는 경우가 많다. 고려가 금속활자를 발명했던 건 긴요했을 뿐 아니라 현실적이었기 때문이다. 고려는 외적의 침략에 '장경(藏經)' 간행으로 맞섰으나 수많은 목판과 인쇄물을 전란에서 잃었다. 불교 국가에서 경전은 곧 권위였다. 따라서 곧바로 다시 간행해야 했지만, 목판을 새로 만드는 일은 목재 확보에서 제작과 건조에 이르기까지 막대한 시간과 노동을 요구했다. 한 번 주조해두면 다시 글자를 조합해 사용할 수 있는 금속활자는 이런 조건에서 매력적인 선택지였다. 게다가 전란이라는 특수한 인쇄 환경 속에서 보존과 이동에 취약한 목판 대신 금속활자를 택한 판단은 충분히 이해될 수 있었다.

그렇다면 왜 우리의 금속활자는 사회 전반을 바꾼 인쇄 혁명으로 이어지지 않았을까. 여기서 우리는 금속활자의 '소량'이라는 특성을 주목해야 한다. 금속활자는 기존 목판인쇄의 한계를 극복하려는 기술적 시도로 탄생했다. 목판은 동일한 책을 대량으로 반복 인쇄하는 데는 효율적이었지만, 내용 수정이 어렵고 판각과 보관에 많은 비용이 들었다. 반면, 금속활자는 글자 단위로 조립·해체가 가능해 다양한 책을 소량으로 인쇄하는 데 유리했다.

이는 곧 이 시대의 금속활자가 대중보다 지식인 계층이나 관료, 승려 등 제한된 수요층을 대상으로 했음을 보여주는 대목이다. 실제로 이러한 특성은 조선에까지 이어졌다. 조선은 1434년(세종 16년)에 간행된 『삼강행실도』와 같은 예외적인 대중 교화서를 제외하면, 금속활자로 간행된 서적의 독자가 대체로 특수 계층에 한정되었다. 조선에 상업 서점이 형성되지 못한 이유 역시 여기에 있었다. 구매력이 없어서가 아니라, 출판 자체가 애초부터 일반 백성을 독자로 상정하지 않았기 때문이다.•

여기서 분명해지는 것은 인쇄 혁명의 성패를 가른 요인이 기술 자체에 있지 않았다는 사실이다. 조선은 1403년(태종 3년)에 주자소(鑄字所)를 설치해 금속활자 제작을 국가 차원에서 체계적으로 관리하기 시작했고, 1434년(세종 16년)에는 갑인자(甲寅字)를 완성함으로써 금속활자 기술의 정점을 이뤘다. 그럼에도 금속활자를 통한 기술적 진전은 사회 전반을 뒤흔드는 변화로 이어지지 않았다. 출판이 처음부터 일반 백성을 독자로 상정하지 않았기 때문이다. 즉, 기술은 이미 갖추어져 있었으나 인쇄 문화를 확산시킬 사회적 조건과 수요 구조는 만들어지지 않은 것이다.

금속활자와 인쇄기, 르네상스를 인쇄하다

구텐베르크 인쇄기 발명 이전까지만 해도 유럽은 필사본에 의존했고, 양피지에 씌어진 책은 매우 고가였다. 책 한 권을 만들기 위해 수십 마리의 새끼 양이 필요할 정도였다. 지식은 극소수의 전유물이었

• 강명관(姜明官) 교수는 『조선시대 책과 지식의 역사』(천년의상상, 2014)에서 서점의 부재 원인을 책의 상업화에 대한 부정적 시각, 국가 통제하의 서적 유통 구조에서 상업 서점의 불필요, 경제적 제약(책 한 권에 논 2~3마지기의 값) 등으로 짚고 있다.

으며, 필사를 한다고 해도 느리고 오류가 많았다. 그러던 중 14세기 이탈리아를 중심으로 억눌렸던 예술과 지적 욕구를 자극하는 르네상스가 움트기 시작했다. 단테(Dante Alighieri)가 고대 문학과 신학을 아우르며 새로운 시대의 문을 열었고, 페트라르카(Francesco Petrarca)는 라틴 고전을 탐색하며 중세가 닫아 두었던 인문주의의 문을 다시 열고 있었다. 문학, 예술, 학문 등 다양한 영역에서 표출되기 시작했다. 이에 따라 고전 서적에 대한 수요가 폭발적으로 증가했다. 그러나 기존의 필사와 목판인쇄만으로는 그 수요를 따라갈 수 없었다. 그 무렵에 등장한 것이 구텐베르크의 인쇄술이다. 르네상스와 인쇄의 결합은 지식의 대중화를 가능하게 했는데, 이는 단순한 기술 혁신을 넘어 지식 혁명의 서막이었다. 여기서 짚어야 할 점은 구텐베르크의 인쇄기 발명이 우리보다 늦었다는 사실이 아니라, 대량 출판을 가능하게 하고 지식의 대중화를 촉진했다는 점이다.

흔히 '금속활자'라는 공통점 때문에 한국과 유럽의 인쇄술이 비슷한 기술이라고 오해하곤 한다. 그러나 실제로는 기술 구조와 생산방식 모두에서 본질적인 차이가 있었다. 우리의 금속활자는 더 이른 시기에 발명되었지만, 인쇄 과정에서의 효율성은 기존의 목판인쇄를 크게 앞서지 못했다. 활자의 정합성이 떨어져 밀랍이나 점토판, 나무판 등에 고정한 뒤 인쇄해야 했고, 조립이 흔들리면 다시 처음부터 맞춰야 했다. 그만큼 하루에 찍어낼 수 있는 인쇄량에도 분명한 한계가 있었다. 그나마 세종 시대에 들어서면서 조판 기술이 다소 개선되어 하루 수십에서 수백 장까지 인쇄가 가능해졌지만, 그때도 수작업 중심의 구조적 한계를 벗어나진 못했다. 더 큰 한계는 인쇄 방식 자체에 있었다. 우리의 금속활자는 활자에 먹을 바르고 종이를 덮은 뒤 문지르는 탁본형 인쇄에 가까웠기 때문에, 잉크의 농도나 선명도를 일정하게 유지하는 데 어려움이 컸다. 이러한 기술적 한계 때문에 조선 후기에도 대량 인쇄는 목판인쇄 중심으로 이루어졌다.

물론 이것은 조선에만 국한된 현상은 아니었다. 명·청대의 중국과 에도 시대의 일본에서도 민간 출판은 대체로 목판인쇄에 의존했다. 불교와 유교 경전의 간행은 중국에서 여전히 목판 중심이었고, 일본 역시 에도 후기까지 간행물의 제작 방식을 대부분 목판에 의존했다. 조선 또한 민간 출판은 물론 대량 생산이 필요한 국가 간행물에 목판을 널리 사용했다. 1612년에 간행된 『동의보감』은 이를 잘 보여주는 사례다. 금속활자가 충분한 정밀성과 효율을 갖춘 기술이었다면, 대량 간행에서 목판이 선택될 이유는 없었을 것이다. 결국 세계 최초로 금속활자 인쇄술을 발명하고도 우리의 인쇄술은 기술과 제도의 제약 속에서 유럽과 같은 지식의 대중화나 인쇄 혁명으로 이어지지 못했다.

이에 비해 구텐베르크는 금속활자의 발명가라기보다 금속활자와 인쇄기를 결합해 서양식 인쇄 시스템을 정립한 인물로 보는 것이 타당하다. 그는 인쇄기의 효율적인 운용을 위해 표준화된 금속활자를 함께 고안했으며, 활자는 그 인쇄기 시스템의 핵심 구성 요소로 기능했다. 다시 말해, 금속활자 그 자체가 목적이 아니라 대량 인쇄를 실현하기 위한 기술적 수단이었다. 실제로 서양에서는 구텐베르크를 '인쇄기의 발명가'로 부르지 '금속활자의 발명가'로 기억하지 않는다. 활자를 누가 만들었나보다 그것을 통해 무엇을 이뤘는가에 더 큰 관심을 두기 때문이다. 대량 인쇄는 다중의 수요자를 전제하며, 기술은 그 수요를 충족시키기 위해 발전한다. 고려나 조선이 금속활자를 일찍이 개발하고도 기술 진화를 이루지 못한 이유가 여기에 있다. 소량 인쇄에 만족했고, 무엇보다 중앙 정부 중심의 통제된 체계에서만 인쇄가 이루어졌다. 이것이 곧 고려·조선의 금속활자와 구텐베르크의 인쇄술이 갖는 근본적인 차이점이다.

서양에서도 활자 인쇄가 확산되기 이전까지 책을 제작하기 위해 목판인쇄가 사용되기는 했다. 그러나 판각에 많은 시간과 노동이 들었고, 한 번 새긴 내용은 수정하거나 보완하기 어려웠다. 무엇보다 목판인쇄는 페이지당 한 판의 판각이 필요하기 때문에 비용이 너무 많이 들었다. 여기에 알파벳이라는 문자 체계의 특성이 더해졌다. 문자 수가 제한된 알파벳은 활자의 표준화와 재사용에 유리했고, 조판과 분해를 반복하는 대량 인쇄에 적합했다. 이러한 조건을 하나의 체계로 완성한 것이 15세기 중반 구텐베르크의 금속활자였다. 그는 표준화된 주형으로 활자를 주조하고, 기계식 인쇄기를 결합함으로써 반복적이고 균일한 대량 인쇄의 가능성을 열었다. 사실 그의 인쇄 기술은 완전히 독창적인 발명이 아니었다. 같은 시기 이탈리아 피렌체에서 활동하던 조반니 브루넬레스키(Giovanni di Bicci Filippo Brunelleschi) 등 기술자들이 금속 주조와 기계 설계 분야에서 이룬 르네상스 기술 문화적 저변을 형성했기에 가능했다.

구텐베르크는 어찌 보면 운이 따랐던 인물이다. 그의 아버지는 주화 주조 조합원이었고, 덕분에 그는 어릴 때부터 금화 주조법을 익힐 수 있었다. 자신도 금세공 장인이었기 때문에 금속 가공에 능숙했다. 당시의 동전은 문양이 새겨진 펀치로 금속 덩어리를 강하게 내리쳐 제작했는데, 이 방식이 훗날 그의 활자 제작 기술의 기초가 되었다. 그는 와인이나 올리브유를 짜는 압착기(press)에 주목했다. 오늘날 인쇄기를 프레스라고 부르고, 더 나아가 신문 등 매체를 '프레스'라고 부르는 것도 이 장치에서 비롯되었다. 인쇄기는 완전히 새로운 발명이 아니라 주변 도구를 응용한 발상의 전환에 가까웠다. 구텐베르크의 활자 제작 방식은 펀치 모양의 금속 끝면에 글자를 새긴 뒤, 그것을 구리판 같은 무른 금속 위에 얹고 망치로 두드려 음각을 남기는 방식이었다. 이 모형에 납, 주석, 안티몬을 섞어 녹인 합금을 부어 굳히면, 인쇄에 쓸 활자가 만들어졌다.

구텐베르크는 금속 세공 기술을 바탕으로 정밀한 활자 주조는 물론, 인쇄에 적합한 끈적이고 점성이 높은 잉크까지 직접 개발했다. 여

구텐베르크식 인쇄소의 작업 풍경을 묘사한 16세기 판화. 이 판화는 조판, 인쇄, 건조 등 활판 인쇄의 전 과정을 보여주며 당시 인쇄 혁명의 현장을 생생히 담아내고 있다.
(Tolnai világtörténelme, 1908 / Public Domain)

기에 포도즙을 짜는 프레스를 개조해 인쇄기로 활용하고, 활자를 손쉽게 배열할 수 있는 조판 시스템까지 갖추면서 유럽 최초로 본격적인 금속활자 인쇄 시스템을 완성했다. 구텐베르크의 인쇄기는 기존의 활자 단독 사용과는 비교할 수 없을 만큼 빠르고 효율적인 인쇄를 가능하게 했다. 1분에 두 장에서 많게는 열 장까지 인쇄할 수 있었으며, 한 시간에 최대 240장까지도 찍어낼 수 있었다.

책이 값싸게 대량 생산되기 시작하면서 유럽의 많은 사람들이 처음으로 책을 소유하고 읽을 수 있게 되었다. 그것은 혁명이었고, 어쩌면 그 이상이었다. 이전까지 지식은 소수의 성직자와 부유층만이 독점할 수 있었지만, 인쇄술의 확산은 그 권위를 넘어 대중적 공유를 가능하게 했다. 지식이 권력에서 해방되어 사회 전체로 흘러들기 시작한 것이다. 그 자체가 하나의 거대한 문명적 혁명이었다. 그중에서도 가장 상징적인 사건은 성서 인쇄였다. 단순히 종교 경전을 대량으로 찍어냈다는 의미를 넘어섰다. 성서를 독점하던 성직자의 권위가 흔들리기 시작했고, 이는 곧 지식과 권위의 분산을 의미했다. 이러한 권위의 균열은 16세기 종교개혁과 밀접하게 연결되었다. 과학혁명과 종교혁명은 단순한 사상운동이 아니라 획기적인 인쇄술의 발전이 만들어낸 문명적 결과인 셈이다.

이 점은 유럽과 동아시아의 인쇄술이 전혀 다른 궤도로 전개되는 결정적 분기점이기도 하다. 실제로 1450년 구텐베르크가 인쇄술을 발명한 이후, 단 67년 만인 1517년에 마르틴 루터(Martin Luther)의 95개조 반박문 사건이 일어났다. 그 시점까지 유럽에는 구텐베르크 방식의 인쇄소가 240곳이나 세워져 있었다. 이들 인쇄소는 약 2,000만 권에 달하는 책을 생산했는데, 이는 인류가 그 이전까지 만들어낸 모든 책의 총량을 뛰어넘는 수준이었다.

구텐베르크의 인쇄기 개발은 기술 혁신이 사회 전반에 어떤 변화를 일으킬 수 있는지 보여주는 상징적인 사례다. 여기서 우리가 기억해야 할 것은 서로 다른 기술 영역의 교차와 융합이 새로운 혁신을 만들어낼 수 있다는 사실이다. 금속 세공과 금 세공에서 축적된 주조 기술, 압착 장치에 대한 이해, 잉크와 종이를 다루는 경험은 새로운 인쇄 시스템을 가능하게 한 토대였다. 이는 혁신이 단일한 발명에서 비롯되기보다, 서로 다른 기술과 경험이 교차하는 지점에서 형성된다는 점을 분명히 보여준다. 그런 점에서 구텐베르크의 인쇄기는 학제 간 지식과 융합적 사고의 중요성을 일깨워주는 역사적 사례로도 읽을 수 있다.

브라운대학교의 신시아 브로코(Cynthia Brokaw) 교수는 『옥스퍼드 책의 역사』(제임스 레이븐 엮음, 교유서가, 2024) 제4장 「중세 및 근대 초의 동아시아」에서 동아시아 주요국 가운데 한국이 근대 초기에 출판 면에서 가장 더딘 발전을 보였다고 지적한다. 조선이 정교한 금속활자 기술을 충분히 보유하고 있었음에도, 조정의 엄격한 통제 아래 국가 중심으로 운용됨으로써 상업 출판이 구조적으로 배제되었다는 것이다. 조선의 식자층이 근대 초 중국에서 유입되던 저작물에 대해 불쾌감을 드러내곤 했다는 사실도 그런 맥락에서 언급된다. 역설적이게도 책을 숭상하는 문화가 강했음에도 출판이 대중을 향한 지식의 확산으로 이어지지 못했다는 점은 조선 출판문화의 구조적 한계를 분명히 보여준다.

이러한 통제가 우리의 출판문화 전반에 미친 영향은 생각보다 깊었다. 근대 후기까지 조선에 서점이 존재하지 않았다는 사실은 이를 단적으로 보여준다. 그럼에도 이 문제를 비판적으로 조명한 연구는 드물고, 강명관 교수 등 일부 학자의 지적을 제외하면 여전히 주변적 주제로 머물러 있다. 출판의 통제와 제한은 단순한 제도적 문제를 넘어 새로운 지식의 생산과 수용을 가로막았고, 대중의 지적 능력 향상을 제약함으로써 결국 출판문화가 훨씬 더 발달한 일본에 뒤처지게 만들었다. 그리고 그 결과는 우리가 너무나 잘 알고 있듯이 주권 상실이라는 참혹한 현실로 이어졌다. 우리가 여전히 '금속활자의 주조'라는 기술적 성취의 최초성에만 자부심을 갖고 있는 건 아닌지, 다시 생각해볼 필요가 있다.

팔만대장경,
과거의 유산으로 오늘을 묻는다

팔만대장경(합천 해인사 대장경판)에 대한 우리의 인식 또한 다시 돌아볼 필요가 있다. 분명 그것은 위대한 문화유산이며, 그에 대해 자부심을 갖는 일은 자연스럽고 정당하다. 그러나 그 유산을 통해 오늘날 우리가 무엇을 읽어내고, 무엇을 반추하며, 어떤 통찰을 얻어야 하는가라는 질문은 다른 결의 해석을 요구한다.

팔만대장경은 단순한 역사적 유물을 넘어, 인류 전체가 공유해야 할 세계 문화적 가치를 지닌 귀중한 유산이다. 우리나라는 이를 국보 제32호로 지정했고, 유네스코 역시 세계기록유산으로 등재하여 그 가치를 국제적으로 공인했다. 이 경판을 보관하고 있는 해인사의 장경판전 또한 건축적 설계와 자연 환기 구조에서 탁월함을 입증하며 별도로 유네스코 세계문화유산에 등재됐다. 세계에서 가장 오래된 완전한 불교 대장경이라는 점에서도 팔만대장경은 단순한 보존의 대상이 아니라 사상과 정신, 기술과 미학이 집약된 인류 문화사의 정수라 할 만하다.

'대장경(大藏經)'이란 경(經)·율(律)·논(論), 즉 불교 경전을 집대성한 텍스트를 뜻한다. 그 방대한 경전을 모두 목판에 새겼다는 것은 단순히 엄청난 일이 아니라 전쟁 한복판에서 일어났다는 점을 고려하면 오히려 미친 짓에 가까웠다. 무려 16년(1236~1251)에 걸쳐 간행된 이 대작업은 판수만 해도 8만여 장에 달하며, 8만 4,000개의 경전 구절이 새겨져 있어 '팔만대장경'이라는 이름을 얻었다. 특히 지금은 전해지지 않는 송나라 북송관판이나 거란 대장경의 내용을 간접적으로나마 복원해주며, 여진과 일본의 경전까지 포괄해 정리했기 때문에 이 대장경은 단순한 신앙의 산물을 넘어 인류 지식의 총체로 평가받는다. 이를 만든 이유는 다름 아닌, 몽골의 침입 앞에서 민심을 다잡고 부처님의 가호로 외세를 물리치고자 했던 염원이었다고 전해진다.

그 엄청난 분량의 대장경을 단순히 대충 해치우는 식으로 마무리할 수는 없었을 것이다. 고려 조정, 좀 더 정확히 말하면 최씨 무신정권은 몽골의 침입을 피해 강화도로 천도했고, 그곳에 '대장도감(大藏都監)'이라는 임시 기구를 설치하여 대장경 조판 사업에 정성을 쏟았다. 대장도감이 들어선 강화 선원사는 당시 최고 무신 권력자였던 최우(崔瑀)의 원찰(願刹)이었다. 대장경 제작은 일종의 종교적 수행처럼 이뤄졌다. 글자 하나를 새길 때마다 절을 세 번씩 하게 해 최대한의 공력을 들였다고 전해진다. 수천만 자에 달하는 글자들은 놀라울 정도로 정교하고 균일하게 새겨졌으며, 오자도 거의 없었다. 그러나 그 웅대한 유산이 자랑이기 이전에 당시 백성에게는 피로와 고통의 결과였다는 점만큼은 냉정히 짚어야 한다.

고려 현종(顯宗, 재위 1009~1031) 때 대각국사 의천(義天)이 만든 초조(初造)대장경이 몽골의 침입으로 소실되었다. 이후 그 대장경을 다시 만들었기 때문에, 지금의 팔만대장경을 '재조(再造)대장경'이라고 부른다. 이 경판 사업이 본격적으로 이루어진 것은 외적의 침략이 본격화된 시기였다. 수적으로나 질적으로 우월한 몽골군을 상대하기에도 벅찬 시국에 조정은 전력을 모으는 대신 불교의 힘으로 적을 막겠다는 의도로 대장경 사업에 착수했다. 이것은 단순한 신앙심일까, 아니면 현실을 회피한 정치적 상징 행위였을까. 우리는 이 무모함을 어떤 시선으로 바라보아야 하는가. 깊은 불심을 폄훼하려는 것은 아니다. 그러나 전쟁은 현실적 재앙이다. 초월적 힘에 기대려는 심정은 이해할 수 있지만, 현실적인 전략과 판단을 외면하는 것은 현명한 대응이라 보기 어렵다. 전쟁을 치러내야 할 처지에서 가장 중요한 것은 국력을 한 곳으로 모으고 그것을 최적화하며 극대화하는 일이다. 대장경을 인쇄하는 일이 정말로 국난을 막을 수 있는 최선이었을까. 이는 단순히 호국불교의 전통으로만 설명할 수 있는 일이 아니다.

이 선택의 이면에는 어쩌면 '우연한 효과'에 대한 기억이 작용했을 가능성도 있다. 1010년, 거란이 제2차 침략을 감행했을 때였다. 현종은 거란의 빠른 진군을 피해 전라도 나주로 피난했다. 이때 고려는 수도 개경이 함락되는 수모를 겪었다. 그러나 거란군은 오래 머물지 않고 스스로 물러났다. 이 무렵 개경에서는 대장경의 판본, 즉 초조대장경이 새겨지고 있었다. 거란의 철수가 장경 사업 덕분이었을까. 그보다는 다른 정치적 요인이 있었을 것이다. 그러나 조정은 그것을 믿었다. 아니, 그렇게 믿고 싶었을 것이다. 그 기억을 소환한 것이다.

당시 집권자 최우와 조정 인사들이 대장경 조판 사업에 몰두한 까닭은 분명하다. 장기화된 전쟁 속에서 민심이 흔들릴 것을 우려했기 때문이다. 동시에 국론을 하나로 모으려는(혹은 호도하려는) 절박한 전략적 판단에서 비롯되었을 것이다. 경판 제작에는 주로 산벚나무가 사용되었고, 돌배나무와 단풍나무처럼 조각이 용이하면서도 변형이 적고 내구성이 뛰어난 목재들이 함께 쓰였다. 경판 한 장은 가로 68~78센티미터, 세로 24센티미터, 두께 2.53센티미터에 무게는 약 3킬로그램에 달한다. 이처럼 방대한 양의 목판을 제작하기 위해서는 수많은 나무를 벌목하고, 긴 시간 동안 말리고 가공하는 과정을 거쳐야 한다.

외적의 침략 앞에서 백성을 버리고 섬으로 피신한 것 또한 전략적 판단이었을지언정 결과적으로는 패전이라 평가할 수밖에 없다. 압도적인 병력 차이를 고려할 때 강화도로의 도주는 어쩌면 생존을 위한 최선이었을지 모른다. 그러나 그 선택이 지닌 본질—즉, 조정의 퇴각과 국토의 일시적 상실—을 가리는 것은 불가능하다. 그런 상황에서 장경 조판이라는 대규모 불사(佛事)를 추진했다는 것은 단순한 신앙의 표현이라기보다는 현실 정치의 시선을 분산시키기 위한 전략적 기획이었을 가능성이 크다. 평시에도 막대한 자원이 요구되는 사업을 전시 국면에서까지 추진했다는 점은 당시 조정의 의도를 어떻게 보든 비판의 대상이 될 수밖에 없다.

대장경 간행은 그 자체로 몽골의 침략을 막아내지 못했다. 이는 누구나 알고 있는 사실이며 그에 따르는 책임 역시 물어야 한다. 대장경 사업에 종교적 명분이 있었다 해도, 그 이면에 정치적 목적이 깔려 있었다면 백성들의 고통은 더욱 외면당한 셈이 된다. 장기화된 전쟁 속에서 백성들이 감내했을 노동과 부담은 결코 작지 않았고, 그 결과가 아무리 위대한 문화유산으로 남았다 하더라도 그 당시 사람들의 고통은 정당화될 수 없다. 그런 역사적 고통을 보지 못한 채 성과만을 기리는 시선은 균형을 잃기 쉽다. 문화유산은 찬양의 대상이기 이전에 성찰의 기회가 되어야 한다. 한 방향으로만 보는 시선은 위험하다. 역사는 언제나 두 눈 부릅뜨고 바라보아야 한다.

불행하게도, 이런 일은 오늘날에도 반복되고 있다. 그 양상과 방식만 달리할 뿐, 본질은 크게 다르지 않다. 심지어 교육조차도 그 과정을 온전히 가르치지 못한다. 우리는 팔만대장경의 문화적 의의와 기술적 성과에 대해 배우지만, 그것이 얼마나 무리한 결정이었는지, 또 얼마나 많은 사람들에게 고통을 안겨준 일이었는지 좀처럼 조명하지 않는다. 그래서일까. 권력을 비민주적으로 장악하거나, 적법한 절차로 집권했다 해도 실제로는 민주주의를 훼손하고 개인의 자유를 제한하는 이들이 등장해도, 공동체가 제대로 저항하지 못한다. 교과서에서 배운 것과는 전혀 다른 방식으로 현실이 전개되더라도, 우리는 종종 침묵으로 일관한다. 단순히 비겁해서만은 아니다. 부끄럽지만 무지하기 때문이기도 하다.

우리의 역사에는 자부심을 가질 만한 문화가 많다. 분명히 기억하고 기록할 가치가 있는 유산이다. 그러나 그 유산이 과연 우리의 삶과 사회를 근본적으로 변화시켰는지, 새로운 시대를 여는 동력이 됐는지 되묻는다면 우리는 과연 어떤 대답을 할 수 있을까. 그 유산이 당대에 어떤 과정을 거쳐 만들어졌으며, 그것이 우리의 삶과 사회에 어떤 영향을 남겼는지 함께 살펴보는 일도 그에 못지않게 중요하다. 문화유산을 오늘의 삶과 연결시키고, 내일을 여는 자산으로 삼기 위해서는 그 이면을 제대로 바라보려는 노력이 필요하다. 자부심은 반성과 함께할 때 비로소 단단해진다.

권력의 조건, 역사에 되묻다
정통성이 취약한 권력은 어떻게 스스로 무너지나

임진왜란과 병자호란이라는 두 전란은 조선의 역사를 가르는 주요한 변곡점으로 평가받는다. 단순히 외세의 침입에 그치는 게 아니라 조선 사회 전반에 걸쳐 균열과 변화를 몰고 온 거대한 충격이었기 때문이다. 학자들은 이 시기를 묶어 조선의 '환란기'이자 '중세 질서의 해체기' 혹은 '근세의 개막'이라 부르기도 한다. 그런데 이 시기를 주목해야 하는 또 다른 이유가 있다. 정통성에 어려움을 겪은 권력이 국난 앞에서 얼마나 허약해질 수 있는가 하는 점이다. 이 무렵 조선을 이끈 임금은 선조, 광해군, 인조였고, 세 왕 모두 저마다의 방식으로 정통성의 불안을 안고 있었다.

선조(宣祖, 재위 1567~1608)는 조선에서 처음으로 적통이 아닌 방계 계승을 통해 즉위한 군주였다. 명종(明宗, 재위 1545~1567)은 외아들 순회세자를 잃은 뒤 후사가 끊기자, 조카 하성군을 인순왕후의 양자로 삼아 왕통을 잇는 방식을 택했다. 하성군은 중종과 후궁 창빈 안씨 사이에서 태어난 덕흥군 이초의 둘째 아들로, 이 방계승통을 통해 조선 제14대

임금 선조로 즉위하게 된다.

선조는 영민함 덕분에 곧바로 왕위에 올랐지만, 세자로 책봉되지 않았기에 군왕이 되기 위한 정규 교육을 받지 못했다. 조선 왕조에서 세자는 단순한 후계자가 아니라, 서연(書筵)을 통해 당대의 석학과 대신들에게 경학을 익히며 품성과 식견을 갖춘 군왕으로 길러지는 존재였다. 그런 경험이 없던 선조였기에 정치적 기반이 태생부터 취약할 수밖에 없었다. 그는 이러한 한계를 극복하기 위해 학문에 힘쓰며 면학(勉學) 군주로서의 위상을 세우고자 노력했다. 특히 즉위 직후부터 유교적 군주의 이상을 실천하고자 애썼다. 신하들과의 논의를 중시하는 등 '사림의 나라' 조선에서 이상적인 군주의 모습으로 주목받았다.

그러나 면학만으로 권력을 지킬 수는 없었다. 선조는 정치적 힘을 선택했고, 그것은 붕당(朋黨)이었다. 서로 다른 세력 간의 균형을 이용해 취약한 왕권을 지탱하려 한 것이다. 선조는 동인과 서인을 번갈아 기용하며 그 균형을 권력 기반으로 활용했다. 붕당정치는 시간이 지나고 소모적으로 변하며 사화(士禍)처럼 유혈을 동반하기도 했지만, 초기에는 비교적 평화로운 정권교체 수단으로 역할을 했다. 대규모 정권교체는 '환국(換局)'이라 불렸다. 선조 치세에는 사화 같은 극단적인 충돌도 없었다. 이는 선조가 당쟁을 조율과 균형의 수단으로 활용할 줄 알았다는 점을 보여준다. 일제는 '당쟁(黨爭)'을 망국의 병이라 규정하며, 이를 빌미로 조선 정치의 전통을 폄훼했다. 그러나 조선의 붕당정치는 단순한 권력 다툼이 아니라 정권교체와 정치 노선을 둘러싼 고도의 경쟁 체제로서 명분과 도덕성을 기반으로 작동했다. 그 때문에 권력을 쥔 이들조차 노골적인 부패를 삼가거나 적어도 외부에 드러나는 일을 경계했다. 심지어 성균관 유생들의 비판을 의식해 그들에게 빌미를 주는 언행도 조심스러워했다. 무엇보다 군왕의 현명한 판단력이 요구되었다. 신하들과의 치열한 토론에서 최종 결정을 내릴 수 있을 만큼 압도적인 군왕의 학식과 판단력이 필요했다. 그것을 놓치면 세도정치로 전락할 위험이 상존했다. 붕당이 사라지면 전횡이 뒤따르고, 정치는 실종될 수밖에 없다. 따라서 군왕이 어느 한쪽에 힘을 실어주는 일은 특정 세력의 권력이 지나치게 비대해졌을 때 정치적 균형을 회복하기 위한 선택이었다.

문제는 다른 데 있었다. 직계가 아닌 방계 임금이라는 태생적 약점이 국가적 위기 앞에서 뚜렷한 한계로 드러난 것이다. 조선의 외교 체계가 명 중심으로 고착된 것은 구조적인 관행이었지만, 변화의 조짐을 포착하고 대응하는 일은 국왕의 몫이었다. 그러나 선조는 그러한 변화를 제대로 인식하지 못했고, 이에 대한 체계적인 대비도 마련하지 못했다. 일본이 조선에 사절을 보내고 군사적 존재감을 높여가던 시점에도, 그는 명과의 관계 유지만을 외교의 중심에 둘 뿐 일본에 대한 독자적 판단이나 주도적 대응에는 소극적이었다. 즉, 외부의 위협보다는 조정 내부의 붕당 간 권력 균형에 역량을 소모한 탓에 일본의 발호에 대한 대비가 미흡했다.

조선은 그 대가를 치르게 된다. 바로 임진왜란이다. 일본은 오랜 전국시대를 마무리하며 통일을 이루며 조총이라는 신무기로 무장한 군대도 보유하고 있었다. 물론 조선이 아무 일도 하지 않은 건 아니었다. 일본의 정세를 예의주시했다. 통신사를 파견하는 등 도요토미 히데요시(豊臣秀吉)의 진의를 캐보려고 했다. 그러나 그 관심은 현실적인 외

피란길에 오르는 선조의 어가행렬을 묘사한 그림(Okada Gyokuzan, 1893). 선조는 총명한 인물이었다는 평을 듣지만, 임진왜란 위기에서 지도자로서의 책임감이 부족했다는 비판을 면치 못한다. (일본 국립국회도서관 / Public Domain)

교적 경계라기보다는 여전히 명과의 관계를 우선시한 가운데 이루어진 제한적 대응에 가까웠다. 따라서 그 위협을 현실적인 대규모 전쟁 가능성으로 받아들이지 않았다. 명나라가 건재한 이상 일본이 대대적인 침략에 나설 이유가 없다고 본 것이다. 조정은 1555년 을묘왜변(乙卯倭變, 명종 10년)과 같은 연해 침탈을 상정한 방비에 머물렀고, 대규모 육상 침공을 전제로 한 전면전 대비로는 발전시키지 못했다.

이후의 이야기는 우리가 아는 대로다. 일본의 대대적인 침공이 시작되자 조선은 불과 보름 만에 한양을 내주었고, 조정은 파천을 결정했다. 그것도 잠시 평양에 이어 의주로 피신했고, 국왕의 명나라 망명까지 거론됐다는 정황이 실록에 남아 있다.* 전란 초기에 드러난 이 연쇄적 악수는 국왕의 권위를 크게 훼손한 사건이었다. 이 과정에서 조선 왕권의 통치 기반은 위기 앞에서 사실상 작동하지 못했다. 정통성과 정치적 기반이 취약했던 '방계 임금' 선조에게, 이러한 상황은 더욱 치명적이었다. 그는 위기 속에서 결단을 내리기보다 내부 권력의 균형을 유지하는 데 더 많은 에너지를 쏟을 수밖에 없는 구조적 제약을 안고 있었다. 그 결과로 외부 정세 변화에 대한 전략적 대응은 후순위로 밀려났다. 전란 초기, 위기 앞에서 흔들린 국왕의 모습은 개인의 역량을 넘어 제도적 기반이 취약했던 왕권의 한계를 집약적으로 드러낸 장면이었다.

광해군,
정통성 잃은 국왕의 고독한 선택

파천을 앞둔 1592년 6월 8일 선조는 광해군(光海君, 재위 1608~1623)을 급히 왕세자로 책봉했다. 조선 역사상 처음으로 서자 출신이 세자에 오른 사례였다. 광해군은 분조(分朝)를 이끌며 제1차 평양성 전투에 나섰지만 뒤집을 수 있는 전세가 아니었다. 평양을 내주고 안주를 거쳐 영변으로 후퇴할 수밖에 없었다. 전란이 길어지자 선조는 북방 통치와 민심 수습을 광해군에게 맡겼다. 이 과정에서 선조는 양위를 거론하며 사태의 책임을 신료들에게 돌리려 했다.

광해군은 열여덟의 나이에 조정을 이끌며 모병에 나서고 전장에

● 선조의 파천과 망명 가능성에 대해서는 일부 긍정적인 평가도 있다. 국왕이 포로가 되는 사태를 막고 명의 원군 요청 및 국체 유지에 기여했다는 점에서 전략적 선택으로 보아야 한다는 견해도 있다.

직접 뛰어들었다. 임해군과 순화군이 가토 기요마사(加藤清正)에게 포로로 잡힌 상황에서 광해군은 사실상 왕실의 대표였다. 당초 평안도 강계로 향하려던 계획을 수정해 강원도 이천 전투에도 참여했다. 조선 역사상 세자가 외적과의 전면전에 나선 유일한 사례다. 그는 전투뿐 아니라 백성의 민심과 무너진 사기를 회복하는 일까지 도맡았다. 이러한 역할은 왕실에 대한 불신을 일정 부분 누그러뜨리는 데 기여했다. 명나라뿐 아니라 조선 내부에서도 광해군을 왕위에 올리려는 움직임이 포착되기도 했다. 하지만 이를 감지한 선조는 세자를 끊임없이 경계하기 시작했다. 그 경계는 선조가 죽을 때까지 이어졌다. 이러한 불안정성이 훗날 광해군의 발목을 잡았다.

1608년 우여곡절 끝에 광해군이 즉위했다. 광해군은 실용적인 외교 감각을 바탕으로 조선의 국익을 지키려 한 군주였다. 후금(後金, 청)과 명 사이의 충돌에서 조선을 지켜내기 위해 중립 외교를 시도했을 뿐 아니라 일본과의 외교도 복원해 전란의 위협을 완화했다. 동아시아의 격변기 속에서 광해군이 보여준 외교적 판단은 분명 탁월했다. 그러나 성군이 되기에는 정치적 기반이 지나치게 취약했다. 조선 최초의 서자 출신 군주였을 뿐 아니라, 선왕이 생전에 그를 명시적으로 지명하는 유조조차 남기지 않은 채 세상을 떠났기 때문이다. 게다가 정비 소생의 적자인 영창대군이 살아 있는 상황에서 광해군은 끊임없이 정통성 논란에 휘말린 채 왕위를 지켜야 했다.

즉위 직후부터 이어진 대대적인 역모 사건 처리 과정에서 가해진 처벌은 정치적 명분을 얻기에 지나치게 가혹했다. 분명 광해군은 실리 외교뿐 아니라 대동법 시행, 재해 복구, 백성 구휼 등 내치에서도 애민

(愛民)의 실용주의를 바탕으로 의미 있는 성과를 거두었다. 그럼에도 정치적 불안정성과 정통성에 대한 불신이 누적되며 결국 반정(反正)의 빌미를 제공했고, 끝내 폐위되고 말았다.

광해군을 축출한 반정 세력이 내세운 명분은 크게 두 가지였다. 하나는 사대(事大)하지 않았다는 것, 그리고 다른 하나는 패륜(悖倫), 즉 아우 영창대군을 죽이고 어머니를 폐서인했다는 것이었다. 그러나 광해군의 처지에서 보면 억울한 면도 있다. 계모인 인목대비와 이복동생 영창대군은 실제로 그의 보위를 위협할 수 있는 정치적 축으로 작용했기 때문이다. 그들을 명분으로 앞세운 세력은 임금에게 순응하기보다 노골적인 대립으로 정국을 흔들었고, 그 움직임 역시 단순한 기류가 아닌 구체적 정치 행위로 나타났다. 사실 군왕이 권력 유지를 위해 핏줄을 제거한 사례는 역사에서 드물지 않다. 또 하나의 중요한 명분은 명에 대한 사대를 저버렸다는 비판이었다. 임진왜란 때 조선을 구원한 명나라의 '재조지은(再造之恩)'을 저버리고 후금과 타협했다는 것이다. 반정 세력은 이를 두고 오랑캐와 손잡아 상국(上國)에 맞선 패덕이라 규정했다. 그러나 이러한 비난은 단순한 외교 문제라기보다 명 중심의 질서를 신념처럼 받아들이던 사대부 정치세력의 강한 반발을 반영한 것이기도 했다.

당시의 동아시아 정세는 요동치는 중이었다. 1616년 여진족의 족장 누르하치(努爾哈赤)는 여진을 통일하고 국호를 '후금'이라 칭하며 옛 금나라의 계승을 자처했다. 후금(後金)이라는 명칭에서 알 수 있듯이 금나라(여진)를 계승해 한족의 왕조를 격파하고 국토를 확장하겠다는 상징적인 선언과도 같았다. 단순한 국호가 아니라 한족 왕조에 대한 선전

포고였다. 그러나 조선 조정은 이 정치적 상징성에는 별다른 관심이 없었다. 광해군만이 예외였을 뿐이다. 그는 명나라가 이미 내리막길에 접어들었다는 사실을 정확히 인지하고 있었다. 임진왜란 때 대규모 병력을 파견한 탓에 국력이 소진됐고, 유럽 은화의 대량 유입으로 경제 질서도 흔들리고 있었다. 광해군은 이처럼 불안정한 정세 속에서 현실적인 대응을 모색했다. 대포를 주조하고 정예병을 길렀으며, 북방의 박엽과 정충신 등을 중용해 국방 태세를 강화했다.

한편, 후금과 명은 충돌 직전의 상황이었다. 다급해진 명나라는 조선에 원군을 요청했고, 후금은 함께 명을 치자고 회유와 압박을 병행했다. 양강 사이에서 조선은 선택을 강요받고 있었다. 조선의 처지에서는 진퇴양난이었다. 대부분의 조정 대신은 '재조지은'을 들먹이며 마땅히 명나라에 파병해야 한다고 주장했다. 그들에게 여진의 후금은 한갓 '오랑캐'에 불과할 뿐이었고 섬겨야 할 대상은 명나라였다. 임진왜란의 위기에서 구해줬으니 마땅히 은혜를 갚기 위해서라도 명에 파병해야 한다는 주장이 대세였다. 그러나 광해군은 남의 전쟁에 조선의 백성을 무의미하게 아무 조건 없이 먹잇감으로 던져주기를 거부했다. 1619년, 명나라에 조선군을 파견하기로 했으나 광해군은 명나라와 후금 사이에서 실리적인 외교를 펼쳐 전쟁에 휘말리지 않도록 중립을 견지했다. 후금에도 파병이 불가피한 것임을 알리고 도원수 강홍립(姜弘立)에게 상황에 맞게 행동하라고 은밀하게 지시했다. 강홍립은 명나라 군대의 패색이 확실해지자 적당히 싸우는 체하다 후금에 투항해 누르하치와 화의를 맺었다. 이후 후금에 억류되어 있으면서도 계속해서 광해군에게 밀서를 보내 후금의 동정을 전했다.

광해군의 실용 외교는 조선이 동아시아의 격랑을 헤쳐나갈 수 있는 단초를 마련했다는 점에서 분명 평가받을 만하다. 그러나 아무리 외교적으로 뛰어난 성과를 거두었다 하더라도, 선왕의 유조 없이 즉위한 서자 출신이라는 태생적 한계와 인목대비와 영창대군을 둘러싼 정통성 논란은 끊임없이 그의 입지를 흔들었다. 게다가 이들을 중심으로 외척과 사림 일부가 결집하면서 광해군의 정치적 고립이 점점 심화되었다. 즉, 서자라는 출신 한계는 뛰어난 외교 성과로도 극복할 수 없는 조선 정치의 벽이었던 셈이다.

정통성의 균열,
국가는 어떻게 무너지는가

광해군을 축출한 인조 정권은 스스로 '반정(바른 상태로 되돌림)'이라 칭했지만, 실상은 명백한 쿠데타였다. 명나라에서 편찬한 『희종실록(熹宗實錄)』조차 이를 "왕위 찬탈"로 기록했을 만큼 정통성이 취약했다. 겉으로는 왕도 정치의 복원을 내세웠으나, 그 시작부터 명분보다 개인적 복수와 권력 탈취의 성격이 짙었다. 정권을 장악한 서인 세력은 외교를 명나라에 대한 사대 위에 세웠고, '재조지은'이라는 도덕적 부채 의식 속에서 실리 외교를 폐기했고, 이는 곧 국방의 약화로 이어졌다. 권력 또한 반정 공신들에게 집중됨으로써 군권마저 사적 이해에 따라 분할되었다. 그러한 구조적 취약성이 폭발한 사건이 이괄의 난이었다.

이후 조선은 정묘호란과 병자호란이라는 치욕적인 전쟁을 겪게 된다. 특히 병자호란 당시 인조는 남한산성에 고립된 끝에 삼전도에서 청 태종에게 세 번 절하고 아홉 번 머리를 조아리는 '삼궤구고두례(三跪九叩頭禮)'*를 행하며 항복해야 했다. 전란 과정에서 인질로 끌려간 왕자와 신하들, 유린당한 백성들의 고통은 이루 말할 수 없었다. 그러나 반정 세력은 이에 아랑곳하지 않고 반성보다 체제 유지에 매달렸다. 병자호란 이후 조정은 도리어 종법 질서를 강화하고 성리학을 교조화해 내부 통제에 몰두했다. 민심을 보듬지도, 무너진 국방을 복구하지도 못한 것이다. 인조 정권은 광해군을 몰아내며 내세웠던 명분조차 지키지 못한 채 왕권의 위신마저 실추시키는 역설적 결과를 불러왔다.

가장 큰 문제는 인조 스스로 정통성을 '사대'라는 명분에 결박시켰다는 점이다. 광해군의 실용 외교를 '폐덕(廢德)'이라 규정하며 왕위를 찬탈한 이상, 그 반작용으로 명나라에 대한 충절은 선택이 아니라 필수가 된 것이다. 이는 이후 외교 정책에서 유연성을 잃고, 현실적인 전략 판단조차 '도덕적 타락'으로 간주하게 만든 배경이 되었다. 정통성을 명분에 종속시킨 정치의 결과는 외교적 자율성과 국익 추구의 여지를 스스로 제거한 자가당착이었다.

역사는 반복된다기보다 유사한 조건 아래에서 유사한 오류가 되풀이된다고 보는 것이 옳다. 정통성에 대한 불안이 외교 명분에 종속되

* 황제에게 올리는 예법으로, 세 번 무릎을 꿇고 아홉 번 머리를 조아리는 절차를 뜻한다. 이는 청나라가 명나라의 오배삼고지례(伍拜三叩之禮)를 변형하여 확립한 것으로, 만주족이 후금을 세운 뒤 명의 제도를 일부 수용하면서도 군신 간 상하 관계를 더욱 엄격히 하기 위해 제정한 절례다. 청 황제는 이를 외국 사신이나 조공국 군주에게 요구함으로써 천자의 권위를 과시했다.

1916년, 민가 옆에 쓰러진 채 방치된 삼전도비. 병자호란의 치욕을 새겼다는 이유로 오랜 시간 누구도 돌보려 하지 않았다. (국립중앙박물관 / Public Domain)

면, 실리에 대한 판단이 배제되고 선택은 극단으로 치닫는다. 외부 세력에 대한 맹목적 충성이나 일방적 적대는 모두 정통성을 스스로 옹호하려는 정치의 불안에서 비롯되곤 한다. 선조, 광해군, 인조 정권이 그러했고, 안타깝게도 현대 정치도 크게 다르지 않다. 민주주의 체제에서는 국민의 신뢰가 곧 정통성이다. 정통성을 상실한 권력은 실용보다는 그릇된 명분에, 이성보다는 감정에 기댄 결정을 내리기 쉽다. 그러한 경직된 사고는 결국 외교의 고립과 민심의 이반을 낳는다.

　지난 윤석열 정부는 취임 초기부터 극우 세력의 지지에 과도하게 의존했고, 사회적 분열을 봉합하기보다는 조장하는 방식으로 정국을 운영했다. 외교에서는 실리보다 정파적 강경함에 치우쳤다. 지나친 미국과 일본 중심의 외교 노선 역시 정권 정통성을 정파적 기반에만 의존한 결과였다. 외교의 자율성과 국익보다는 진영의 구도를 택한 판단은 정권의 외교적 고립을 자초했다. 중국과 러시아에 대해서는 대책 없는 비난을 일삼으며 관계를 단절에 가깝게 몰아갔고, 반면 일본에 대해서는 후쿠시마 원전 오염수 방류와 역사 문제 등에 대해 이례적인 저자세를 취하며 국민 여론과 괴리를 보였다. 이 모든 정책적 선택은 국민 다수의 동의 없이 진행되었다. 이에 따른 민심의 이반은 연이은 선거 패배로 분명해졌다. 그런데도 정권은 민심의 경고를 수용하기보다 저항으로 간주함으로써 결국 헌정 질서를 위협하는 초헌법적 조치인 계엄령을 시도하며 정치적 자멸을 자초했다.

이 과정을 찬찬히 들여다보면 정통성을 어떻게 이해하고 유지해야 하는가에 대한 중요한 교훈을 얻게 된다. 오늘날 민주주의의 정통성은 한 번의 선거로 획득되는 것이 아니라 지속적인 국민과의 소통, 실리 있는 정책 판단, 위기 앞에서의 절제된 대응을 통해 유지되고 확장되는 것이다. 정통성을 외형적 명분에 고착시키거나 극단적 정파성으로 대체하려 할 때, 정권은 스스로를 고립시키고 위기를 자초하게 된다. 선조, 광해군, 인조의 시대가 그러했듯이, 오늘날도 예외는 아니다.

선조, 광해군, 인조는 각기 다른 방식으로 정통성의 취약함을 드러냈다. 시대는 달리했지만, 정통성의 기반이 약할 때 외교는 경직되고 민심은 멀어진다는 점은 같다. 이를 소홀히 한 정권은 어떤 명분이나 진영도 끝내 자신을 구원하지 못한다.

지금 우리가 되새겨야 할 역사적 교훈은 단순한 과거에 대한 비판이 아니다. 우리가 부여하는 정통성을 되묻고, 그것을 어떻게 유지할 것인가에 대한 시대적 물음이다. 역사는 교훈을 주되, 결코 대신 판단해주지 않는다. 그 교훈을 읽어내고 선택하는 일은 지금 이 시대를 사는 우리들의 몫이다.

국보(國寶)가 남긴 흔적들
'제1호'라는 이름에 남은 식민의 그림자

2021년, 오랫동안 쓰였던 '국보 제1호 숭례문'이라는 법적 표현이 사라졌다. 문화재보호법 시행규칙 개정으로 일련번호 중심의 표기가 폐지된 것이다. 지금은 '국보 서울 숭례문'처럼 일련번호가 빠지고 명칭과 소재지 중심으로 표기하고 있다. 이러한 규칙 개정의 배경에는 번호가 문화재 간 위계로 인식되는 현실이 있었다. '제1호'와 같은 표기가 지정 순서를 의미할 뿐 아무런 의미가 없다고는 했지만, 가장 귀한 문화재라는 상징으로 받아들여져 왔기 때문이다. 다만 기존에 부여된 일련번호 자체가 폐지된 것은 아니다. 문화재청의 행정 시스템과 문화재 목록 번호도 유지되고, 학술 연구, 교육, 언론 기관 등도 여전히 일련번호를 관행적으로 표기하고 있다. 문제는 번호의 존속 여부가 아니라, 그 번호가 오랜 시간 문화재를 인식하는 기준으로 작동해왔다는 점에 있다.

문화재에 순번을 부여하고, 그 숫자에 상징성을 부여하는 관행은 세계적으로 그리 흔치 않다. 미국에도 '내셔널 트레저(National Treasure)'라는 표현이 언론이나 대중문화에서 쓰이지만, 실제 제도는 '국가사적지'나 '국립기념물'로만 분류된다. 프랑스와 영국 등 유럽 국가들도 문화재를 유형에 따른 법적 지위로 분류할 뿐, 특정 유산에 순번을 붙이는 방식은 취하지 않는다. 문화유산의 밀도로 보자면 세계 최고 수준인 이탈리아조차 별도의 등급 체계 없이 관습과 법률에 따라 그 가치를 인정하고 보호한다. 설령 관리상 번호가 부여된다고 하더라도 '#1000330'과 같은 고유식별번호(list entry number)에 불과할 뿐, 문화재의 위상이나 상징성을 나타내는 것은 아니다. 다시 말해, 이러한 문화재 간 서열을 부추기는 듯한 제도는 한국과 일본, 북한 등 일부 동아시아 국가에서만 나타나는 독특한 특징이다. 그리고 그 기원을 쫓다 보면 일제가 등장한다.

일본은 동아시아에서 가장 먼저 '국보' 개념을 법제화한 나라다. 1897년 제정된 '고사사보존법(古社寺保存法)'을 기점으로, 1929년 '국보보존법'을 통해 문화재를 체계적으로 관리하기 시작했고, 1950년 '문화재보호법'을 통해 현재와 같은 국보·중요문화재 체계를 확립했다. 일본의 국보는 미술공예품과 건조물 두 범주로 나뉜다. 미술품 항목은 다시 고고 자료, 고문서, 공예, 회화, 조각, 서적·전적 등으로 세분화된다. 이 중 우리와 무관치 않은 고류지(廣隆寺)의 목조미륵보살반가상*은 국보 제1호(조각)로 지정되어 있다. 상징적 의미에 불과하다는 주장도 있지만, 일본의 국보 번호는 문화재보호법에 근거해 문화청이 관보를 통해 공식 고시한 제도적 지정번호다. 따라서 단순한 식별표시가 아니

● 고류지 목조미륵보살반가상은 한반도에서 전해졌을 가능성이 오래전부터 제기돼왔다. 『일본서기』에는 신라 진평왕(眞平王, 재위 579~632)이 보낸 불상을 쇼토쿠 태자가 귀하게 여겼고, 이를 모시기 위해 신라인 진하승이 고류지를 창건했다는 기록이 남아 있다. 재질이 경북 봉화 일대에서만 자생하는 적송으로 추정되고, 일체형 조각 등 조형 양식 역시 신라·백제 계열로 확인되면서 한반도에서 제작돼 일본으로 건너갔을 가능성에 무게가 실린다.

라 역사적 위상을 반영하는 실질적인 분류 체계로 기능하고 있다. 실제로 '제1호'가 붙은 문화재는 관련 기념행사나 출판물에서 '제1호 타이틀'이 붙어 홍보되기도 한다.

북한의 문화재 관리 체계 또한 남한처럼 일제의 국보 체계에서 영향을 받았다. 국보 제1호는 평양성, 제2호는 안학궁성으로, 모두 '문화유물보호법'에 따라 역사적 가치가 높다고 평가된 문화재에 빠른 번호가 붙는다. 북한의 국보는 크게 국보유적과 국보유물로 나뉜다. 유적지와 건축물은 국보유적으로, 회화·조각·서적 등 동산 문화재는 국보유물로 지정되며 이 둘을 통틀어 '국보문화유물'이라 부른다. 그 아래로는 준국보문화유물, 일반보존문화유물 같은 별도의 등급이 있으며 이

금동미륵보살반가사유상(좌, 국보 제83호)**과 목조미륵보살반가상**(우, 일본 조각 국보 제1호). 재료와 기법, 조형 양식에서 신라·백제 불상의 계보와 밀접한 연관을 보이며, 한반도에서 제작되어 일본에 전해졌을 가능성이 유력하게 제기된다. (국립중앙박물관, 교토 고류지 / Public Domain)

는 한국전쟁 이후 점차 중국의 문화재 관리 체계에 영향을 받은 결과로 보인다. 우리와 달리 '사적' 없이 역사유적과 건조물을 통합 관리하는 것도 이러한 특징 가운데 하나다.

지정번호 운영 방식도 우리와 차이가 있다. 국보유적에는 제1호부터 시작되는 일련번호가 붙지만, 국보유물의 경우는 전체 목록이 공개되어 있지 않아, 일부 유물을 제외하면 어떤 것이 국보로 지정되었는지 확인하기 어렵다. 북한의 국보는 대개 고구려·발해계 유물과 고려 유물을 중심으로 등재되어 있다. 백제계 유물은 거의 없고, 신라계 유물은 통일 신라 시기에 한정돼 있는 것으로 알려져 있다. 이런 분포는 북한 지역의 지리적 특성이 반영된 결과다. 그럼에도 어떤 문화재에 먼저 번호를 붙이고 어떤 계통의 유물은 아예 빠져 있는지 보면, 북한이 어떤 역사성에 더 큰 정치적 가치를 두고 있는지 짐작할 수 있다.

남한도 광복 이후 국보·보물 제도를 새로 마련했지만, 그 분류 체계와 행정적 틀은 일제강점기에 도입된 일본식 문화재 제도를 사실상 복제한 형태였다. 이렇게 형성된 제도가 행정 관행에 그친 것인지, 아니면 한국 사회의 문화 인식과 정체성을 규정해온 틀로 작동해왔는지는 생각해볼 여지가 많다.

우리는 언제, 어떤 방식으로 이러한 '국보' 개념을 받아들였을까. 그리고 왜 '제1호'라는 숫자에 유독 의미를 부여했을까. 숭례문, 흥인지문, 포석정지 등 '제1호'로 기억되는 문화재들에 단순한 순번 이상의 의미가 감춰진 것은 아닐까. 그 궁금증을 따라가다 보면, 문화재 관리 체계의 뿌리뿐 아니라 오늘날까지도 지속되고 있는 어떤 의도와 마주하게 된다.

대한민국의 국보는
언제 어떻게 지정됐을까

대한민국의 국보는 문화재보호법에 의거해 국가적으로 지정된 유형문화재 중 '역사적, 학술적, 예술적 가치가 특히 크다고 인정되는 유물'이다. 국보 지정에는 일정한 기준이 있다. 제작 연대가 오래되고 그 시대를 대표하는 것, 제작 의장이나 기술이 뛰어난 것, 형태·품질·용도가 특이한 것, 역사적 인물과 관련이 깊거나 직접 만든 것 등이 그것이다. 그런 탓에 국보로 지정되는 과정은 까다롭다. 국가유산청 청장이 문화재위원회의의 심의를 거쳐 지정하며 지정 후에는 국가가 보호하고 관리한다. 개인이 소장한 경우도 예외가 아니다. 일단 국보로 지정되면 복제와 전시 등의 지원을 받을 수 있으며 연구 및 교육 지원도 따른다. 다만 '특수재산'으로 분류되어 엄격한 보호와 관리 대상이 되며, 사적 소유자라 하더라도 국가 보호 아래 관리 의무를 이행해야 한다. 이동이나 매매 시에는 반드시 문화체육관광부 장관의 허가를 받아야 하는 등 법적 절차도 까다롭다.

2026년 1월 기준으로 등록된 대한민국의 국보는 355여 건이다. 2021년 국보 제336호 구례 화엄사 목조 비로자나불삼신불좌상을 마지막으로 국보에 대한 일련번호가 폐지된 이후, 약 5년 사이에 17건의 국보가 추가로 지정되었다. 다만 국보의 번호와 실제 지정 건수는 일치하지 않는다. 하나의 번호 아래 복수의 유물이 포함된 사례가 있는가 하면, 이후 연구 성과에 따라 국보 지정이 취소된 경우도 있기 때문이다. 실제로 『삼국사기』는 서로 다른 판본이 각각 국보 제322-1호와 제

322-2호로 지정되어 있고, 제168호 백자 동화매국문 병은 원나라 제작품으로 판명되면서 국보 지정이 취소되기도 했다.

대한민국의 문화재는 오랫동안 '제1호'라는 일련번호와 함께 기억되었다. 국보 제1호는 숭례문, 보물 제1호는 흥인지문, 사적 제1호는 포석정지였다. 한국 사람이라면 누구나 국보 제1호가 숭례문이고, 보물 제1호가 흥인지문이었다는 사실을 배웠고, 그렇게 기억해왔다. 그러나 왜 숭례문이 제1호가 되었는지까지 알고 있는 경우는 많지 않다. 수도 서울 한복판에 자리한 대표적인 성문이기 때문이라고 짐작하는 이도 있었다. 하지만 지정의 경위를 들여다보면, '1번'이라는 자리는 단순한 행정 번호 이상의 의미를 띠고 있었다. 그렇다면 숭례문은 언제, 어떤 과정을 거쳐 국보 제1호가 되었을까.

숭례문이 국보 제1호로 지정된 것은 대한민국 정부 수립 이후의 일이지만, 뿌리는 일제강점기에서 기원한다. 1933년 조선총독부는 조선 전역의 문화재를 전수 조사하라는 '조선보물고적명승 천연기념물 보존령'을 공포했다. 그 이듬해 남대문을 보물 제1호, 동대문을 보물 제2호, 포석정지를 고적 제1호로 각각 지정했다. 식민지 조선에는 국보 개념이 적용되지 않았다. 일제는 오직 자국 본토 문화재에만 국보 자격을 부여했고, 조선의 문화재는 아무리 가치가 높아도 보물로 제한했다. 제도 설계 출발점부터 식민지와 본토를 구분 짓는 위계적 불순함이 깔려 있었던 것이다.

그런데 총독부가 문화재 전수 조사령을 내린 것은 조선의 문화재가 마구잡이로 일본으로 반출되는 것을 막기 위한 조치이기도 했다.[•] 합병 이후 일본인에 의한 조선 문화재 약탈이 너무 심했기 때문이다.

특히 일본인들이 가장 선망하던 도자기, 다완(茶盌, 찻잔)은 최우선 약탈 대상이었다. 고려청자, 조선백자는 물론, 수많은 서화와 불상이 이때 일본인들의 손에 넘어갔다. 시쳇말로 손에 들고 갈 수 있는 건 가리지 않고 쓸어갔다. 실제로 일본은 통일신라, 고려, 조선에 걸쳐 한반도를 침략할 때마다 불상••과 탱화 등의 불교 미술품을 우선적인 약탈 대상으로 삼아왔다. 임진왜란과 정유재란 때는 도공들을 강제로 일본으로 이주시켜 현지에서 도자기를 제작하게 할 정도로, 도자기에 대한 집착을 노골적으로 드러내기도 했다. 이러한 과거를 떠올리면, 일제강점기 문화재 반출이 단순한 개인 수집 차원을 넘어 얼마나 조직적이고 체계적으로 이루어졌는지 어렵지 않게 짐작할 수 있다. 그래서 당시 조선 땅에 남은 문화재들은 대부분 들고 갈 수 없었던 것들, 다시 말해 건물이나 대형 석탑, 마애불, 무덤 같은 것뿐이라는 말이 나올 정도였다. 심지어 건축물과 석탑 등을 해체해 옮겨가는 일도 있었다. 경희궁 전각과 흥화문, 경천사지 십층석탑 등이 대표적이며, 무덤 유물도 이 시기에 다수 약탈됐다.

그 과정에서 문화재에 일련번호를 부여하는 제도를 만들어낸 것

• 초대 총독이던 데라우치 마사다케는 한반도에서 불상과 석탑의 유출을 막는 조치를 취했다. 의외로 여겨질 수 있지만, 강제합병 이후 데라우치는 조선도 일본 땅이 됐으니 일본 땅의 유물들을 보호해야 한다는 명분을 들고 나왔다. 그 의도는 불순했지만, 이 조치 덕분에 일본으로 반출당하지 않고 한반도에 그대로 남은 유물이 꽤 된다. 그러나 정작 자신은 3,000여 점의 문화재를 약탈해 일본으로 반출했다.
•• 대표적인 사례는 서산 부석사의 금동관세음보살좌상이다. 이 불상은 1308년 충선왕 즉위에 맞춰 조성된 것으로, 1370년대 왜구에 의해 쓰시마 섬 간논지로 반출된 것으로 추정된다. 2013년 문명대 동국대 명예교수는 불상의 조성 기록과 사찰 간 관계를 근거로 약탈 가능성이 높다고 보았다. 이 불상은 2012년 한국인 절도범들에 의해 국내로 반입됐으나, 대법원이 일본 사찰 소유를 인정해 반환 판결을 내렸다. 2025년 5월 반환되었다.

이다. 그중에서도 일제가 숭례문을 보물 제1호로 삼은 것은 단순한 일련번호 부여가 아니었다. 한양도성에서 가장 아름답고 완전한 형태를 유지한 조선 초기 건축물이라는 점도 있었지만, 실제로는 임진왜란 당시 가토 기요마사(加藤淸正)의 군대가 입성한 문이라는 상징성이 작용했기 때문이다. 마찬가지로 보물 제2호로 지정된 홍인지문 또한 고니시 유키나가(小西行長)의 군대가 진입한 문이었다. 이러한 맥락에서 보물 1, 2호의 선정에 미적·역사적 가치 외에 일본 제국주의적 서사가 반영되었다고 의심해도 무리는 아니다. 게다가 고적 제1호로 지정된 포석정지의 사례를 보면 그 의도가 더욱 분명해진다.

국보 체계의 뿌리,
식민지 조선에서 시작되다

포석정지 하면 많은 이들이 가장 먼저 떠올리는 생각이 '유희'다. 주색에 빠진 임금이 국정을 돌보지 않고 무희들과 어울려 술잔을 기울이며 나라를 기울였을 법한 장소로 기억되는 것이다. 포석정지에는 경애왕(景哀王, 재위 924~927)이 수도가 위급한 상황임에도 궁녀들과 연회를 벌였다는 전승이 전해진다. 하지만 이러한 인식은 경애왕을 무능한 군주로, 신라의 종말을 자초한 책임자로 각인시키려는 시각이 반영된 결과다. 일제가 '고적 제1호'로 포석정지를 선택한 의도가 이와 무관할까.

『삼국유사』「경애왕편」에 기록된 일부 내용을 근거로 전체 정황을 단정하는 것은 객관과 중립을 강조하면서 특정한 해석을 유도하는 전형적인 식민사관의 흔적이다. 이는 일제강점기부터 현재에 이르기까지 역사 인식에 영향을 미쳐온 왜곡의 한 방식으로, 그 해석에 대해서 보다 신중한 검증이 필요하다. 실제로 『삼국유사』를 살펴보면 일제가 의도적으로 선택한 일부 대목만 근거 삼아 조선인들에게 열등감을 심으려 했던 흔적이 뚜렷하다. 그 허술함은 조금만 살펴봐도 드러난다.

예를 들어 견훤(甄萱, 867~936)의 후백제가 신라를 공격한 시점은 927년 음력 9월이었다. 당시 전쟁, 특히 선제공격은 대개 추수가 끝난 이후에 이뤄졌다. 병참 문제와 농민 동원의 현실을 고려하면 당연한 일이었다. 이를 양력으로 환산하면 10월 말에서 11월 초 사이의 늦가을이었다. 이때 견훤은 고려와의 관계가 틀어진 상황에서 경애왕에 대한

경주 포석정지. 본래 국가 제사를 지내던 사당의 흔적으로 보이지만 오랫동안 '왕의 연회 장소'로만 기억되어왔다. (Steve46814, Wikimedia Commons, CC BY-SA 3.0)

적의를 키우고 있었다. 경애왕이 왕건(王建, 877~943)에게 연합을 제안하자, 견훤은 이를 정치적 도발로 간주하고 지체 없이 서라벌로 진군했다. 그는 놀라울 정도로 빠른 속도로 진격했다. 그럴 수 있었던 이유는 그 자신이 서라벌 군관 출신으로서 지역 지형과 병력 운용에 능통했다는 점이 작용했다. 그의 직속 부하들 또한 이 지역에 매우 익숙한 인물들이었다.

후백제군이 지금의 경북 영천 지역을 점령한 뒤, 신라는 고려의 도움을 받기도 전에 서라벌까지 함락되었다. 때는 음력 11월, 양력으로는 12월이었다. 경애왕이 포석정에 앉아 야외 연회를 즐겼다는 그 시점이 엄동설한 12월이다. 한겨울이라는 계절적 조건과 적군이 코앞에 닥친 당시 정세를 고려할 때 전혀 설득력이 없다. 수도가 위협받는 상황에서 궁 밖 외진 장소에서, 그것도 한겨울 야외에서 주연을 벌였다는 설정은 누가 봐도 작위적이다.

『삼국유사』의 저자 일연(一然)은 고려 왕조 시기의 승려로, 자연히 당시 고려의 시각에서 서술했다. 견훤에 의해 신라 왕위에 오른 경순왕(敬順王)이 왕건에게 했다고 전해지는 "견 씨가 침략했을 때는 승냥이와 같더니, 왕 장군이 오시니 어버이와 같습니다"라는 기록도 비슷한 맥락에서 이해될 수 있다. 이와 같은 서술은 고려 왕조에 대한 충성을 정당화하려는 상징적인 장치로서 사료 해석에 보다 섬세한 접근이 필요하다는 점을 보여준다.

경애왕은 신라 제55대 왕으로 재위 기간은 3년에 불과했다. 제53대 신덕왕의 차남이자 제54대 경명왕의 동생으로, 신라 후기 박씨 왕조의 마지막 군주였다. 이 시기 신라는 수도 서라벌조차 방비하기 어려울 정도로 국력이 쇠약해진 상태로, 경애왕은 즉위 직후부터 거의 매년 고려에 사신을 파견하며 국가의 존속을 위해 외교적 노력을 기울였다. 따라서 그가 무능한 인물로만 그려지는 것은 부당하다. 논란이 된 이때의 상황은 신라가 고려에 긴급히 원병을 요청한 시점이었음을 떠올릴 필요가 있다. 그렇다면 경애왕이 포석정에 있었다는 기록을 어떻게 이해해야 할까.

학계에서는 발굴된 기와 등을 근거로, 이곳에 상당한 규모의 건물이 존재했을 가능성을 제기해왔다. 비록 위서 논란이 있지만, 『화랑세기』에는 포석정지 일대에 사당 성격의 포석사(鮑石祠)가 있었다는 기록도 남아 있다. 포석사는 7세기 신라 화랑 문노(文弩, 『삼국사기』에서는 文努, 『화랑세기』에서는 文弩로 표기)를 기렸던 공간으로 전해지며, 문노는 후대에 이르기까지 화랑도의 윤리와 정신을 상징하는 인물로 평가된다. 이러한 맥락을 종합해보면, 포석정지 일대는 단순한 연회 공간이라기보다 신라 왕실의 상징적 의미가 담긴 장소였을 것이다.

포석사가 궁성에서 다소 떨어진 곳에 자리했다는 점은 이 공간이 단순한 유흥의 무대가 아니었음을 암시한다. 왕의 행차에는 대신들뿐 아니라 지역의 유력자들도 함께했을 것이다. 의례가 끝난 뒤, 이들이 한자리에 모여 정국의 흐름을 나누는 자리가 이어졌다고 해도 무리는 없다. 이 경우 포석정은 단순히 연회를 위한 공간이 아니라, 그러한 교류를 뒷받침하던 부속 공간으로 이해할 수 있다. 그럼에도 오늘날 우리는 이 같은 정황을 충분히 헤아리지 않은 채, 포석정의 의미를 지나치게 단순한 이미지로 소비하고 있는 것은 아닐까.

왕의 행보는 단순한 일상이 아니라 백성을 향한 정치적 메시지다.

경애왕이 포석사를 방문했다면, 그 행위에는 화랑정신을 환기하고 신라를 지키겠다는 상징적 의지가 담겨 있었을 것이다. 실제로 포석정 인근에서 '포석(鮑石)'이라는 명칭이 새겨진 기와 조각이 확인된 점은 이 공간을 단순한 정자로 규정하는 해석에 강한 의문을 품게 만든다. 기와에 건물의 명칭을 명기하는 경우는 대체로 국가 제사나 공식 의례가 이루어지는 사당이나 능묘에서 확인되기 때문이다.

광복 이후에도 포석정지가 사적 '제1호'로 유지되었다는 사실은 명칭만 '고적'에서 '사적'으로 바뀌었을 뿐 문화재를 바라보는 인식의 틀이 근본적으로 재검토되지 않았음을 보여준다. 포석정지가 일제에 의해 조선 최초의 사적으로 지정된 배경에는 이 공간을 '패망한 왕조의 향락 장소'로 규정하려는 식민사학의 시선이 온전히 작동하고 있었다. 그 결과로 국왕으로서 경애왕의 정치적 행위는 삭제되었고, '무희와의 연회'라는 자극적인 서사만이 부각되었다. 식민지 시기에 형성된 역사 인식이 해방 이후에도 관성처럼 반복된 이유가 여기에 있다. 그렇다면 우리는 왜 일제강점기에 형성된 이 해석의 틀을 해방 이후에도 그대로 답습했던 것일까.

숭례문, 포석정지, 그리고 '1호'의 기억 정치

식민지 조선의 수재들은 경성제국대학에서 일본인 교수들로부터 교육받았다. 일제는 그들 가운데 일본에 대한 반감이 없고 말을 잘 듣는 이들을 골라 제국대학의 교원이나 조선총독부 역사편수관으로 임용했다. 광복 이후, 이들은 서울대학교 교수나 대한민국 정부의 역사편찬기관 인사로 자리를 옮겼다. 국권을 되찾은 이상 문화재에 대한 재정비가 불가피했다. 하지만 정부는 1955년 일제강점기 시절 '보물'로 지정되었던 문화재를 특별한 검토 없이 일괄적으로 '국보'로 바꾸고, 1962년 '문화재보호법' 제정 이후에는 북한 지역 유물을 제외한 뒤 '국보'와 '보물'로 다시 나누어 정비했을 뿐이다. 일제의 분류 방식을 거의 그대로 답습했고, 새로운 검토는 없었다. 냉정히 말하자면 식민사관 아래에서 길러진 '성실하고 모범적인' 학자들이 하루아침에 그 사고방식을 벗어던지기는 어려웠던 것이다.

그렇다면 지금은 달라졌을까. 국권을 회복한 이후에도 문화재 체계는 식민지 시기의 틀을 온전히 극복하지 못했고, 그 영향은 오늘날까지 이어지고 있다. 이러한 인식의 대물림은 문화재 지정에만 국한되지 않는다. 식민지 시기의 역사 인식이 역사 교육 전반에서도 반복되고 있다. 특히 '뉴라이트'로 불리는 일부 집단은 역사학계의 절차와 합의를 무시한 채 역사 교과서를 특정 이념에 맞게 수정하려는 시도를 이어왔다. 이것이 식민사관의 연장선이 아니라면 무엇이라 불러야 할까.

그런 맥락에서 문화재 지정 체계를 원점에서 재검토해야 한다는 문제 제기가 오랫동안 제기되어왔다. 특히 숭례문이 여전히 '국보 제1호'로 기억되는 현실은 일련번호 제도가 폐지된 이후에도 상징적 체계가 쉽게 해체되지 않는다는 사실을 잘 보여준다. 2008년 방화로 소실된 뒤 복원 과정을 거치면서, 그 상징성도 복잡해졌다. 이러한 문제의식 속에서 『훈민정음』을 국보 제1호로 삼아야 한다는 주장도 힘을 얻었다.

문자 창제의 주체와 연대, 창제 의도가 명확히 기록된『훈민정음』이야
말로 한국사를 넘어 인류사적 가치를 지닌 문화유산이라는 이유에서
였다. 이런 종류의 논의는 결국 우리가 문화유산을 어떤 기준과 감정에
따라 상징화해왔는지 되돌아보게 하는 질문이었다.

어느 사회든 후대에 전해야 할 문화유산을 선별하고 보존한다. 그
러나 문화재의 지정은 자연발생적인 결과가 아니라, 특정한 시대의 판
단과 가치관이 개입된 선택의 산물이다. 국보와 보물, 사적이라는 분류
와 그 순서 또한 마찬가지다. 우리가 이 기준이 언제, 어떤 맥락에서 만
들어졌는지 충분히 인식한 채 받아들이고 있는지는 여전히 물어야 할
문제다.

문화재를 어떻게 분류하고 호명해왔는지는 한 사회의 역사 인식
수준을 가늠하게 한다. 국보의 일련번호가 중요도를 뜻하지 않는다는
설명에 일정 부분 수긍할 여지가 있다. 그러나 그 번호 체계가 일제강
점기에 형성된 지정 순서를 충분한 검토 없이 계승한 결과라면, 이는
단순한 과거의 관행이었다고 치부할 문제라고 보기 어렵다. 비록 오늘
날 번호가 공식적으로 의미를 갖지 않고 표기되지도 않는다 하더라도,
우리의 머릿속에 기억되는 '제1호'라는 호칭이 가진 상징적 효과까지
사라진 것은 아니니 말이다. 역사 왜곡은 이런 식으로 숨을 이어왔다.

불망비를 '불망(不忘)'하라

망각 위에 세운 비석, 누구를 위한 불망인가

충남 공주에는 공산성(公山城)이 있다. 일제강점기에 수많은 읍성과 산성이 사라진 와중에도 잘 보존된 터라 반가운 마음이 드는 곳이다. 그런 공산성 입구에는 이런저런 인물들의 공덕비가 늘어선 비석군이 있다. 1990년대 이후 공주 곳곳에 흩어져 있던 비석들을 정비 차원에서 한데 모았다고 한다. 비석마다 그 자리에 세워진 연유가 있었을 것이고 그것 자체로 하나의 역사일 텐데, 이를 한데 모은 것이 바람직한지 모르겠다.

공덕비는 본래 수령의 덕을 기리기 위한 취지에서 세워졌으나, 실제로는 힘 있는 자들의 노골적이거나 은밀한 강요에 의해 건립된 경우도 적지 않았다. 연구자가 아니라면 그 주인공들이 어떤 삶을 살았고 또 어떤 정치를 펼쳤는지 알기란 쉽지 않다. 그런데 이들 사이에서 유독 크고 눈에 띄는 비석이 하나 있다. '본도장관 박공중양 불망비(本道長官 朴公重陽 不忘碑)'다. 비석의 주인공은 박중양(朴重陽, 1872~1959)으로 그는 대표적인 친일 매국노이자 전국의 온전한 읍성을 허무는 데 앞장선 인물이었다.

　박중양의 등장 이후 읍성 가운데 상당수는 흔적조차 찾기 어려운 곳이 많다. 남한 내 온전히 남아 있는 읍성은 낙안읍성(樂安邑城), 고창읍성(高敞邑城), 해미읍성(海美邑城) 단 세 곳뿐이다. 원래 조선은 거의 모든 고을마다 읍성을 두었고, 그런 이유로 읍성은 한 고을을 상징하는 역할을 했다. 타지에 나갔다가 돌아오면 가장 먼저 반겨주는 곳이 읍성이었다. 오래전부터 그 자리를 지켜왔기에 역사의 깊이가 깃들어 있고, 고을의 가장 큰 건축물로서 지역 공동체의 정신적 중심을 상징했다. 그러던 읍성이 사라졌다면 무엇이 남았을까. 시간과 공간을 함께 품었던 상징이 무너질 때 공동체는 정체성을 잃는다. 오래된 기억은 흐려지고, 침략자에 대한 반감은 무뎌지며, 역사의 맥은 끊긴다. 다시 일어설 힘조차 앗아가려는 의도, 그것이야말로 일제가 노린 것이 아니었을까.

　일제도 처음부터 읍성을 노골적으로 허물 수는 없었다. 반감을 키울까 우려했기 때문이다. 대신 너른 길을 내겠다며 읍성의 한 귀퉁이를 허물었다. 새로 생긴 길, 신작로(新作路)였다. 길이 나자 물자가 모이고 사람들의 왕래도 잦아졌다. 고을이 자연스럽게 팽창하자 새로운 주택이 필요해졌다. 허물어진 성벽은 집을 짓는 데 쉽게 쓰일 수 있는 재료였다. 일제는 새로 세운 관청과 학교에도 읍성의 석재를 마구 가져다 썼다. 그렇게 조금씩 읍성을 무너뜨렸다. 마치 자연스러운 변화인 것인 양 저항할 새 없이 파괴한 것이다. 그런 탓에 지금도 지방 곳곳의 오래된 학교나 경찰서, 군청, 법원 담장과 축대에는 읍성의 흔적이 남아 있다.

　세 곳의 읍성이 온전히 살아남은 데에는 나름의 사연이 있다. 순천 낙안읍성은 운 좋게 보전되었지만, 씁쓸한 뒷맛이 있다. 본래 순천읍성을 허물면서 함께 철거될 운명이었다. 하지만 정유재란 때 자신들의 선조들이 지은 왜성(倭城)의 흔적을 보전하면서 낙안읍성까지 철거하는 것은 아무리 염치가 없었다 한들 부담스러웠다. 게다가 낙안읍성은 지형상 신작로를 낼 명분도 적었다. 낙안면 뒤편, 승주읍으로 가는 길에는 조계산 자락이 있어 큰길을 내려 해도 쉽지 않았다. 그러니까 외진 위치에 있었던 덕분에 낙안읍성은 고스란히 남을 수 있었다.

고창읍성은 '모양산성(牟陽山城)'으로도 불렸던 것에서 알 수 있듯이 평지가 아닌 산을 끼고 있는 반(半)산성이다. 정문은 평지에 있지만, 뒤로는 고창의 진산인 반등산으로 이어진다. 그렇다 보니 성곽이 산에 걸쳐 있고 신작로 개설이나 근대 도시 계획상 기대할 만한 공간 확보 효과도 적었다. 게다가 읍성은 시내 중심이 아니었던 탓에 허물 명분도

조선 초기 축성된 순천 낙안읍성 전경. 관아, 성벽, 민가(초가)가 함께 보존되어 있고, 지금도 주민이 실제 거주하고 있는 국내 유일 읍성이다. (Bernard Gagnon / CC0 1.0 Public Domain)

약했다. 고창은 곡창지대였기에 일제강점기 일본인 지주들도 많이 거주했는데, 읍성보다 농업 생산이 더 중요했던 지역 사정상 성곽 철거가 그리 급하지 않았다.

　서산 해미읍성(海美邑城)은 사정이 조금 달랐다. 일제는 홍성이나 예산을 거쳐 서산과 당진으로 이어지는 길목 정비를 우선했기에, 상대적으로 작은 면 소재지였던 해미읍성이 후순위로 밀려났다. 덕분에 성은 파괴를 피할 수 있었다. 다만 해미읍성 안에서도 가장 높은 둔덕에 있던 청허정(清虛亭)은 헐리고, 그 자리에 신사가 세워졌다. 홍성 방향으로는 길이 트였지만, 예산 쪽은 가야산이 가로막아 왕래가 드물었던 점도 읍성이 살아남는 데 영향을 미쳤다. 이렇듯 국내에서 온전히 살아남은 읍성들이 지키려 해서 지켜진 것이 아니라 덜 중요했기에 살아남았다는 사실은 역사의 아이러니가 아닐까 싶다. 더구나 지금 이곳들은 소중한 문화유산이자 관광자원으로 대접받고 있으니, 이 또한 아이러니 아닐까.

　사실 조선에서 '인위적인 방법'으로 가장 먼저 허물어진 읍성은 대구읍성(大邱邑城)이었다. 선조 23년(1590) 왜구의 침입에 대비해 대구 지역에 토성을 쌓았고, 6년 뒤 석축을 더해 경상감영을 설치했다. 임진왜란 이후 방어의 중요성이 부각되자, 대구읍성은 영조 12년(1736)에 토성에서 석성으로 개축되었다. 이후 대구읍성은 오랜 세월 경상도의 중심이자 군사 요충지로 기능했다. 그만큼 융성한 읍성이기도 했다. 이를 단적으로 보여주는 사료가 있다. 1889년 조선을 방문해 서양인 최초로 한양에서 부산까지 종주했던 프랑스의 유명한 지리학자 샤를 바

대구읍성의 남문이었던 영남제일관의 일제강점기 때 모습. 1907년 철거된 대구읍성과 함께 역사 속으로 사라졌다가 1980년 대구 망우당공원에 다시 복원되었다.
(Wikimedia Commons / Public Domain)

라(Charles Varat, 1842~1893)는 『조선 기행(Voyage en Corée, Le Tour du monde)』(1892)●이라는 책에서 "대구읍성은 북경성을 축소해놓은 듯 아름답다"며 감탄했다. 그는 이 책에서 도시 전체를 둘러싼 평행사변형의 성벽과 요새화된 네 개의 성문(4대문)의 위용, 그리고 그 위의 우아한 누각 등의 모습을 생생하게 묘사했다.

그 대구읍성을 허문 장본인이 바로 박중양이었다. 고종 44년(1907) 경상북도 관찰사 서리 겸 대구 군수로 부임한 그는 을사늑약 이후 실권을 쥔 친일 세력의 도시 계획에 누구보다 앞장섰다. 개항 이후 대구

●샤를 바라는 프랑스 교육부의 지원을 받아 민속학적 연구를 목적으로 조선을 방문한 탐험가였다. 조선에 오기 전에는 유럽, 아메리카, 북아프리카, 인도, 캄보디아를 비롯한 동남아시아 여러 나라를 여행했으며, 시베리아 횡단열차 개통 이전에 북부러시아와 시베리아를 직접 횡단한 경험도 있었다. 『조선기행』은 그의 개인적 호기심과 모험심에서 비롯된 기록이다.

에도 많은 일본 상인들이 성곽 밖에 정착했는데, 읍성 안 상권은 여전히 조선 상인들의 몫이었다. 대구읍성의 존재는 일본인들에게 눈엣가시였다. 그들은 기회가 있을 때마다 '신작로 개설'과 '자유로운 경제활동'을 명분 삼아 읍성 철거를 주장했고, 박중양은 부임 직후 "옛것을 고쳐 새것으로 만든다"는 명분을 내세워 철거를 명령했다. 조금 더 정확히 말하자면, 그의 부임 이전부터 일본 상인들과 일본군 수비대는 읍성의 허술한 부분을 고의로 파괴하고 있었다. 그러다 박중양이 부산에서 조선인과 일본인 인부 60여 명을 데려와 본격적인 철거에 나섰다.

읍성의 정문이자 상징이었던 영남제일관(嶺南第一關)을 비롯해 진동문(震東門), 달서문(達西門), 공북문(拱北門) 등 주요 관문들도 이 무렵 모두 사라졌다. 달서문 바깥에 큰 시장이 열렸는데, 그곳이 지금의 서문시장이다.

이 철거는 조정의 윤허조차 받지 않은 채 이루어졌다. 아무리 기울어져 가던 조정이라 해도 대구가 군사적 요충지였다는 점을 생각하면 이는 명백한 불법이자 반역 행위였다. 그렇게 1907년 대구읍성은 파괴되어 역사 속으로 사라졌다. 지금은 동성로, 서성로, 남성로, 성내동, 서문시장, 남문시장, 서문로 등 지명에만 그 흔적이 남아 있을 뿐이다. 당시 철거된 성벽의 석재는 제방 축조나 강바닥 보강에 쓰이거나, 칠성동 늪지대에 내버려졌다. 일부는 서양 선교사들이 주워다 활용하기도 했다. 대표적으로 1912년 기공된 신명학교를 비롯해 선교사 주택, 계성학교, 동산병원 등의 초석과 건물 자재로 대구읍성의 성돌이 다수 사용되었다. 지금도 대구 계성고등학교 교내 곳곳에서 그 성돌의 흔적을 확인할 수 있다.

오늘날 대구 시민들은 박중양의 존재를 얼마나 알고 있을까. 현재 대구광역시 북구 침산동에 있는 침산공원은 박중양이 말년을 보낸 곳이다. 이곳에는 그의 별장이었던 일소대(一笑臺)와 정자, 그리고 침산장이 있었다. 심지어 1996년까지 그의 '친필 기념비'가 버젓이 남아 있었다. 다행히 역사학자들에 의해 일소대 철거 운동이 일어나며 2004년 철거가 이루어져 그 자리에 지금의 침산공원이 조성되었다.

매국노의 삶,
그리고 지워지지 않은 흔적

대구읍성 철거는 이후 조선 전역의 읍성을 철거하는 전형적인 본보기였다. 일제는 읍성 파괴가 조선인들의 심리에 어떤 영향을 끼칠지 정확히 계산하고 있었다. 그 이후 산성을 제외한 당시 존재했던 대부분의 읍성이 빠르게 사라졌다. 서울조차 숭례문과 흥인지문을 제외하고 거의 모든 성문과 성곽이 철거되었다. 사라진 성곽과 성문은 조선인들에게 조선이라는 존재 자체를 희미하게 만들었고, 침략자에 대한 저항의식도 약화시켰다. 그 과정의 시작점에 박중양이 있었다는 사실을 아는 이가 많지 않다는 것은 오늘날까지 이어진 깊은 망각을 보여준다.

박중양은 청년 시절 개화파 인사들과 교류하다 1897년 관비 유학생으로 일본에 건너갔다. 일본식 이름까지 스스로 사용하며 아오야마 가쿠인 중등부와 도쿄부기학교를 졸업한 그는 러일전쟁 때 일본군 고등통역관으로 참전해 친일 인맥을 넓혔다. 1905년에는 진주 판관으로 재직하며 진주성 일부를 철거했으며, 이후 대구로 부임해 대구읍성 철거를 주도한 것이다.

앞서 살핀 것처럼 읍성은 단순히 도시 경계를 표시하는 데 그치는 시설이 아니었다. 기본적으로 해당 지역을 방어하는 국가 중요 시설이었다. 따라서 군수가 제멋대로 철거나 변경을 결정할 수 없었다. 그럼에도 박중양이 대구읍성 철거를 강행한 것은 당시 내각을 장악하고 있던 친일 세력의 뒷배를 믿었기 때문이었다. 그랬기에 그에게 조정보다 일본의 요구를 받아들이는 것은 어찌 보면 '당연한 것'이었다.

특이한 점은 그가 대구읍성을 철거하기 전 만일의 사태에 대비해 두 아들에게 일본식 이름을 쓰게 하고 도피를 준비시켰다는 점이다. 이는 스스로 자신의 행위가 중대한 범죄임을 인식하고 있었음을 보여준다. 그러나 그는 조선 통감 이토 히로부미의 비호 아래 아무런 책임도 지지 않았다. 오히려 대구읍성 철거의 '공로'를 인정받아 평안북도, 평안남도, 전라남도 관찰사를 거쳐 다시 경상북도 관찰사가 됐으며, 1910년 경술국치 직전에 충청남도 관찰사가 되며 승승장구했다.

문제의 '불망비'도 이때 세워진 것이다. 파렴치의 극치라 할 만하다. 박중양은 조선의 멸망을 조금도 슬퍼하지 않았다. "백성의 권리를 지키지 못하는 나라에 충성할 필요는 없다"라고 하며 일본에 빌붙어 해방 때까지 작위를 받으며 호의호식하며 노년을 보냈다. 1919년 3·1운동 당시에는 경상북도 참여관으로서 만세 시위에 참여한 이들을 군대를 동원해 진압했다. 1921년 황해도지사에 이어, 1923년 충청북도지사로 부임한 그는 재임 중 교통사고로 사람을 치고도 별다른 책임을 지지 않았다. 심지어 속리산에서 비구니 스님을 겁간해 사망에 이르게 하는 파렴치한 사건을 일으켰으나 무마되었다. 1925년 사직했지만 이 듬해 다시 중추원 칙임관대우 참의로 복귀하며 관운이 계속 이어졌다.

그는 1941년 태평양전쟁이 발발한 이후 친일 행각을 더욱 노골적으로 드러냈다. 조선총독부 중추원 고문, 조선임전보국단 고문 등 친일 관변단체 요직을 맡아 일본군 학병 징집을 권유하는 연설을 수십 차례 했고, 심지어 싱가포르까지 직접 찾아가 일본군을 위문하기도 했다. 이런 아첨 덕분이었을까. 그는 1943년 중추원 부의장, 1945년에는 일본 제국의회 귀족원 칙선의원에까지 올랐다. 그런데 놀랍게도 그의 친일 행보는 광복 후에도 멈추지 않았다. 반성은커녕 자신을 '진짜 친일파'라 칭하고 일본 제국주의를 노골적으로 옹호했다. 더군다나 '민족을 위해 부득이한 선택을 했다'며 자기합리화에 나선 이광수나 최남선과도 달리 일관되게 친일을 정당화하는 태도를 유지했다. 당대 한 반민특위 위원은 그런 그를 가리켜 "마음과 행동 모두 완전히 일본인이었던 자"라고 평가하기도 했다.

끝내 박중양은 단 한 번도 반성하지 않았다. 이승만 정부가 반민특위를 해체하면서 자유의 몸이 된 이후에도 그는 이시영, 함태영 등 독립운동가들을 "가짜 애국자"라 비난하며 반성 없는 삶을 이어갔다. 일본 고위 인사에게는 "대동아전쟁(이 자들은 태평양전쟁을 꼭 대동아전쟁이라 부른다. 대동아공존공영을 위한 전쟁이라는 명분으로 호도하는 이 명칭 자체가 친일적이다)의 패배는 일본 정치인의 오판 때문이지, 자신의 충성심은 변함없다"는 내용의 서신을 보내기까지 했다. 또 이완용을 끝까지 옹호하기도 했다. "이완용을 매국노라 비난하는 것은 국가 존망의 위기 속에서 책임을 다한 사람에 대한 무지한 모욕"이라고까지 주장했다. 그런 박중양은 1959년 처벌 한 번 받지 않은 채 막대한 재산을 남기고 86세로 생을 마감했다.

박중양이 당대 조선과 조선인을 향해 쏟아낸 조롱은 오늘날 일본 극우 세력과 대한민국 뉴라이트의 논리와 놀라울 정도로 닮아 있다. 일부는 박중양의 '당당함'을 평가하며 그를 재조명하려 하지만, 이는 조선총독부에 조선인 참정권 허용을 건의한 '부분적 사실'을 확대해 전체를 호도하려는 행태다. 박중양은 강제병합을 조선인의 무능 탓으로 돌렸고, 일제의 통치를 공정했다고 주장했으며, 조선인을 일본 신민으로 규정했다. '근대화식민지론'의 논리와 정확히 같다.

이러한 역사관을 가진 자들이 오늘날까지 살아남아 국가 요직을 장악하고 있다는 것은 참담한 현실이다. 박중양은 3·1운동과 광복을 냉소했으며, 독립운동가를 모욕했고, 끝까지 사죄하지 않은 채 죽었다. 그런 그가 아무 처벌도 받지 않은 채 부귀영화를 누린 사실은 대한민국의 불행 중 불행이다. 광복 이후 친일 세력은 제대로 청산되지 못했다. 국가 차원의 처벌은 번번이 실패했고, 그들은 오히려 권력과 부를 대물림했다. 이를 바로잡기 위해 민간에서 친일 청산을 시도한 것이 임종국의 『친일문학론』(1966)이었고, 1991년 민족문제연구소의 창립으로 이어졌다. 이를 이어받은 『친일인명사전』 편찬은 1994년 시작됐지만 숱한 방해 끝에 2009년에야 겨우 출간됐다. 21세기까지 미뤄졌다는 점에서 이 작업은 친일 청산 실패의 부끄러운 증거다.

반역자에게는
자살마저 '특혜'다

프랑스는 부역자에 대한 단죄를 논할 때 빠지지 않고 언급되는 나라다. 단죄의 칼날은 전쟁 영웅이라 해서 비켜 가지 않았고, 국민적 신망을 얻었던 지도자도 예외가 아니었다. 불과 4년간의 점령에도 이처럼 단호했다는 점은 광복 후 35년의 식민지 협력자들에게조차 유난히 너그러웠던 우리의 풍경과는 사뭇 대조적이다. 그 가운데 피에르 장 마리 라발(Pierre Jean Marie Laval, 1883~1945)과 필리프 페탱(Philippe Pétain, 1856~1951)이라는 두 인물은 기억해둘 필요가 있다.

라발은 프랑스 역사상 유일하게 네 차례 총리를 지내는 등 탁월한 정무 감각을 가진 인물로 평가받았다. 그는 젊은 시절 사회주의에 심취했으나 제1차 세계대전 이후 보수로 전향해 우파 세력의 지지를 얻으며 총리 자리까지 올랐다. 대공황 국면에서는 유럽의 유력 지도자로 주목받으며, 1931년 미국 시사지 『타임』이 그를 '올해의 인물'로 선정하기도 했다. 첫 번째 총리 자리에서 물러난 뒤 1934년 외무장관이 암살되자 외무장관에 올랐다. 외무장관으로서 그는 독일의 팽창을 견제하고자 했으나, 영국이 프랑스를 배제한 채 독일과 타협하면서 외교 실패의 책임을 지고 다시 물러났다. 이후 정치적 혼란 속에서 총리직을 다시 맡았으며, 제3공화국이 붕괴한 뒤 비시 정부에 참여해 나치 독일에 협력하게 되었다. 한편, 필리프 페탱은 제1차 세계대전 베르됭 전투의 영웅으로 조제프 조프르와 페르디낭 포슈와 함께 프랑스군 원수(Maréchal de France) 칭호를 받은 세 인물 가운데 한 명이었다. 그는 국민적 영웅이라는 상징성 덕분에 1940년 비시 정부 수립 당시 '국가 원수(Chef de l'État Français)'로 추대되었고, 라발도 이때 총리직에 복귀했다.

1942년 이후 이 둘은 각각 프랑스 국가 원수와 정부 수반으로서 나치 독일과의 협력 체제를 이끌었다. 특히 라발은 "나는 독일의 승리를 바란다"고 공언하는 등 노골적인 친나치 행각을 드러냈고, 실제로 프랑스인의 강제노동 동원, 유대인 추방, 레지스탕스 탄압에도 적극적으로 관여했다. 이 시기 약 7만 명의 프랑스 내 유대인이 아우슈비츠로 이송되었으며, 레지스탕스 조직 또한 회복이 어려울 정도로 큰 타격을 입었다.

그러나 그들의 기대와 달리 독일은 패망했고, 1944년 8월 25일 파리가 해방되면서 프랑스 전역에서는 대대적인 '콜라보라시옹(collaboration, 나치 협력자)' 청산 작업이 시작되었다. 페탱 역시 반역죄로

1942년 필리프 페탱(좌)과 피에르 라발(우). 이들은 유대인 강제 송환과 강제 노동자 동원에 적극 개입하는 등 나치 독일에 협력했다. (Keystone-France, Wikimedia Commons / Public Domain)

법정에 섰다. 검사들은 비시 정부의 부역 행위를 조목조목 따져 물으며 사형을 구형했다. 제1차 세계대전에서 프랑스를 구한 영웅이었기에 국민의 실망과 분노는 더욱 컸다. 하지만 그를 두둔하려는 여론도 만만치 않았다. 그를 옹호하는 이들은 페탱이 나치에 협력한 것은 사실이나 억류된 프랑스군 포로들을 살리기 위해 애썼고, 군사적 협력을 거부함으로써 프랑스의 해외 식민지를 유지하는 데 역할을 했다고 두둔했다. 실제로 북아프리카 지역에서 자유 프랑스군이 전력을 키울 수 있었던 것은 부인할 수 없는 사실이었다. 페탱은 "조국의 부름에 항상 응했던 것이 나였고, 프랑스가 가장 비극적인 순간마다 내게 의지했다"고 항변했다. 더욱이 자신의 행위가 "프랑스의 파멸을 막기 위한 불가피한 선택이었다"는 주장까지 서슴지 않았다. 그에게 무죄를 선고하면 나치 부역 청산을 부정하는 것이고, 유죄를 선고하면 패전 책임을 일방적으로 떠넘기는 것이라는 논란 속에 재판은 진행되었다. 그러나 재판부는 끝내 그에게 사형을 선고하고 노령과 공적을 참작해 이후 종신형으로 감형했다.•

라발에게도 페탱이 받았던 역사적, 법적 평가 기준이 예외 없이 적용되었다. 1944년 노르망디 상륙 이후 전세가 연합군 쪽으로 기울자 라발은 정치적 도박수를 던졌다. 제3공화국 의회를 다시 소집해 미국의 승인을 받을 수 있는 '정통성'을 확보하고자 한 것이다. 비시 정부가 단순한 괴뢰 정권이 아니라는 외형을 갖추고자 한 의도였다. 그러나 나

• 이후 페탱은 외딴섬 일드외 감옥에 수감된 채 생을 마감했다. 그나마 사형을 면한 것이 한때 그의 부하였다가 레지스탕스를 이끌었던 샤를 드골이 감형을 승인했기 때문이라는 해석도 있다.

치 독일도 정치적 꼼수를 간파하지 못할 정도로 어리석지는 않았다. 의도를 간파한 독일은 그를 본국으로 소환해 사실상 연금했다.

독일의 패전이 눈앞에 다가오자 그는 과거 대사로 근무했던 스페인으로 독일 공군의 군용기(Luftwaffe, 루프트바페)를 타고 망명을 시도했다. 만약 그것으로 끝났더라면 어쩌면 라발에게도 해피엔딩이 가능했을지 모를 일이다. 하지만 샤를 드골의 라발에 대해 적개심은 집요했다. 드골 정부는 미온적인 프랑코 정권을 압박하며 그의 송환을 강력히 요구했다. 결국 '자진 귀국'이라는 이름으로 돌아왔지만 사실상 압송이었다. 페탱과 달리 그에 대한 여론은 동정조차 없었다. 그의 처벌에 관해서만큼은 좌파와 우파 모두가 한목소리를 냈다. 재판부도 그에게 가차 없이 총살형을 선고했다. 이때 놀라운 일이 벌어졌다. 사형 집행이 예고된 날 라발이 미리 준비한 청산가리를 삼켜 자살을 시도한 것이다. 라발의 입장에서는 자신의 목숨을 스스로 결정하겠다는 마지막 바람이었다. 그러나 그런 선택권마저 그에게는 쥐어지지 않았다. 발견된 즉시 응급처치가 이뤄지며 자결은 수포로 돌아갔다. 간신히 의식을 회복한 그는 1945년 10월 15일 낮 12시 30분 총살장으로 끌려가 '공식적'으로 처형당했다.

부역자 처단이 정치인들에게만 해당된 건 아니었다. 무기를 만들어 나치 독일군에게 제공했다는 혐의를 받은 르노자동차의 사장 루이 르노(Louis Renault)도 1944년 프랑스 해방 후 나치 협력자로 체포 후 수감되었다. 이후 정신병원으로 이송되었으나 병세가 악화되어 수감된 지 4주 만에 사망했고, 자신의 회사마저 국유화되었다. 르노에 대한 혐의는 나치 독일이 르노에 탱크 생산을 요구하자 이를 거절하지 않고 트럭 등 군수물자 생산으로 우회 지원했다는 것이었다. 나치에 대한 '무기 제공'으로 해석된 것이다. 반면 푸조와 시트로엥은 보다 분명한 방식으로 저항했다. 푸조는 독일군에 공장이 점령되자 고의로 시설을 폭파해 생산을 거부했고, 연합국에 독일군 관련 기밀 정보를 넘겼다. 특히 V1 로켓의 동체 제작을 지시받았을 때는 설계도 전체를 그대로 연합국에 전달하기도 했다. 시트로엥 또한 조그마한 협조조차 거부했다. 독일 기술자와는 중개인을 거치지 않으면 어떤 접촉도 허용하지 않았고, 요청받은 트럭 생산도 태업을 통해 의도적으로 지연시켰다. 이처럼 주요 자동차 기업들이 저마다 방식으로 나치 독일에 맞서던 반면에, 르노의 대응은 끝내 분명하지 못했다. 전후 프랑스 사회는 그러한 모호함마저 용납하지 않았다.

프랑스의 과거 청산,
한국의 실패

　　프랑스는 나치 독일에 부역한 인사들을 철저히 솎아내고 응징했다. 프랑스는 고위직 부역자 재판을 위해 고등사법원(Haute Cour de justice)을 특별법에 따라 재편하고, 일반 부역자 재판을 위해 국민재판소(Cour de justice)를 신설했다. 이후 전국적인 조사를 통해 부역 행위를 철저히 규명하는 한편, 판결 역시 무관용 원칙에 따라 단호하게 내려졌다. 그 결과 10년 동안 약 35만 명이 부역 혐의로 조사를 받았고, 이 중 약 12만 명이 재판에 회부되어 9만 8,000여 명이 유죄를 선고받았다.

3만 8,000여 명은 징역형(혹은 금고형)을 받았으며, 6,700여 명에게 사형이 선고되어 1,500여 명이 실제로 처형되었다. 재판 대상에는 정치인, 기업가, 언론인, 예술가 등이 대거 포함되었다.

프랑스 사회에도 인적 자산이 위축될 수 있다는 우려가 없었던 건 아니다. 저명한 작가이자 실천적 언론인 프랑수아 모리아크(François Mauriac)는 "손실을 막기 위해서라면 부득이하게 나치에 협력한 자들까지 포용해야 한다"며 '그리스도의 자비'를 호소했다. 그러나 레지스탕스로 활약했던 작가 알베르 카뮈(Albert Camus)는 "진실을 다투는 순간에는 정의가 자비를 침묵시켜야 한다"며, 철저한 응징의 필요성을 역설하며 관용론을 정면으로 반박했다.

여기서 우리가 주목해야 할 부분은 부역 언론인에 대한 응징이 가혹했다는 사실이다. 프랑스에서는 언론인과 작가는 다른 부역자들에 비해서도 훨씬 더 무거운 처벌을 받았다.• 잘못된 생각과 신념을 퍼뜨리는 행위가 위중하고, 후세에도 악영향을 끼친다고 여겼기 때문이다. 당시 프랑스 사회는 언론인을 단순한 보도자가 아니라 도덕과 양심의 상징으로 보았다. 그런 이유로 언론인이 저지른 부역은 더 큰 배신으로 간주되어 무거운 처벌이 뒤따랐다. 여러 신문사의 책임자들이 사형에 처해졌고, 나치 점령기 중 15일 이상 발행한 신문을 모두 폐간시켰다. 게다가 재산 국유화에 이어 해당 시기에 종사한 모든 언론인이 다시는 언론에 종사할 수 없도록 공민권을 박탈했다. 점령기라는 특수성 아래

• 겉으로는 민족지를 자처했지만 실제로는 일제에 협력과 아첨으로 일관한 『조선일보』와 『동아일보』가 광복 이후 단죄나 사과는커녕 이승만 정권과 야합해 비호를 받으며 존속했고, 그 해악이 지금껏 작동하고 있다는 사실과 확연히 대비된다는 점에서 더욱 안타까운 일이다.

검열을 받아 친나치 논조를 펼칠 수밖에 없었다는 동정론도 허락되지 않았다. 나치 독일 치하에서 발행된 신문의 제호조차 재사용될 수 없도록 조치했다.[**] 부역 문인들과 그들의 책을 펴낸 출판사들도 마찬가지였다. 반면에 정치적 영향력이 크고 뚜렷한 기록이 남은 언론인이나 작가와 달리 음악가, 화가, 배우, 디자이너 등은 상대적으로 처벌 수위가 낮았다.

과거사 청산이 지루하게 이어지자 프랑스에서도 청산을 언제까지 해야 할 것인가 하는 회의론이 없지 않았다. 그에 따라 1951년 사면법이 통과되었고, 1953년까지 대사면 조치를 통해 다수의 형이 감형되거나 면제되기도 했다. 그 결과로 1964년에는 부역죄로 투옥된 이가 전혀 남지 않게 되었다. 그러나 한편으로는 반인도적 범죄에 대해서는 공소시효를 폐지하는 법을 제정함으로써, 반인륜적 범죄만큼은 끝까지 추적하고 처벌하겠다는 원칙도 확립했다. 그 덕분에 1980년대 들어 비시 정부 시절 학살에 가담했던 의용대 정보총책 폴 투비에(Paul Touvier)의 혐의가 다시 드러나기도 했으며 체포되어 종신형을 선고받았다. 민족을 배반한 대가에 대한 프랑스의 집요함은 이렇게 일관되게 이어졌다.

왜 프랑스는 부역자 처벌에 그토록 집착했을까. 역사가 반복된다는 사실을 깊이 인식하고 있었기 때문이다. 당시의 한 신문은 사설을 통해 이렇게 경고했다. "우리가 과거에 겪은 모든 불행은 민족반역자

• 『르 피가로(Le Figaro)』와 『라 크루와(La Croix)』는 독일군 침공 직후 지방으로 피신해 무기한 정간을 선택함으로써 살아남았다. 한편 드골은 레지스탕스에 참여했던 언론인 위베르 뵈브 메리(Hubert Beuve-Méry)에게, 친나치 논조로 인해 1942년에 폐간된 『르 탕(Le Temps)』을 대신할 새로운 일간지를 창간하라고 지시 겸 권유했다. 이에 따라 1944년 12월 18일 『르 몽드(Le Monde)』가 창간되었다.

들을 처단하지 않은 데서 비롯되었다. 지금 우리가 또다시 나치에 협력한 반역자들의 머리를 내리치는 것을 주저한다면, 프랑스의 미래에는 엄청난 위험이 닥칠 것이다. 어제의 범죄를 처벌하지 않는 것은 내일의 범죄에 용기를 주는 것과 다름없다. 프랑스 공화국은 결코 관용으로 건설되지 않는다."

이 나라 대한민국의 친일파들에게 과연 이러한 섬뜩한 경고와 가혹한 처벌이 가해진 적이 있던가. 그들은 오히려 광복 이후에 호의호식했으며 자식들까지 부와 권력을 부정하게 대물림했다. 이제는 아예 자신들이 무슨 잘못을 했느냐며 고개를 빳빳이 치켜드는 지경에 이르렀다. 뉴라이트 인사들은 이들의 자손이거나 전령이며, 그들의 수호자 역할을 자처하고 있다. 만약 이 나라가 다시 위기에 처한다면, 그들은 주저 없이 또다시 나라를 배신할 것이다. 전광용(全光鏞)의 소설 『꺼삐딴 리』에 등장하는 기회주의적 주인공조차 지금의 이 부조리한 현실에 비하면 애교로 보일 정도다.

1948년 9월, 제헌의회는 반민족행위처벌법을 제정했다. 그에 따라 같은 해 10월 반민족행위특별조사위원회(약칭 반민특위)가 출범해 반민족행위자 7,000여 명의 명단을 확인하고 이 가운데 682명을 조사했다. 그러나 국가 권력을 동원한 이승만 대통령의 조직적 방해와 친일 세력의 로비 등으로 1년 만에 와해되었고, 조사나 처벌은 제대로 이루어지지 못했다. 겨우 79명만이 재판에 넘겨졌을 뿐, 이 가운데도 집행유예 5명, 실형 7명, 공민권 정지 18명 등 단 30명만이 유죄 판결을 받는 데 그쳤다. 게다가 실형을 선고받은 7명조차 재심 등 과정을 거쳐 1950년 봄 이전에 모두 풀려났다. 결국 친일 청산은 시작만 있었지 끝은 사라졌다. 용두사미라는 말조차 아깝게 느껴질 정도로 초라한 결말이었다. 부역자에 대한 처벌을 결행한 프랑스는 같은 상황이 다시 닥쳤을 때 국민들이 끝까지 싸워야 한다는 결의를 다질 수 있었다. 그러나 제대로 된 처벌과 청산을 이루지 못한 우리는 이를 기대할 길이 없다. 그런 미래를 원하는가.

우리의 현실은 여전히 끔찍하다. 부역자에 대한 처벌은커녕, 그들이 다시 고개를 들지 못하게 할 최소한의 선조차 긋지 못하고 있다. 극우 세력의 궤변과 역사 왜곡, 친일 부역자와 그 후손들이 정부의 요직을 차지하고 있는 오늘의 상황은 분노를 넘어 부끄러움을 느끼게 한다.

유대계 사회학자 거다 러너(Gerda Lerner)는 "역사를 아는 것은 자신의 삶과 일에 의미를 부여하는 길이며, 과거에 무지한 사람은 사회에서 어떤 대우를 받아도 저항할 수 없다"고 강조했다. "미래의 역사에 맡기자"는 말은 따지지 말고 넘어가자는 궤변이다. 지금 자신의 이익에 방해되는 모든 행위를 용납하지 않겠다는 속내를 그럴듯하게 포장한 수사일 뿐이다. 나중에 진실이 밝혀진들 당사자는 이미 세상을 떠나고 사람들은 다시 망각의 강을 건너게 된다. 그래서 악은 당대에 반드시 청산해야 한다. 그런 면에서 사마천(司馬遷)의 말은 지금도 유효하다. "지난 일을 잊지 않는 것이 훗날의 일에 스승이 된다(前事之不忘 後事之師也)."

언제까지 친일과 매국 문제를 물고 늘어지느냐고 탓할 일이 아니다. 아직도 그 문제를 끈질기게 다루어야 하는 현실을 부끄러워하는 것이 마땅한 자세다. 국가와 민족을 배신한 행위에는 시효가 없다. 박중양을 제대로 알고 기억하는 사람이 드문 현실은 우리 사회가 과거사를 제대로 청산하지 못했음을 보여주는 수만 가지 중 단 한 가지 사례에 불과하다. 그 망각이 박중양의 불망비를 여전히 덮고 있다. 공주시가 역사의 본질을 외면한 탓에 그 비석을 부끄러움 없이 '모시고' 있던 셈이다. 3·1절이나 광복절에 태극기를 흔들며 대한 독립 만세를 외치는 것으로 모든 의무를 다한 듯 착각해서는 안 된다. 100년이 지났지만 여전히 청산하지 못한 과거를 먼저 부끄러워해야 한다. 그리고 끝까지 진상을 규명하고 응징해야 한다. 청산된 역사가 다음 세대에 물려줄 수 있는 참된 유산이다. 그래야 오늘도 당당히 활개 치는 제2, 제3의 박중양을 색출하고 단죄할 수 있다.

박중양을 찬양하는 그 비석을 뽑아 없애기는 쉽다. 그러나 그것이 능사는 아니다. 오히려 비석을 거꾸로 세우고, 그 이유를 적어두어야 한다. 다행히 몇 해 전 충청남도의회 친일잔재청산을 위한 특별위원회 주도로, 조선총독부 중추원 고위직을 지냈던 김관현의 선정비와 박중양의 불망비 앞에 '죄상비(罪狀碑)'가 설치되었다. 지나는 이들 모두가 그것을 부끄러워하고 기억하게 해야 한다. 박중양을 역사의 매국노로 길이 남기고, 후손들 또한 부끄럽게 여기게 해야 한다. 그것이 최소한의 응징이며, 사필귀정(事必歸正)이고 파사현정(破邪顯正)이다. 쉽게 잊는다면 부끄러운 역사는 언제든 되풀이될 것이다. 박중양을 잊어서는 안 된다. 불망비를 불망(不忘)해야 한다.

'엘 클라시코'는 내전을 기억하고 있다
경기장 너머, 스페인 내전의 긴 그림자

'엘 클라시코(El Clásico)'는 스페인의 두 축구 명가 레알 마드리드와 FC 바르셀로나가 맞붙는 경기다. 하지만 경기장 위에서 싸우는 건 두 도시의 축구팀만이 아니다. 오랜 세월 쌓여온 지역 정체성과 역사, 정치적 갈등이 함께 부딪친다. 한 경기가 하나의 전장이 되고, 90여 분의 시간 속에서 서로 다른 기억과 가치관이 맞선다. 그 덕분이었을까. 엘 클라시코는 세계에서 가장 치열한 라이벌전이 되었다.

두 도시의 갈등, 그러니까 지역감정을 넘어 적개심으로 가득하게 만든 원인을 이해하려면 스페인 내전(1936~1939)으로 거슬러 올라가야 한다. 이 내전은 표면적으로 스페인 제2공화국 시절의 좌우 이념 갈등에서 비롯되었다. 하지만 내전의 속살을 들여다보면 그보다 꽤 복잡하고 긴 사연이 있다. 게다가 국제전 양상으로 전개되며 각 세력에 대한 지원 국가와 세력의 갈등까지 복잡하게 얽혀 있었다. 파시즘, 공산주의, 민주주의, 아나키즘, 반동주의, 군국주의, 반군국주의, 공화주의, 군주주의 등 너나 할 것 없는 당대 이념들이 얽히고설킨 종합판 격의 격전장이자, 동시에 제2차 세계대전의 예고편이기도 했다. 흔히 스페인 내전을 다룰 때 프랑코의 쿠데타부터 다루는 경우가 많은데, 그 실체를 밀도 있게 이해하기 위해서는 19세기 이후 스페인의 숨 가쁜 정치사를 잠시나마 훑어보는 것이 필요하다.

제국의 몰락,
혼란의 씨앗이 되다

19세기 초 스페인은 말 그대로 혼란 그 자체였다. 나폴레옹이 이끈 프랑스의 침략을 시작으로 내전과 정치적 무질서가 이어지며 긴 소용돌이의 시기를 겪었다. 이때의 왕정과 공화정, 자유주의와 보수주의 간 극심한 갈등이 이후 스페인 내전의 구조적 원인이 된다. 이후 1874년, 혼란스러웠던 제1공화국(1873~1874)이 무너지고 왕정이 복고되면서 알폰소 12세(재위 1874~1885)가 왕위에 올랐다. 그러나 그의 요절과 뒤를 이은 유복자 알폰소 13세(재위 1886~1931)의 즉위는 앞으로 스페인이 겪게 될 암울한 미래를 예고하는 것이었다.

알폰소 12세가 사망했을 당시 스페인 사회는 안팎의 위기가 수면 위로 드러나고 있었다. 1895년에는 쿠바에서 반(反)식민 봉기가 일어났고, 1898년에는 미국 전함 메인호 폭발 사건을 계기로 미국-스페인 전쟁이 발발했다. 전쟁에서 패한 스페인은 쿠바에 대한 지배권은 물론 푸에르토리코, 괌, 필리핀 또한 미국에 넘겨야 했다. 남미와 태평양 일대의 마지막 식민지마저 모두 상실하게 된 것이다. 한때 '무적함대'로 대항해시대를 이끌었던 스페인 제국의 초라한 몰락이었다.

그러다 1902년 알폰소 13세는 어머니 마리아 크리스티나(Maria Christina) 왕후의 섭정을 마치고 친정을 시작한다. 16세의 어린 국왕이 감당해야 할 국정 과제는 결코 만만치 않았다. 산업 기반 확충, 가톨릭 교회 개혁, 그리고 점점 거세지는 노동자들의 불만 모두 그가 해결해야 할 과제였다. 하지만 국왕과 내각은 엉뚱한 곳에서 답을 찾으려 했다. 식민지 상실을 모든 문제의 원인으로 지목한 것이다. 그렇다 보니 기득권층의 이해관계가 걸린 모로코 식민지 전쟁에 깊숙이 개입했다. 문제는 그 전쟁에 동원된 이들 다수가 하층민이었다는 점에 있었다. 병역 의무는 형식적으로만 모두에게 적용되었을 뿐, 실제 부담은 사회적 약자에게 집중되었다. 전쟁의 실익은 기득권 세력이 차지한 반면, 도시 노동자층은 이익 없는 전쟁에 목숨을 걸어야 했다. 이러한 구조 속에서 불만은 쌓여갔고, 그 긴장은 1909년 바르셀로나 노동자 봉기로 표출되었다. 이 봉기는 더 이상 일시적 소요로 치부하기 어려웠다. 수면 아래 잠재해 있던 사회적 불만과 계급 갈등, 반교회 정서, 정치에 대한 불신이 한꺼번에 분출되면서, 19세기 내내 지속된 농업·산업 부진과 금융 불안정으로 이미 취약해진 경제에 결정적인 타격을 가했다.

그러나 그러한 봉기 이후에도 변하지 않은 사실은 정치와 경제의 지배권이 여전히 보수 기득권층에 의해 독점되고 있었다는 점이다. 어느 사회든 기득권이 자발적으로 권한을 내려놓고 변화에 응답하는 일은 좀처럼 일어나지 않는다. 이들은 위기 때마다 군부와 결탁해 체제를 뒤엎는 방식으로 자신들의 권력을 유지했다. 정치적 불안마저 권력을 유지하는 수단으로 삼았을 뿐 새로운 체제에 대한 책임을 진 적은 없었다. 이미 알폰소 12세의 왕정복고 직전 제1공화국이 위태로운 상황에 놓여 있을 때도, 이들은 공화정의 불안정이 자신들의 이익을 위협한다고 판단되면 군부와 결탁해 쿠데타를 부추기거나 옹호했다. 알폰소 12세 또한 마르티네스 캄포스(Arsenio Martínez Campos)가 주도한 쿠데타를 통해 왕위에 오른 인물이었으니, 당시 상황이 어렵지 않게 짐작된다.

한편, 스페인의 기득권층에게 1914년 발발한 제1차 세계대전은 막대한 부를 쌓을 수 있는 기회였다. 스페인은 전쟁에서 중립을 선언하며 전쟁 당사자들과의 무역으로 엄청난 이익을 취할 수 있었다. 그러나 이 또한 그 혜택은 기득권층에게만 돌아갔고 대다수의 노동자와 농민의 빈곤과 피폐한 삶은 조금도 나아질 기미가 보이지 않았다. 더구나 종전 이후 전쟁 특수가 사라지자 노동자들의 일감이 줄었고 자연스럽게 반감과 분노가 증가했다.

이러한 혼란 속에서 부상한 인물이 프란시스코 프랑코(Fran-cisco Franco, 1892~1975)였다. 훗날 스페인 내전에서 군을 이끌고 이후 장기 독재 체제를 구축한 장본인이다. 앞에서 언급했던 것처럼 스페인은 쿠바와 필리핀을 상실한 뒤, 모로코 북부 리프(Rif) 지역에 대한 지배에 집착했다. 그 결과로 발발한 전쟁이 리프 전쟁(Rif War, 1920~1927)*이었다. 하지만 이 전쟁의 결과는 엉뚱하게도 프랑코에게 실전 경험과 군벌 내 입지를 만들어주는 계기가 되었다.

결과만 놓고 보면 스페인은 리프 전쟁에서 승리했다. 그러나 결정

---

* 모로코 북부 리프 지역에서 스페인과 프랑스가 베르베르인 독립 세력과 벌인 식민지 전쟁이다. 아브드 엘 크림이 지휘하는 베르베르족의 게릴라전에 대항해, 프랑스와 스페인은 이를 진압하는 과정에서 화학무기를 사용하기도 했다.

적 전투를 치른 것은 프랑스였고 보호령 운영과 경제적 이권 역시 프랑스 차지였다. 상황이 이렇게 전개되다 보니 스페인 사회는 극심한 피로감에 빠졌다. 왕정의 무능이 부각되었고 정치적 불안정도 심화되었다. 이때 일어난 사건이 1923년 미겔 프리모 데 리베라(Miguel Primo de Rivera)의 쿠데타였다.* 정권을 잡은 리베라는 반대 언론과 정치 세력을 탄압하며 독재 체제를 유지했지만, 대공황 이후 경제 악화 속에 1930년 실각했다. 이에 따라 국왕 알폰소 13세는 다마소 베렌게르(Dámaso Berenguer) 장군을 임시정부 수반으로 임명하는 등 정국 수습에 나섰지만, 이미 민심이 등을 돌린 상태였다. 이에 따라 1931년 지방선거에서 공화주의 정당들이 압승하며 사실상 알폰소 13세는 있으나 마나 한 존재로 전락했다.

알폰소 13세 통치 기간 중 스페인은 회복은커녕 끊임없이 퇴행했다. 국왕에 대한 신뢰가 땅밑까지 떨어지며 왕정 폐지와 공화정의 목소리가 대세가 되었다. 알폰소 13세는 끝까지 왕위를 지키려 했으나, 최후까지 그를 지지하던 군부마저 등을 돌리자 왕위에서 물러나야 했다.** 그렇게 1931년 4월 스페인은 다시 공화정으로 복귀했다. 이른바 제2공화국(1931~1939)의 시작이었다.

---

* 알폰소 13세는 미겔 프리모 데 리베라의 쿠데타를 저지하기는커녕 오히려 총리직을 맡기며 정권 장악을 승인했다. 국왕의 묵인 아래 군사독재가 수립된 셈인데, 역설적으로 이는 국왕 스스로 군주제 헌정을 무너뜨린 것으로 훗날 제2공화국 수립과 함께 퇴위 · 망명에 이르는 결정적 근거가 된다.
** 알폰소 13세는 이탈리아로 망명 후 무솔리니와 긴밀한 관계를 맺었다. 훗날 내전이 발발하자 그는 프랑코에 대한 지원을 요청했는데, 무솔리니의 이탈리아는 프랑코 진영에 큰 도움이 된다.

이상은 무너지고,
대립만 남다

알폰소 13세의 퇴위와 망명으로 어수선하게 시작된 제2공화국은 공화파의 압승으로 출범했다. 새로운 정권은 공화주의 좌파와 사회주의 세력이 이끄는 연립 정부로, 토지개혁, 군부 권한 축소, 가톨릭교회의 세속화, 여성 참정권 확대 등을 주요 과제로 내세웠다. 이러한 개혁은 지주층과 가톨릭교회, 군부를 중심으로 한 보수 기득권층의 이해와 충돌할 수밖에 없었다.

당시 스페인의 인구는 약 2,400만 명으로 추정되는데, 그중 1퍼센트도 안 되는 지주들이 전체 농지의 42퍼센트를 소유하고 있었다. 그 범위를 2퍼센트까지 넓히면 그 비율이 무려 65퍼센트에 달했다. 그러나 토지개혁을 통해 실제로 재분배된 면적은 9만 헥타르에 불과했고, 그마저도 대부분 비경작지였다. 큰 기대를 걸었던 농민들은 실망했다. 그런데 엉뚱하게 더 큰 반발은 기득권 세력에 의해 거세게 일었다. 이들은 조금의 양보조차 받아들이지 않았고, 작은 손해도 결코 감수하려 들지 않았다. 자신들의 이익은 손톱만큼도 허무는 걸 용납 못 하는 기득권층의 생리는 동서고금을 막론하고 다 똑같다.

스페인 군부 또한 개혁에 반발하며 기득권 세력과 결합했다. 1932년 스페인령 모로코 주둔 장군 호세 산후르호(José Sanjurjo)가 쿠데타를 일으켰으나 실패로 끝난 사건은, 당대 군부의 쿠데타가 더는 예외적 일탈이기보다 하나의 정치적 선택지로 자리 잡고 있음을 보여준다. 설상가상 공화파 진영 내부에서도 노선 차이가 표면화되며 정치적 연대가 흔들리기 시작했다. 이러한 균열은 결국 공화파 내부의 결속을 약화시켰고, 그 틈을 타 중도와 우파가 연합해 연정의 한 축인 좌파를 정권에서 배제했다. 이후 집권한 세력은 토지개혁을 비롯한 주요 개혁 정책을 중단했고, 사회개혁 전반도 퇴행으로 이끌었다.

이 시기 우파 진영의 핵심 축은 에스파냐 자치우익연합(CEDA)이었다. 알폰소 왕정 시절의 보수 노선을 계승하는 한편, 반공주의와 가톨릭적 권위주의를 내세워 지주와 자본가 계층, 그리고 일부 농민층의 지지까지 끌어낸 우파 정당이었다. 이들은 사회주의자들과의 갈등이 격화되는 기운데 제2공화국 내 우파를 대표하는 정당으로 빠르게 성장했다. 1933년 총선에서 하원 제1당이 되었으나, 과반 확보에는 실패하면서 공화정 체제 내에서 실질적 영향력을 행사하기 위해 중도 우파 성향의 급진당(Partido Republicano Radical)과의 협력을 시도했다. 그러나 당 내에는 공화정 자체를 부정하고 군주제 회복을 지지하는 강경 보수 세력이 적지 않은 탓에 양측의 연정 또한 곧 붕괴되었다. 이렇게 우파의 내부 분열이 심화되는 사이, 좌파 세력은 인민전선(Frente Popular)의 이름으로 재결집하며 1936년 총선에서 승리하게 된다.

당시 스페인 총선은 좌파 선거연합인 인민전선과 가톨릭 우파를 중심으로 한 CEDA 주도의 우파 진영이 마지막까지 치열하게 맞붙은 접전이었다. 양측의 득표 차는 10만 표에 미치지 못할 만큼 근소했는데, 판세에 영향을 미친 요인 가운데 하나는 그동안 좌파 부르주아 정파들과 거리를 두며 선거 보이콧을 고수해온 아나키스트 노동운동 진영이 이 선거에서만큼은 조직적인 불참을 철회했다는 점이었다. 그러나 득표율에서는 박빙 우위였음에도, 선거구별 다수대표제의 효과로 인민전선이 전체 473석 가운데 과반을 훌쩍 넘는 의석을 확보했다. 이 같은 결과는 우파 진영의 강한 반발을 불러일으켰고, 우파는 즉각 선거 결과의 정당성에 문제를 제기하며 불복 움직임을 보였다. 나아가 공산주의 혁명에 대한 공포를 부각시키며, 군사적 개입이 불가피하다는 주장을 공공연히 확산시키기 시작했다.

쿠데타 가능성은 빠르게 부상했다. 좌파 연정은 이를 차단하기 위해 쿠데타 가능성이 있는 극우 성향 군인들을 스페인에서 멀리 떨어진 아프리카군단으로 전보하며 사실상 추방에 나섰다. 이때 프랑코도 카나리아제도로 보내졌다. 그러나 그들도 이미 이러한 상황을 예측하고 있었다. 프랑코파 군인들은 영국을 통해 프랑코의 귀환을 위한 비행편을 마련해 두었고, 병력 수송을 위한 독일의 수송기와 함선도 확보해둔 상태였다. 이들은 언제든 신속히 스페인 본토로 귀환할 수 있었다. 게다가 이들은 당시 스페인군 내에서 몇 안 되는 정예병력을 갖춘 상태였다.

군부는 쿠데타를 은근히 바랐지만, CEDA의 당수 힐 로블레스(José María Gil-Robles)는 이에 동조하지 않았다. 그러나 군부는 이를 단념하지 않고, 파시스트 정당인 팔랑헤(Falange)•와 함께 단독으로 쿠데타를 준비했다. 좌파 연정 정부에도 쿠데타 조짐에 대한 경고가 지속적으로 보고됐지만 지도부는 이를 심각하게 받아들이지 않았다.

그러다 1936년 7월 12일 사건이 발생했다. 팔랑헤 당원들이 공화국 정부 소속 돌격경찰대의 장교를 암살한 것이다. 이에 격분한 공

• 1933년 창당된 국민주의·전체주의 정당으로, 프랑코 사후 1977년에 해산됐다.

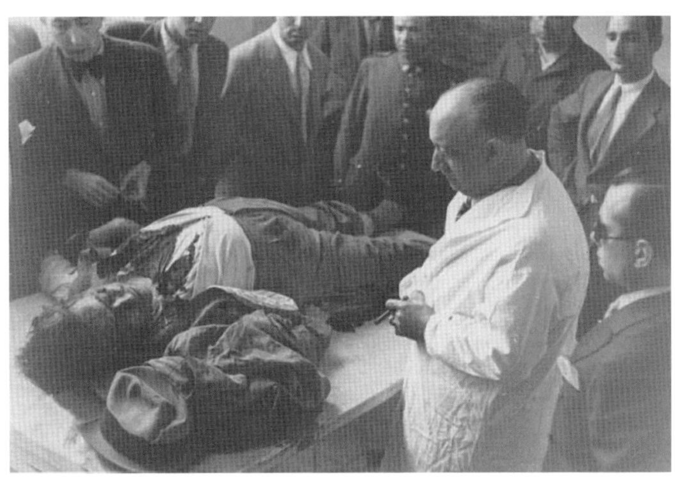

1936년 스페인 공화국 돌격경찰대에 의해 암살된 호세 소텔로의 시신. 이 사건은 스페인 내전 발발의 직접적 계기가 되었다. (Wikimedia Commons / Public Domain)

화국 경찰들이 보복에 나섰다. 바르셀로나 출신 왕당파 고이초에체아(Antonio Goicoechea)와 힐 로블레스를 대상으로 암살을 시도한 것이다. 하지만 두 사람 모두 마드리드에 없다는 사실을 알고는 다음날 새벽 왕당파의 상징적 인물이자 하원의원이던 호세 칼보 소텔로(José Calvo Sotelo)를 납치해 살해했다. 정부의 칼끝도 파시스트들로 향했다. 팔랑헤 당원들과 소텔로 지지자 다수를 체포했다. 더욱이 소텔로의 공개 장례식에 모인 수천 명의 우파 지지자들에게 발포하면서 대대적인 진압에 나섰다. 하지만 좌파 연정은 그걸로 끝이었다. 에밀라 몰라(Emilio Mola) 중심의 군부와 파시스트 세력이 기획한 쿠데타를 실행에 옮겼기 때문이다.*

* 쿠데타에 성공한 이들은 이후 '국민파(Nacionales)'로 불리며 군부, 팔랑헤, 왕당파, 보수 귀족 등 반공·반공화주의 세력을 규합한 우파 연합체로 재편했다.

불과 5개월 전 출범한 공화주의 좌파 연정은 그렇게 허무하게 무너졌다. 정교분리와 토지개혁을 내세워 노동자, 농민의 지지를 받았지만, 군부, 가톨릭교회, 왕당파, 지주, 자본가 등에 의한 기득권 구조를 해체하지 못한 필연적 결과였다. 이들이 결합된 국민파 군대는 몰라 장군의 지시에 따라 스페인령 모로코 및 스페인 전역에서 쿠데타를 일으켰다. 하지만 좌파 연정 내부에서는 개혁의 폭과 속도를 두고 공화주의 좌파와 사회주의자들 사이에 대립이 이어지고 있었다. 이 때문에 연정 지도부는 자신들을 러시아 혁명기의 케렌스키(Aleksandr Fyodorovich Kerensky)•에 빗대는 극좌의 비판에 극도로 예민하게 반응했다. 케렌스키의 몰락을 생생히 기억하고 있던 이들은 우파의 반란에도 불구하고 노동자들에게 무기를 지급하는 결정을 끝내 주저했다. 그 결과 쉽게 진압할 수도 있었던 쿠데타가 스페인 내전으로 확대되는 빌미를 내주고 말았다.

실제로 반란 초기 상황은 국민파 반군에 유리하지만은 않았다. 수도 마드리드와 당시 스페인 최대 도시였던 바르셀로나 장악에 완전히 실패했기 때문이다. 그러나 좌파 연정 지도부는 우유부단했다. 거짓 정보에 속은 공화파 군이 도시 외곽으로 철수한 사이 주요 거점이 고스란히 반군에게 넘어가는 일이 반복되었다. 게다가 실전 경험에서도 국민파 군대가 우위에 있었다. 프랑코와 몰라가 이끈 아프리카군은 모로코와 사하라 식민지에서 반란 진압 경험을 쌓아온 정예 부대였기 때문

• 1917년 러시아 2월 혁명 이후 임시정부를 이끈 온건 좌파 정치인이다. 코르닐로프(Lavr Georgiyevich Kornilov)의 반란을 진압하기 위해 볼셰비키에 무장을 허용했으나, 결국 그 일이 화근이 되어 10월 혁명 뒤 볼셰비키에서 축출되고 미국으로 망명했다.

이다.* 속전속결을 꾀한 반군의 계획은 실패했지만, 공화파 정부가 진압의 기회를 놓치면서 스페인 본토의 약 35퍼센트가 국민파의 수중에 들어가게 되었다. 당시 스페인 인구 총 2,500만 명 가운데 1,100만 명이 국민파에 장악됐다. 이러한 '부분적인' 쿠데타의 성공은 필연적으로 내전을 의미했다. 내전이 이제 서로 다른 지역을 기반으로 한 장기전 양상으로 전개된 것이다.

피로 세워진 권력,
침묵을 강요하다

이로써 스페인은 국민파와 공화파로 완전히 갈라졌다. 물론 스페인만 갈라진 건 아니었다. 제2차 세계대전을 앞두고 복잡한 국제 정세도 요동치기 시작했다. 유럽 각국은 각자의 이해관계에 따라 스페인 내전에 개입했다. 파시스트 정권이 들어선 독일과 이탈리아는 15만 명에 이르는 대규모 병력을 파병하며 국민파를 전폭적으로 지원했다. 반면, 영국과 프랑스는 확전 우려 속에 불간섭 원칙을 천명했고, 공화파는 오직 소련으로부터 제한적인 지원을 받는 데 그쳤다. 다만 세계 53개국에서 모인 약 3만 2,000여 명의 좌파 지식인, 공화주의

---

* 양측 모두 전투 경험이 부족한 허술한 군대였지만, 프랑코가 이끈 병력이 상대적으로 더 조직적이었다. 그는 쿠데타를 설계한 몰라 장군과 의견을 나누는 등 계획에 참여했으나 6월 하순까지는 참여를 주저했고 성공 가능성에도 회의적이었다. 몰라는 그의 태도에 실망해 경질을 검토했으나, 7월 13일 소텔로 암살 이후 프랑코는 입장을 바꾸고 가담했다.

자, 사회주의자, 자유주의자들*이 의용군을 조직해 국제여단(Brigadas Internacionales)을 결성해 스페인 전선에 뛰어들었다.

국민파는 공화파 내부의 갈등을 틈타 점차 점령지를 넓혀갔다. 공화파 내 주도권을 장악한 공산당은 작전에 실패한 이들을 아나키스트, 트로츠키주의자, 비(非)스탈린주의자로 몰아 숙청했고, 내부의 불신이 극에 달했다. 전술은 허술했고 병력은 분열되어 있었으며, 무엇보다 냉정하고 일관된 지도자의 부재는 공화파에 치명적이었다. 구심점을 잃은 공화파는 시간이 흐를수록 갈피를 잡지 못했고, 그 여파는 국가 전체를 피폐하게 만들었다. 그나마 해외에서 달려온 국제여단의 분투가 국민파의 진격을 일정 부분 지연시키는 데 역할을 했을 뿐이었다.

전세는 프랑코에게 유리하게 흘러갔다. 공화파는 일부 게릴라 전투에서 가까스로 승리를 거두었지만, 대규모 야전 전투에서는 거의 이기지 못했다. 험준한 산악 지형을 활용한 게릴라전만으로 승리하기란 점점 더 어려워졌다. 더구나 공산당 주도로 심화된 내부 갈등과 권력 투쟁의 양상을 프랑코가 간파하지 못했을 리 없었다. 그는 독일 공군의 지원을 받아 바스크 지역의 소도시 게르니카를 무차별적으로 공습했다. 이 공격으로 도시는 70퍼센트 이상 파괴되었고, 수백 명에서 많게는 천여 명에 이르는 민간인이 목숨을 잃었다. 이 사건은 파블로 피카소의 〈게르니카〉를 통해 오늘날까지 스페인 내전의 참상으로 생생히 기억되고 있다.

모든 전쟁이 끔찍하지만, 내전은 더 깊은 상처를 남긴다. 전쟁 이

---

* 사회주의자들뿐 아니라 윈스턴 처칠의 조카를 비롯한 자유주의자들도 극우 파시즘을 막기 위해 "그대들과 우리의 자유를 위하여"라는 기치를 내걸고 지원했다.

바르셀로나 몬주익성에 붙잡힌 공화파 포로들. 프랑코 체제는 내전 기간과 종전 직후 수많은 공화파 인사들을 정치범으로 처벌했다. (Wikimedia Commons / Public Domain)

후 하나의 국가 안에 승자와 패자가 함께 공존하는 현실은 필연적으로 보복과 원한을 부른다. 종교전쟁과 더불어 내전이 가장 비극적이며 지속적인 건 그 때문이다. 스페인 내전은 1939년 3월 28일, 프랑코 군이 수도 마드리드에 입성하며 파시스트의 승리로 끝났다. 2년 반 가까운 내전은 길지도 짧지도 않았지만, 60만 명에 이르는 희생자를 낳았다. '제2차 세계대전의 리허설', '세계 양심의 시험대'로 불린 이 전쟁은 20세기 초 국제사회가 보여준 탐욕과 일그러진 양심을 고스란히 드러냈다.

전쟁 자체가 스페인 공화주의에 대한 보수 우익의 반동으로 시작된 만큼 쿠데타 직후부터 국민파는 수많은 피를 뿌렸다. 좌익에 가담했다는 이유만으로 수많은 스페인 시민들을 처형대에 올렸고, 그 폭력성은 내전 종식 이후에도 멈추지 않았다. 1975년 프랑코가 사망할 때까지 가톨릭교회, 군부, 그리고 우파 정부 관료층을 중심으로 '정화(depuración)'라는 논리를 내세우며 진보적 흐름과 자유주의적 시민들을 '적'으로 규정하고 탄압했다. 단지 자신들과 정치적 성향이 다르다는 이유로 자유주의자, 노조원, 지식인뿐 아니라 그 가족들까지도 처형하거나 투옥했다. 심지어 가톨릭교회는 '병적 요소의 제거'라는 종교적 정당성까지 부여하며 이를 칭송하기도 했다.

그러나 프랑코 정권의 진짜 민낯은 사상 통제 너머 일상적 삶에 깊이 파고든 억압에 있었다. 특히 여성에 대한 구조적 차별은 그 본질을 가장 선명하게 드러냈다. 정권은 극단적인 가부장제와 남성 우월주의를 제도적으로 강화하며, 여성의 삶을 철저히 통제했다. 내전 이전 제2공화국에서 보장되었던 여성 참정권, 시민 혼인, 이혼 합법화 등을 철저히 폐기했고, 여성을 다시 가정의 틀 안으로 가두었다. 여성의 간통은 강하게 처벌하면서도, 남성에게는 '정부(情婦)와의 동거'처럼 특정한 경우에만 간통죄가 성립하도록 범위를 제한했다. 심지어 1970년대까지 여성은 아버지나 남편의 서명 없이는 은행 계좌조차 개설할 수 없었을 정도로 법적 주체성을 상실한 상태였다. 양성평등, 문화적 세속화, 자유연애 같은 가치 또한 "사회질서를 해치는 해로운 자유"로 간주되었고, 국가가 나서서 이 모든 것을 단속했다. 오늘날 우리가 상상하는 스페인과 달라도 너무 다른 모습이었다.

기억을 지운 대가,
침묵의 민주주의

1975년 11월 20일, 끝내 꺾이지 않을 것 같던 독재의 숨이 멎었다. 프랑코가 사망한 것이다. 그의 죽음은 수많은 이들에게 공포의 시대가 끝났음을 알리는 신호였다. 스페인 국민들은 그가 남긴 상처만큼이나 복잡한 감정 속에서 조용히 그 퇴장을 지켜보았다.

사실 프랑코는 사망 2년 전 후계자로 후안 카를로스 1세(Juan Carlos I)를 지명한 티였다. 프랑코는 스스로 국왕에 오르지는 않았지만, 왕정복고를 선언한 뒤 차기 국왕까지 지정함으로써 왕위의 주인처럼 행동했다. 이는 사후에도 자신이 설계한 권위주의적 질서가 지속되기를 바란 정치적 계산이었다. 그렇게 지명된 후안 카를로스 1세는 1931년 자신의 조부 알폰소 13세가 퇴위하며 왕정이 폐지된 이후 처음으로 즉위한 국왕이었다. 사람들은 그를 '바지 국왕'쯤으로 여겼다. 그러나 상황은 이런 예상을 빗나갔다. 그는 더 이상 과거로 돌아갈 수 없다는 사실을 누구보다 잘 알고 있었다. 국민의 요구도, 국제사회의 시선도, 프랑코 이후의 스페인에 또 다른 독재가 허용되지 않을 것이라는 점을 분명히 인식하고 있었다. 프랑코가 사망하자 후안 카를로스 1세는 총리 아돌포 수아레스(Adolfo Suárez)와 손을 잡고 점진적인 민주화 개혁을 단행했다. 정치범 석방, 다당제 허용, 언론 자유 확대 등 일련의 조치들을 이어갔고, 스페인은 점차 입헌군주제로 이행했다.

전 세계는 구시대의 유산과 새로운 미래의 갈림길에 선 스페인을 주목하고 있었다. 프랑코의 추종자들과 기득권 세력은 여전히 권력과 특권을 유지하길 바랐고, 예전만큼은 아니더라도 자신들에게 불이익이 돌아오는 것을 막기 위해 저항했다. 반대로 대다수 시민은 더 이상 억압 체제를 수용할 의사가 없었다. 팽팽한 긴장이 사회적 위험으로 잠재해 있었다. 하지만 내전의 참상을 누구보다 뼈저리게 경험한 터였다. 결국 스페인은 피 흘리는 충돌 없이 점진적 민주화를 선택했다. 그렇다 보니 프랑코 이후의 과도기는 비교적 평화롭게 전개되었다. 스페인 사회에는 '누가 옳고 그르냐'는 판단보다 '내전 자체가 국가적 비극이었다'는 인식이 자리 잡고 있었다. 이러한 국민적 정서는 민주화 이후 사회적 갈등을 줄이고, 공존의 기반을 다지는 방향으로 작용했다.

이 결과물이 이른바 '망각협정(Pacto del olvido, 침묵협정)'이다. 내전과 독재가 스페인 사회에 뿌린 상흔은 너무나 깊고 넓었기 때문이다. 그 상처를 찾아내 치유해야 했으나 감당하기 어렵다고 판단하고 과거 청산 대신 침묵의 합의를 선택한 것이다. 진실과 정의의 회복도, 적폐 청산도 없었다. 그 대신에 온건 우파와 온건 좌파는 '과거를 잊고, 미래를 위해 협력'을 선택했다. 이는 1977년 사면법으로 구체화되었다. 내전 이후 모든 정치범죄를 사면한다는 내용이었다. 내전의 피해자, 즉 공화주의자들에게 연금을 지급하고 해고자들의 복직을 허용했다. 동시에 군·공무원·경찰 등 프랑코 체제를 협력했던 모든 공권력의 범죄 행위도 사면에 포함시켰다.

후안 카를로스 1세는 최소한 어리석지 않았고 지나친 욕심도 부리지 않았다. 그는 프랑코 체제 내부 인사이면서도 개혁 성향이 뚜렷한 아돌포 수아레스와 함께 정치범을 석방하고 다당제를 허용하며 공안 재판부를 폐지했다. 또 바스크·카탈루냐 지방에 자치를 허용하고 사회노동당과 공산당 및 기타 사민주의 계열 정당들의 정치 활동과 원내 진출도 합법화했다. 프랑코 시절에는 꿈도 못 꾸던 일이었다.

그러나 1981년 2월에 일어난 쿠데타로 전혀 다른 상황이 펼쳐졌다. 하원의사당 TV 생중계 중 군대가 의사당에 난입하는 장면이 전국에 그대로 중계 방송된 것이다. 이를 목격한 국민들은 엄청난 충격에 빠질 수밖에 없었다. 1977년 이래 수아레스가 이끄는 국민중도연합이 단독정권을 수립하면서 정국이 예상보다 안정되며 민주주의 체제로 순조롭게 이행하던 터였다. 하지만 프랑코 시절 권력을 누렸던 군부는 생각이 전혀 달랐다. 그들은 공산당 합법화와 바스크 분리주의, 그리고 20퍼센트가 넘는 실업률을 구실 삼아 정권 전복을 시도했다.

상황은 이랬다. 2월 23일 오후 안토니오 테헤로(Antonio Tejero) 중령이 이끄는 무장 헌병대 200여 명이 하원의사당에 난입했다. 그리고 바로 직전 사임을 표명한 수아레스 총리와 카리요(Santiago Carrillo) 공산당 서기장, 곤살레스(Felipe González Márquez) 사회노동당 서기장 등을 포함해 하원의원 350여 명을 인질로 잡았다. 동시에 미란스 델 보슈(Jaime Milans del Bosch) 중장은 기갑부대를 동원해 발렌시아에 있는 국영방송을 점령했다. 그러나 이 모든 상황이 생중계되고 있다는 사실을 쿠데타 세력은 꿈에도 몰랐다. 쿠데타의 전말이 TV 생중계를 통해 고스란히 방송되면서 군부의 실체가 국민 앞에 낱낱이 공개되고 있었다. 그 사건이 민주주의 개혁을 더욱 앞당기는 계기가 되었으니 역사의 아이러니라 하지 않을 수 없다.

쿠데타 주모자 가운데 육군참모차장 알폰소 아르마다 코민(Alfonso Armada Comyn) 소장은 국왕의 지지를 얻기 위해 전화로 알현을 청했지만, 그가 쿠데타에 관여했음을 눈치챈 국왕은 거부했다. 오히려 스페인 전군에게 쿠데타에 가담하지 말 것을 명령했다. 상황이 자신들에게 불리하게 흘러가자, 쿠데타 지도부는 테헤로 중령에게 투항 후 망명을 권유했다. 그러나 그는 이를 거부하고 하원 점거를 계속 이어갔다. 이에 대해 국왕은 쿠데타군 지도부에 원대 복귀를 명하며 자신의 명령에 반하는 쿠데타는 반역이라고 단호하게 천명했다.* 결국 반란군은 전의를 잃고 투항했고, 그렇게 쿠데타는 진압되었다. 다음날 2월 25일 후임 총리로 레오폴도 칼보 소텔로(Leopoldo Calvo-Sotelo)**가 취임했다. 쿠데타 실패는 군부의 위상과 함께 정치적 지배력을 상실한 중대한 계기가 되었다.

어느 정도 정치적 안정을 되찾게 되자 기존의 망각협정에 대한 재검토 요구가 거세게 일어났다. 과거사를 청산하는 것이 시대정신이라는 의견이 득세하기 시작한 것이다. 더군다나 수만 명의 집단 매장지가 발견되는 등 과거 정치범죄의 증거들도 줄을 이었다. 망각과 침묵은 과도기의 질서를 위한 불가피한 선택이었지만, 진실과 정의를 요구하는 목소리가 점점 더 힘을 얻었다. 이를 계기로 집권 사회당은 프랑코 독재 희생자 명예회복법을 강력하게 추진했다. 하지만 반발이 만만치 않았다. 특히 제1야당 국민당을 중심으로 한 보수 세력들은 과거를 재론

* 공산당 당수 카리요는 "오늘부터 우리는 모두 왕당파다! 후안 카를로스 1세 국왕 폐하 만세!"를 외쳤다. 그렇게 스페인 민주주의의 수호자로 추앙받았던 카를로스 1세는 실업률이 급등한 상황에서 아프리카 코끼리 사냥을 즐긴 사실이 알려지며 비판을 받기 시작했다. 이후 염문과 횡령, 탈세 의혹이 잇따라 불거졌고, 결국 2014년 퇴위한 뒤에도 각종 비리와 추문에 휘말려 끝내 아랍에미리트 아부다비로 망명했다.
** 그는 1936년 경찰대원들에 의해 납치 살해된 호세 칼보 소텔로의 조카이기도 하다.

하지 않기로 한 협약을 파기했다며 향후 모든 정치적 협력을 거부한다고 맞섰다. "대다수 국민은 과거를 얘기하고 싶어 하지 않으며 그것은 누구에게도 도움이 되지 않는다고 믿는다"는 논리로 거세게 저항했다. '청산되지 못한 과거'가 스페인 민주주의의 발목을 잡는 듯 보였다.

또다시 공방이 쉽게 끝나지 않았다. 과거를 입에 올리는 일은 언제나 부담스러웠고, 이 문제는 삼키지도 뱉지도 못한 채 오랫동안 정치와 사회의 경계에서 맴돌았다. 곤살레스 전 총리의 "망각이 내전의 승자와 패자의 화해를 가능케 했다"는 발언은 이를 함축적으로 보여준다. 그러나 망각은 결코 화해의 조건이 될 수 없다. 화해는 기억 위에 세워질 때에만 진실할 수 있다.

'엘 클라시코'는
기억의 전장이다

2004년 사회노동당의 승리는 망각의 정치에서 기억의 정치로 전환점이 되었다. 무엇보다 세대가 교체되었다. 2000년대가 되면서, 달라진 세대는 과거에 대한 두려움이 없었다. 트라우마 없는 내전의 손자 세대가 전면에 나선 것이다. 시민사회도 깨어났다. 그중 '역사 기억의 회복을 위한 모임(ARHM)'이 중요한 역할을 했다. 국민당 정권에 의한 당파 정치, 우경화에 대한 사회적 불안과 불만이 사회당에 표를 던지게 했다. 할아버지가 내전 초기 프랑코 세력에 의해 처형된 아픈 과거를 간직했던 사파테로(Jose Luis Rodriguez Zapatero) 총리는 적극적으로 기억을 정치 무대로 불러왔다.

의회는 2006년을 '역사 기억의 해'로 지정했다. 2007년에는 '역사 기억법'이 1년여의 논의와 협상 끝에 마침내 통과되었다. 이 법은 내전 희생자들에 대한 보상을 확대하고, 공공시설에서 프랑코 시대의 상징을 제거하며, 내전과 독재 시대의 기록물을 수집·보관하고 공개토록 했다. 내전 이후 적극적으로 프랑코에 협력했던 가톨릭교회에 새겨져 있던 프랑코 시대의 구호도 철거 대상에 포함시켰다. 모든 친프랑코 시위가 범죄로 규정되었고, 프랑코주의는 모든 형태의 표현이 금지되었다. 프랑코 시대의 잘못된 판결도 재심을 받을 수 있도록 했다. 사회노동당은 침묵이 해법이 아님을 분명히 했다. 침묵과 망상이 아니라 진실과 책임의 회복이야말로 민주주의의 길이라는 사실을 세계를 향해 명확하게 선언한 것이다. 그렇게 스페인은 내전의 상흔을 일부나마 치유할 수 있었다.

모든 상처가 완전히 아물 수는 없다. 특히 피해자 입장에서 느끼는 분노와 상실감을 가해자가 온전히 이해하고 공감하기란 어렵다. 그 응어리는 지금도 사회 곳곳에 남아 때때로 분리 독립 문제로 표면화되곤 한다. 스페인은 본래 지방자치의 전통이 강한 나라다. 아라곤 왕국과 카스티야 왕국의 연합으로 출범한 스페인 왕국은 동서로 갈라진 문화, 언어, 종교, 지역 정체성을 지닌 이질적인 구성체였다. 그 이질성이 내전과 독재를 거치며 더욱 격화된 것이다. 프랑코 정권은 특히 공화파의 거점이었던 카탈루냐 지역과 바르셀로나에 집중적인 통제를 가했다. 공권력을 동원해 감시와 차별을 일삼았고, 카탈루냐어 사용조차 금지하는 강경책을 폈다. 그 결과 카탈루냐와 바스크 지방은 중앙정부에 대한 뿌리 깊은 불신과 저항을 품게 되었고, 분리 독립 요구는 이후에도 끊이지 않았다. 일부 급진 세력은 테러까지 감행하는 등 지역 정체성과 국가 통합 사이의 긴장이 오늘날까지 스페인 정치의 뇌관으로 남아 있다.

이러한 지역 갈등을 오랜 시간 봉합해온 것이 축구였다. 억압된 감정을 자유롭게 표출할 수 있는 유일한 합법적 출구이기도 했다. 스페인에서 축구는 단순한 스포츠가 아니라 정치적 억압과 지역 정체성의 갈등이 교차하는 거대한 무대 역할을 해왔다. 그 대표적 상징이 카탈루냐의 FC 바르셀로나와 카스티야를 대표하는 레알 마드리드 간의 맞대결, 엘 클라시코다. 두 팀의 경기는 여전히 전쟁에 비유되며, 그 치열함은 단순한 라이벌 의식을 넘어 스페인 내전과 프랑코 정권의 억압에서 비롯된 역사적 기억과 연결된다.

프랑코 정권의 통제는 축구라고 예외가 아니었다. 경기장 내 카탈루냐어와 국기 사용이 금지되었을 뿐 아니라, FC 바르셀로나의 구단명도 스페인어식 CF 바르셀로나로 바꿔야 했다. 1937년에는 FC 바르셀로나의 구단주 호셉 수뇰(Josep Suñol)을 재판도 없이 총살했으며, 이듬해에는 파시스트들이 구단 사무실에 폭탄을 투척하기도 했다. 이러한 억압은 내전 이전부터 누적되어온 긴장의 연장선에 있었다.[*] 프랑코의 영향력은 경기장 안으로도 미쳤다. 그는 레알 마드리드를 적극적으로 후원하는 것에 그치지 않고, FC 바르셀로나와의 경기에서 심판 판정에 영향력을 행사했다는 의혹을 받고 있다. 그런 탓에 지금도 FC 바르셀

---

* 1925년, 바르셀로나 팬들이 미겔 프리모 데 리베라 독재 정권에 항의 시위를 벌이자, 리베라는 구단 경기장을 폐쇄하고 초대 회장 호안 감페르(Joan Gamper)를 강제로 사임시켰다. 감페르는 이후 우울증에 시달리다 권총으로 생을 마감했다.

로나 팬들은 편파적인 심판 판정에 대해 "또 프랑코냐(Otra vez Franco)"라는 식의 표현을 공공연하게 쓴다.

프랑코에게 바르셀로나는 단순한 도시가 아니라 우리의 군사독재 시절 광주처럼 이념적 적대 세력의 상징이었다. 그랬기에 엘클라시코는 바르셀로나 시민들에게는 억눌린 정체성과 정치적 감정이 투영된 상징적 충돌로 받아들여진다. 오늘날 바르셀로나 시민들이 요한 크루이프(Johan Cruyff)를 각별히 여기는 이유도 그의 탁월한 축구 업적 때문만은 아니다. 그는 1974년 레알 마드리드의 이적 제의에 "나는 독재자의 클럽에서 뛸 수 없다"는 말로 단칼에 거절하고 FC 바르셀로나를 택했다. 이는 프랑코 체제에 대한 상징적 저항이었다. 이후 크루이프는 FC 바르셀로나의 전성기를 이끌고, '라 마시아(La Masia)'라는 고유한 유소년 시스템의 기반을 닦으며 선수 양성 체계까지 남겼다.

오늘날에도 바르셀로나 선수들은 정치적 표현에 주저하지 않는 팀 문화를 이어가고 있다. 2007년 수비수 올레게르 프레사스(Oleguer Presas)는 카탈루냐 분리 독립을 공개 지지하다 개인 스폰서를 잃었지만 신념을 굽히지 않았다. 또 2017년 사비 에르난데스(Xavi Hernández)와 헤라르드 피케(Gerard Piqué) 역시 리그 중 카탈루냐 독립 시위에 참여했으며, 당시 감독 호셉 과르디올라(Josep Guardiola)는 독립선언문 초안을 낭독하기까지 했다. 이처럼 카탈루냐 사람들, 특히 바르셀로나 시민에게 축구는 단순한 경기를 넘어 자신들의 정체성과 억압에 대한 기억을 되새기는 의식의 장이다.

바르셀로나 시민들의 분노와 반감은 카탈루냐 독립 주민투표에 대한 지지에서도 분명히 드러난다. 만약 카탈루냐가 스페인에서 독립하게 된다면, FC 바르셀로나는 세계적 리그인 스페인 프리메라리가를 떠나야 하며, 연간 7,000억 원이 넘는 수익과 세계적 명성을 잃을 수 있다. 그럼에도 구단과 많은 팬들은 독립을 지지한다. 이는 단순한 선택이 아니다. 과거 두 왕국의 대립이라는 역사적 배경보다 스페인 내전과 프랑코 독재에 바르셀로나가 겪은 억압과 상처에서 비롯된 갈등에 더 가깝다.

지금은 FC 바르셀로나도 유니폼에 협찬사 로고를 부착하고 있지만 얼마 전까지만 해도 유엔국제아동구호기금인 유니세프(UNICEF)의 로고를 달고 뛰었다. 세계적 기업의 엄청난 후원을 포기하고 유니세프를 선택할 수 있었던 것은* FC 바르셀로나가 바르셀로나의 시민구단이기에, 그리고 바르셀로나의 자존심이기에 가능한 일이었다. 그것은 어쩌면 마드리드에 대한 심리적 우월감을 드러내는 마음에서 빚어낸 결과일지도 모르겠다. 그것이 팀의 정신이고, 그 도시의 문화이므로.

FC 바르셀로나에는 큰 경기가 있을 때마다 팀 수뇌부와 과거의 노장들이 홈구장에 모여 첼리스트 파블로 카잘스(Pablo Casals)의 음악을 듣는 전통이 있다. 카잘스는 평생 프랑코 독재에 맞서 싸운 카탈루냐 출신 첼리스트였다. 그는 프랑코가 죽기 전까지는 스페인 땅을 다시 밟지 않겠다고 선언하고 외국에서 생을 마감했다. 유엔에서 연주할 당시에는 스페인 대사가 퇴장한 뒤에야 비로소 연주를 시작했을 정도로 그는 철저한 반프랑코주의자였다. 엘 클라시코가 열릴 때면 FC 바르셀로

---

* 게다가 유니세프 로고를 새기는 대가로 FC 바르셀로나가 연간 수입의 0.7퍼센트를 유니세프에 기부하는 조건이었다. 스폰서에게 돈을 받는 게 아니라 오히려 돈을 지불하는 이런 계약방식은 유례를 찾기 힘든 것이었다.

나 팬들이 홈구장 캄 노우(Camp Nou)에 "카탈루냐는 스페인이 아니다"라는 거대한 현수막을 내거는 것도 그런 의미가 담겨 있다. 프랑코를 증오하고 반대하는 공화주의가 짙게 깔려 있다.

독재는 결코 정당화될 수 없다. 그리고 그러한 독재를 가능하게 만드는 배경에는 기존 질서를 고수하려는 수구 세력이 자리하고 있다. 이들은 스스로를 '보수'라고 부르지만 그 속을 들여다보면 왕정 시대의 잔재와 다르지 않다. 보수와 수구는 겉으로 보기엔 유사해 보이지만 그 결과는 전혀 다른 방향으로 사회를 이끈다. 수구 세력은 자신의 기득권을 지키기 위해 힘 있는 권력에 기대고, 그 과정에서 안정과 발전이라는 이름 아래 보수의 가치를 내세운다. 그러나 이들이 권력의 울타리 안에서 독재를 묵인하거나 정당화할 때 정의는 훼손되고 역사는 그 방향을 잃게 된다. 독재의 유산은 여전히 사회 전반에 짙게 깔려 있으며, 정세의 변화에 따라 언제든 부활할 수 있다. 보수와 수구를 구별하지 못한다면, '신종 왕당파'라 할 세력은 사회 곳곳에서 영향력을 유지할 것이다. 프랑코는 그 한 사례일 뿐이다. 그리고 그보다 훨씬 더 악독한 독재자들은 비일비재하다. 지금도 그렇고 앞으로도 그럴 수 있다.

스페인을 여행하다 보면 평화로운 풍경이 부럽게 느껴질 때가 있다. 하지만 곳곳에서 마주치는 내전의 흔적들은 그 평화가 결코 당연하거나 쉽게 얻어진 것이 아님을 일깨운다. 대한민국 역시 오랜 시간 쿠데타와 독재를 견뎌야 했다. 그 과정에서 수많은 이들이 희생되었고, 그 기억은 지금도 우리 사회의 깊은 곳에 남아 있다. 우리는 그 시간을 잊지 말아야 한다. 보수를 참칭한 수구 세력은 여전히 '심리적 왕당파'로 공공연하게 활동한다. 그릇된 역사의 반복은 늘 방심 속에서 시작된다. 부지런하고 체계적인 악은 늘 틈을 노린다.

시간이 흐르면 모든 것이 희미해지고, 우리는 어설픈 화해와 타협 속에서 과거를 덮기 마련이다. 그런 점에서 홀로코스트의 가해자를 끝까지 추적해 법정에 세우는 이스라엘의 태도는 예외적이다.[*] 용서하되 잊지 않는 자세, 그리고 그 신념을 스포츠에 담아내는 태도를 FC 바르셀로나에서 발견할 수 있다는 건 꽤 특별한 일이다. 오늘날 우리는 스페인을 평화로운 여행지로 기억하고, 엘 클라시코를 세계 최고의 축구 스타들이 겨루는 축제로 여긴다. 하지만 그 화려한 경기 이면에는 프랑코 독재의 폭력과 그로부터 비롯된 뿌리 깊은 분노가 깔려 있다. 이를 단순히 '스포츠의 정치화'라 치부하기엔 그들의 경기 문화는 오히려 존엄이 가득하고 우아하다.

---

[*] 그런 이스라엘이 2025년 가자지구를 폭격하며 팔레스타인인 학살을 자행하는 것은 자기모순이며 부끄러운 일이다. 학살을 정당화하려 해도 진실을 뒤집을 수는 없다.

정의와 불의

> "침묵은 동의를 의미한다(Qui tacet, consentire videtur)"
>
> — 로마 법언

"정의와 인권은 산소와 같다. 산소가 풍부할 때는 그것의 존재
를 인식하지 못한다. 보이지 않으니 더욱 그렇다. 그러나 사라
지면 금세 그 부재를 알아챈다. 실제로 숨 쉬는 것이 힘들어진
다. 그제야 산소의 존재를 알게 된다. 연대(連帶, solidarity) 없는 정
의는 실천되지 않은 선언문과 같다."

차별은 '익숙함' 아래 숨겨져 있다
관행의 이름으로 강제된 성차별의 서사

2025년 4월 프란치스코(Francis) 교황 선종 이후 새 교황으로 레오 14세(Leo XIV)가 선출되었다. 이번에도 교황은 당연히 남성의 몫이다. 이 익숙한 장면 앞에서 '여성 교황'을 떠올린 이들을 본 적 없다. "왜 콘클라베(Conclave)에 나이 든 남성 추기경만 있지?", "왜 여성은 수녀만 될 수 있지?" 같은 단순한 질문조차 좀처럼 제기하지 않는다. 하지만 이러한 종류의 익숙함은 질문을 멈추게 하고, 질문이 사라진 자리에는 무심한 수용이 자리 잡는다. 그리고 이 무심함은 어느새 차별적 구조가 계속되는 것을 정당한 질서처럼 받아들이게 하는 역할을 한다.

가톨릭교회에서 교황은 사제 서품을 받은 추기경 가운데 선출된다. 여성은 사제 서품을 받을 수 없으니, 애초에 후보조차 될 수 없는 구조다. 이쯤에서 한 가지 질문이 떠오른다. 우리 생전에 여성 교황의 탄생을 볼 수 있을까. 하지만 이 질문은 제도의 문턱 앞에서 가로막힌다. 가톨릭교회와 정교회가 남성만이 사제가 될 수 있다는 원칙을 여전히 고수하고 있기 때문이다. 물론 종교에는 교리가 존재하므로 보수적 경향이 있고, 사회 변화에 가장 늦게 반응하는 측면도 있다. 그러나 사랑, 자유, 평등을 말하는 종교가 남녀차별을 묵인하고 제도적으로 경직되어 있다면, 그것을 과연 '복음적'이라 할 수 있을까. 게다가 신자들 또한 오랜 관습에 익숙해진 탓에 이러한 구조를 당연하게 여기며, 심지어 성스러운 질서로 오인하기도 한다. 그 결과로 교계 제도에 내재한 차별조차 문제로 인식되지 않는 현실에 익숙해져 있다.

시간이 흘렀지만, 오래전 한 장면이 또렷하게 남아 있다. 새로 부임한 본당 신부가 한 여성을 복사(服事, 미사 때 사제를 도와 시중을 드는 역할)로 세운 것이다. 그 신부는 소신학교(예비 사제 교육을 담당하는 중등 교육기관) 교장을 지낸 보수적인 인물로 알려져 있었기에 그러한 결정은 본당 신자들을 놀라게 했다. 1994년 서울대교구가 공식적으로 여성 복사를 허용하기 이전이었으니 파격적인 장면이었다. 그 순간, 중장년 신자들 사이에는 옅은 긴장감이 흘렀다. 여성이 복사를 맡을 수 없다는 거부감 때문이었다. 한 신자는 미사 중 마음이 흐트러진다며 자리를 뜨기도 했다. 그런데 그걸로 끝이었다. 불과 몇 달이 지나자 여성 복사는 정말 아무 일도 아니라는 듯 자연스러운 일상이 되었다. 시간이 흐른 뒤에는 그 일이 왜 문제였는지조차 흐릿해졌고, 과거의 거부감을 돌아보며 스스로 민망해하는 이들도 있었다. 대개 변화는 그런 식으로 천천히 그러나 분명하게 녹아든다.

가톨릭교회는 1965년 제2차 바티칸 공의회 이전까지 전 세계에서 라틴어 미사를 고수했다. 그때까지만 해도 라틴어 미사를 지극히 당연하게 받아들였다. 단순히 언어 선택의 문제가 아니라 자기 정체성과 직결된 전통으로 여겼기 때문이다.[*] 그러나 신자들이 알아들을 수 없는

제2차 바티칸 공의회 당시 성 베드로 대성당에서 전례를 주재하는 교황 바오로 6세. 교황의 좌측에 앉아 전통 라틴 전례를 보좌하고 있는 인물은 엔리코 단테 추기경이다.
(National Archives and Records Administration / Public Domain)

라틴어 미사를 언제까지나 고수할 수는 없었다. 이러한 한계가 지적되면서, 제2차 바티칸 공의회를 계기로 각 지역 언어로의 미사 봉헌이 공식적으로 허용되었다. 그 시점이 1965년이었다. 늦어도 한참 늦은 변화였다. 여성 복사도 이 무렵 함께 논의되었고, 원칙적으로 허용된 사안이었다. 그럼에도 보수적인 한국 가톨릭교회는 이보다 한참 늦게까지 이를 외면하다가, 1994년에 이르러서야 도입했다. 그 '30년의 격차'가 단지 시간의 문제였을까. 익숙함을 고수하려는 관성과 변화를 회피

• '가톨릭'은 그리스어 *katholikos*(보편적이라는 뜻)에서 유래해 라틴어 '*catholicus*'로 번역되었다. 라틴어 미사는 이러한 '보편성'의 상징으로 로마 가톨릭교회 이래로 관행적으로 유지되었다.

하려는 한국 천주교회의 오래된 침묵이 빚어낸 결과가 아니었을까. 특히 한국 천주교회는 이 문제 외에도 여러 영역에서 여성에 대한 차별을 용인하며 침묵으로 일관하고 있다.

「창세기」에는 하느님이 남자의 갈비뼈에서 여자를 만들었다고 기록되어 있다. 반면에 그 원형으로 평가받는 메소포타미아 서사시 『길가메시』에는 남녀가 동시에 창조된 것으로 기록되어 있다. 여성 종속의 질서가 성서에 근거한다는 이유로 오랫동안 하느님의 뜻인 양 받아들여진 것이다. 그러나 이는 경전을 기록하고 해석한 이들 대부분이 남성이었다는 사실을 간과한 데서 비롯된 오류다. 특정 시대의 사회 질서가 신의 뜻으로 포장되면서, 시대적 산물이 마치 영원한 진리처럼 교리로 굳어진 것이다. 즉, 기독교 전통 안에 나타나는 성차별은 남성 중심의 해석이 교리로 고정된 데서 비롯되었다고 보아야 한다. 해석이란 본디 시대의 산물임에도, 종교는 교조주의의 틀 안에서 좀처럼 이를 수정하려 하지 않았다. 물론 이러한 문제가 가톨릭교회만의 것은 아니다. 이슬람교와 개신교를 포함한 다수의 종교 전통도 같은 구조적 한계를 공유하고 있다.

이슬람교는 유일신을 믿는 종교 가운데 가장 늦게 등장했지만, 성차별적 관행이 견고하게 유지되고 있다. 이슬람교의 지리적·사회적·문화적 배경을 고려한다고 해도,* 21세기에 이르기까지 여성의 권리를 제한하는 방식은 더 이상 정당화될 수 없다. 하물며 운전이나 경기장 입장과 같은 기본권조차 오랫동안 제한되어왔다는 사실은 그 어떤 종교적 명분으로도 설명되기 어렵다. 여성의 사회 참여를 종교 권위로 억누르는 현실은 동시대 다른 지역과 비교해도 극히 이례적이다. 이는 더 이상 교리 해석의 차원이 아니라 제도화된 억압 구조로 보아야 한다.

일부 이슬람 문화권에서 히잡, 차도르, 부르카 등의 복장을 여성들에게만 율법의 이름으로 강제하는 것도 마찬가지다. 이를 어길 경우 체벌이나 투옥과 같은 과도한 처벌이 뒤따른다. 교리에 따른 복식문화가 사막 기후 등 지역적 조건에서 비롯된 실용적 기원이 있었다 할지라도 그것이 종교적 명령으로 고착화되고 처벌의 근거가 되는 현실을 어떤 논리로 정당화할 것인가.**

가톨릭에 비해 개혁적이라고 자처하는 개신교는 또 어떤가. 특히 한국 개신교 내부에서는 여전히 여성을 종속적 존재로 간주하는 문화가 뿌리 깊다. 대표적으로, 여성에게 목사 안수를 허용하지 않는 교단이 여전히 다수를 이루고 있다. 실제 예장합신(예수교장로회 합신) 교단은 2021년 일산은혜교회가 여성 목회자를 공동 시무자로 세운 데 대해 교단 탈퇴를 권고했고, 교회를 이끌던 강경민 목사를 면직 처분했다. 교단 방침에 반한 인선을 이유로 징계를 단행한 이 사건은 한국 보수 개신교 내 여성 목회자에 대한 제도적 차별이 여전히 견고하게 작동하고

- 가장 늦게 등장했다고 해서 반드시 더 현대적이지는 않다는 점은 이슬람교가 잘 보여준다. 꾸란의 규율을 통해 보더라도 당시 아라비아 사회는 성차별적 관행이 일정 부분 제도화된 사회였던 것으로 추정된다. 다만 무함마드(Muḥammad, 570~632)의 아내 카디자(Khadijah)는 15세 연상의 과부이자 성공한 상인이었고, 그의 삶에서 독립적이고 주체적인 위상을 지닌 인물이었다. 이는 최소한 특정 계층 여성에게는 일정한 사회적 권한이 허용되었음을 보여준다. 그러나 무함마드 사후 이슬람 공동체가 제도화되면서 여성의 사회적·종교적 역할은 오히려 축소된 측면이 있다.
- 그렇다고 해서 프랑스 등 유럽 일부 국가들이 히잡, 부르카 등 착용을 법으로 금지하는 등의 조치가 정당화될 수는 없다. 이는 또 다른 형태의 종교 차별이자, 사실상 기독교 문화 중심주의의 연장선에 있는 조치다. 유럽 가톨릭 전통에서도 여성에게 베일 착용을 요구해왔다는 점에서 이슬람 여성의 히잡만을 금지하는 것은 이중 잣대일 수밖에 없다.

있음을 보여준다. '저항(protest)'과 '개혁(revolution)'이라는 개신교의 정체성이 사라진 지 오래라서 그런 것일까. 거의 모든 고위직이 남성의 몫이며, 허드렛일만 여성 신자들에게 맡겨진 경우가 많다. 개신교 중 성공회만 여성에게 사제 서품을 허용하고 형식적으로나마 참여의 문을 열어두고 있지만, 아직도 상당수 교단은 이를 배제하고 있다.

그런데 가톨릭교회는 차별 그 자체도 문제지만, 동시에 그것을 개선하기 어렵게 만드는 권위적 구조라는 한계를 함께 안고 있다. 그렇기에 교황 요한 바오로 2세(Ioannes Paulus II, 재위 1978~2005)가 선종하기 수년 전, 여성 사제를 교회에서 '영원히' 받아들일 수 없다고 선언한 것은 두고두고 유감스러운 대목이다. 특히 간과할 수 없는 점은 이 선언에, 교황의 판단에 오류가 없다는 '교황무류성(Papal Infallibility)'을 결합시켰다는 사실이다.• 하지만 그러한 선언은 교황무류성에 대한 신뢰를 오히려 흔드는 결과를 낳았다. 여성 사제 서품을 '영원히' 금지한다는 선언은 어떤 신학적 근거로도 충분히 뒷받침되기 어렵다. 합리적으로 접근했다면, 교회의 전통을 고려하되 그것이 변화의 대상이 될 수 있음을 인정하고, 당장의 혼란을 피하기 위해 점진적으로 검토하겠다는 정도의 언명이 더 바람직했을 것이다. 최소한 그 정도의 신중함은 필요하지 않았을까.

• 가톨릭은 교황이 신앙과 도덕에 관한 교리적 문제에 대해 전 교회를 대상으로 공적 권위(Ex cathedra)로 선언할 때 그 발언에 오류가 없다고 본다. 이러한 교황무류성은 흔히 중세의 유산으로 오해되지만, 실제로는 제1차 바티칸 공의회(1869~1870)에서 교황 비오 9세(Pius IX, 재위 1846~1878)에 의해 확정된 것이다. 그는 근대의 이성주의와 과학주의에 맞서 교회의 권위를 강화하고자 '성모 마리아의 무염시태' 교리를 포함해 무오류권을 선포했다. 이는 당시 교황권이 근대 사회에 대해 느낀 위기의식과 방어적 태도를 잘 보여주는 사례로 평가된다.

유감스럽지만 이 입장은 이후에도 달라지지 않았다. 교황 베네딕토 16세(Benedictus XVI, 재위 2005~2013)도 여성 사제 서품에 반대하는 견해를 고집했으며, 비교적 진보적인 성향으로 알려진 교황 프란치스코(Franciscus, 재위 2013~2025) 역시 이 문제에 있어서 큰 차이를 보이지 않았다. 즉, 전통이라는 이름의 차별적 구조를 고수함으로써 자기 스스로 시대적·윤리적 시험대 위에 올려놓은 것이다. 이는 교회가 지켜온 전통이 과연 신앙의 본질에서 비롯된 것인지, 아니면 시대적 권력 구조의 산물인지에 대한 근본적인 의심을 불러일으킬 수밖에 없다. 여성 사제 불허가 천년 넘게 유지되어온 교회의 전통이라는 근거만으로, 그 자체를 절대적 가치로 고수해야 할 이유는 전혀 없다. 전통은 성찰을 통해 새로워질 수 있어야 하며, 특히 그것이 특정 집단의 권리를 지속적으로 제한해왔다면 더욱 그렇다. 오랜 제도를 하루아침에 바꾸기는 어렵다. 하지만 그렇기에 더 일찍부터 신중한 논의와 점진적 개방이 필요했다. 그 시기를 이미 지나쳐버린 지금, 전환의 기회마저 계속 미룬다는 것은 책임 회피에 가깝다.

오늘날 성평등은 가장 기본적인 사회적·윤리적 전제다. 그것이 실현되지 않는 한, 성직에서 배제된 여성들은 교회 구조 안에서 계속 침묵을 강요당하고, 신앙의 주체가 아니라 주변부로 밀려날 수밖에 없다. 종교가 진정으로 보편성과 구원의 메시지를 말하고자 한다면 그 첫걸음은 교회 내부의 성차별을 직시하고 해체하는 데서 시작해야 한다. 신앙의 언어로 덮을 것이 아니라 신앙의 이름으로 바로잡아야 한다. 그것보다 더 실질적이고 쉬운 실천이 또 어디에 있나.

'경기고등학교'와
'경기여자고등학교'

종교에서 여성을 배제하는 제도만큼이나 일상 언어 속에 깊이 뿌리내린 성차별도 지나쳐서는 안 될 문제다. '경기고등학교'와 '경기여자고등학교'라는 명칭이 여전히 함께 쓰이는 현실은 '익숙함'이라는 이름 아래 구조화된 차별의 사례다. '여자'라는 표기를 덧붙여야만 여학교가 온전한 정체성을 인정받는 듯한 인상을 새긴다. 이런 명명 방식은 단순한 호칭의 문제가 아니라 남성을 '보편'으로 여성을 '특수'로 간주하는 관념이 언어 속에 내면화된 구조적 불평등을 빚어낸다. 여학교에만 '여자'라는 명칭을 붙이는 방식은 논리적으로 괴이하며 평등한 언어라 보기 어렵다. 만약 그 표현이 정당하다면, 남학교에도 '남자'라는 표기를 붙여야 마땅하다. 그것이 최소한의 대칭이고, 언어적 평등의 출발점이다.

어떤 이들은 이러한 언어 구조가 오랜 사회적 약속이자 전통이므로 굳이 바꿀 필요가 없다고 주장한다. 또 세상에 바뀌어야 할 것이 얼마나 많은데, 굳이 작은 것에 집착하느냐고 반문하기도 한다. 그러나 전통이라는 이유만으로 그릇된 관행이 정당화될 수는 없다. 사소하고, 번거롭고, 시간이 흘러 자리 잡았다는 사실만으로 옳지 않은 것이 옳은 것이 되지는 않는다. 언어는 현실을 반영할 뿐 아니라 현실을 재생산하기도 한다. 이 말에 동의한다면 언어 속에 남아 있는 위계와 불균형을 분별하고 걸러내는 태도가 지금 이 시대를 살아가는 최소한의 책임이자 도리가 아닐까.

더구나 여학교에 대한 이러한 차별적 표기가 오랜 전통에 해당하느냐 하면, 꼭 집어 그렇다고 말하기도 어렵다. 우리에게 왜 '여자고등학교'라는 식의 명칭이 익숙해졌을까. 그 기원을 이해하려면 구한말로 거슬러 올라가야 한다. 물론, 근대식 서양 교육제도가 도입되던 당시에도 교육의 우선순위는 남성에게 있었다. 여성 교육은 철저히 배제되거나 뒷전으로 밀려 있었다. 그러던 1886년, 조선에 파견된 미국 북감리회 소속 선교사 메리 스크랜튼(Mary Scranton)은 여성들의 열악한 처지를 목격하고, 서울 정동에 여성 교육을 위한 학교를 처음으로 설립했다. 그것이 이화학당(梨花學堂)의 시작이다. 여성 교육에 대한 사회적 인식조차 없던 때였기에 개교 초기의 등록생은 단 한 명에 불과했다. 이후 부모에게 버림받은 아이, 학교 일꾼의 딸, 형편이 어려운 가정의 소녀, 기방 출신 여성들이 학교를 채웠다. 학교가 정비되고 규모도 커지자, 딸을 학교에 보내기를 꺼리던 부모들도 점차 자녀를 맡기기 시작했다. 고종황제와 명성황후는 이러한 노력을 높이 평가해 '이화학당'이라는 이름과 함께 내탕금을 하사하기도 했다. 이 무렵까지만 해도 이화학당이라는 명칭에는 '여자'라는 명칭이 따로 붙지 않았다. 여성을 위한 학교였을 뿐 여성이 이름으로 굳이 명시되어야 한다는 인식 또한 없었다.

그러나 시간이 흐르며 상황이 바뀌었다. 조선총독부의 무단통치가 절정에 이르던 1918년 '이화보통학교'가 '이화여자보통학교'와 '이화여자고등보통학교'로 분리·신설되면서, 처음으로 '여자'라는 명칭이 공식적으로 교명에 포함되었다. 1925년 설립된 '이화여자전문학교'도 같은 맥락에 있었다. 이때부터 '여자'라는 수식을 교명에 붙이는 일이 너무나 자연스럽고 당연한 것으로 받아들여졌다. 이러한 변화는 단순한 명칭상의 문제가 아니라 일제강점기 교육 행정 체계에서 여성 교육이 본류에서 배제된 채 예외적이고 보조적인 영역으로 제도화된 결과였다. 특히 남성 중심의 교육체제 속에서 여성 교육은 어디까지나 가사, 위생, 수예, 보육 등 부차적이고 기능적인 영역에 편중되었다.

그 변화 이후의 모습이 바로 오늘날 우리가 너무도 익숙하게 받아들이는 풍경이다. '여자고등학교'라는 명칭이 거부감 없이 받아들여지고, 남학생들만 재학하는 학교는 여전히 '남자'라는 표기 없이 '고등학교'로 불린다. 이 지점에서 언어로 구조화된 위계가 드러난다. 특히 '여자'를 명칭에 포함하는 관행이 일본과 한국에만 국한된다는 사실은 오늘날 여학교의 명칭 구조가 일제 식민지 교육체제의 영향 아래 형성되어 지금까지 유지되고 있음을 잘 보여준다. 즉, 이화학당 명칭의 변화는 우리 전통의 맥락이 아니라 일제 근대 교육체제 속에서 여성 교육이 분리되고 특수화되던 흐름 속에서 파생된 사생아라 보는 것이 옳다. 그렇게 '익숙함'이라는 이름 아래 용인되어온 이 관행이 지금까지 평등을 가로막고 있는 것이다.

물론 이러한 언어 구조 속 위계가 한국만의 현상이라고 단언할 수는 없다. 여성의 존재를 예외적이고 특수한 것으로 명명해온 관행은 서구 사회에서도 있어왔다. 제도화된 평등을 표방하면서도 실제로는 일상과 공적 제도 전반에 걸쳐 여성을 배제하거나 제한하는 경우가 적지 않았다. 미국의 온라인 매체 『더 리틀 씽스(The Little Things)』가 2017년에 소개한 「50~60년대 여성이 할 수 없었던 11가지 평범한 일들」* 목

• https://littlethings.com/lifestyle/things-women-couldnt-do-50s-2.

록을 보면 평등 사회를 표방한 서구 사회조차 실제로 여성의 권리를 얼마나 광범위하게 제한해왔는지 알 수 있다.

1. **은행 계좌 개설:** 1974년 평등신용기회법(Equal Credit Opportunity Act)이 제정되기 전까지, 여성은 은행 계좌 개설이나 신용카드 발급 시 남편이나 남성 보호자의 동의를 요구받는 경우가 많았다. 성별을 이유로 신용 제공을 거부하는 행위가 법으로 금지된 이후에야 여성의 독립적 재정 활동이 보장되었다.

2. **배심원 자격:** 20세기 중반까지 미국 대부분의 주에서 여성의 배심원 참여를 제한했다. 특히 남성만 배심원이 될 수 있도록 규정한 주도 있었으며, 이러한 성차별적 법 조항은 1975년 미국 대법원의 테일러 대 루이지애나(Taylor v. Louisiana) 판결을 통해서야 명백히 위헌으로 선언되었다.

3. **법 집행기관 취업:** 여성은 오랫동안 경찰이나 판사 등 법 집행 직무에 적합하지 않다고 여겨졌으며, 제도적 장벽 또한 존재했다. 여성 판사나 검사, 경찰관의 등장은 20세기 중반 이후에야 본격화되었고, 이조차도 일부 주에서만 제한적으로 허용되었다.

4. **아이비리그 대학 입학:** 하버드대학은 1977년 처음으로 여학생의 정규 학부 입학을 허용했다. 예일대학과 프린스턴대학은 1969년에 여성에게 학부 과정을 개방했고, 그 전에는 대부분 남학생 전용이었다. 그나마 여학생은 계열 자매학교(예를 들어 래드클리프, 바너드)를 통해 제한적으로 교육을 받았다.

5. **사관학교 입학:** 미 육군사관학교인 웨스트포인트는 1976년 처음으로 여성의 입학을 허용했다. 이는 국방부의 성평등 조치에 따른 변화였으며, 같은 해 공군사관학교와 해군사관학교도 여성 입학을 개방했다.

6. **여군의 전투 임무:** 여성은 한동안 '비전투 병과'에만 배치되었고, 실제 전투 임무에서 배제되었다. 전투 관련 병과 개방은 1990년대에 이르러 점진적으로 추진되었고, 2013년 미 국방부는 모든 군사 직책을 여성에게도 개방하겠다고 발표했다. 완전한 시행은 2016년에 이뤄졌다.

7. **피임약 복용:** 미국 FDA는 1960년에 피임약 사용을 승인했지만 실제로는 기혼 여성만 사용할 수 있었고, 일부 주에서는 비혼 여성의 사용을 금지했다. 이러한 제한은 1972년 대법원의 아이젠슈타트 대 베어드(Eisenstadt v. Baird) 판결에서 위헌으로 판단되며 폐지되었다.

8. **출산휴가 및 임신 차별 금지:** 임신과 출산을 이유로 여성 노동자를 해고하거나 차별하는 행위는 1978년 '임신차별금지법(Pregnancy Discrimination Act)'이 제정되어서야 법적으로 금지되었다. 이후 여성 노동자에 대한 출산휴가 보장과 같은 제도적 정비가 뒤따랐다.

9. **공공장소 모유 수유:** 미국 대부분의 주에서 현재는 공공장소에서의 모유 수유를 법적으로 보호하고 있으나, 아이다호는 2018년까지도 관련 법률이 없던 유일한 주였다. 그해 법 제정이 이뤄지면서 '사실상' 전국적 허용이 가능해졌다. 그러나

사회적 편견은 여전히 해소되지 않았다.

10. **보스턴 마라톤 참가:** 보스턴 마라톤은 1972년까지 공식적으로 여성 참가를 금지했으며, 1973년부터 정식 등록이 가능해졌다. 1967년 캐서린 스위처(Kathrine Switzer)는 남성으로 위장해 출전했고, 주최 측이 경기 도중 그녀를 막으려 했던 일화는 지금도 여성 스포츠사의 전환점으로 회자된다.

11. **우주비행사 선발:** 미국 최초의 여성 우주비행사 샐리 라이드(Sally Ride)는 1978년 NASA에 선발되었고, 1983년에 우주에 나갔다. 이는 우주개발 초기 수십 년 동안 여성이 구조적으로 배제되었던 관행을 뒤집은 상징적 사건이었다.

서구 사회에서조차 여성들은 비교적 최근까지 기본적인 시민권을 온전히 누리지 못했다. 그 가운데에서도 가장 오랫동안 배제되어온 권리가 '참정권'이었다. 이 권리를 요구할 때마다 돌아온 반응은 익숙했다. "굳이?", "더 시급한 일부터 해결해야 하지 않나?", "오래된 전통 아닌가?" 그러나 오늘날 누구도 의심하지 않는 이 권리 역시 처음부터 당연하게 주어진 것은 아니었다.

최초로 여성 참정권을 공개적으로 요구한 인물은 18세기 영국의 메리 울스턴크래프트(Mary Wollstonecraft, 1759~1797)였다.● 그녀는 1792

● 메리 울스턴크래프트는 미국인 외교관 길버트 임레이(Gilbert Imlay)와의 사이에서 딸을 낳은 뒤 결별하고, 1797년 무정부주의 정치철학자 윌리엄 고드윈(William Godwin)과 결혼해 둘째 딸을 출산하였으나 산욕열로 열흘 만에 사망했다. 그녀가 사망 직전에 낳은 딸이 바로 『프랑켄슈타인(Frankenstein)』의 저자 메리 셸리(Mary Shelley)이며, 훗날 시인 퍼시 셸리(Percy Bysshe Shelley)와 결혼했다.

년에 발표한 『여성 권리의 옹호(A Vindication of the Rights of Woman)』를 통해 당대 사회의 남성 중심적 교육과 정치 이론을 신랄하게 비판했다. 그 책에서 울스턴크래프트는 여성 역시 이성적 존재라는 점을 분명히 했다. 이성이 인간의 덕성과 시민적 자격의 근거라면, 여성에게 그 계발의 기회를 제한하는 일은 정당화될 수 없다고 판단했다. 그녀가 겨냥한 것은 여성의 '본성'이 아니라, 여성의 이성을 의도적으로 위축시켜 온 교육 체계였다.

당대에는 이성을 남성의 덕목으로, 감성을 여성의 속성으로 구분하는 관념이 자연스러운 질서처럼 받아들여졌다. 울스턴크래프트는 그러한 구분이 사회적 산물임을 지적하며, 여성을 남성의 장식물로 만드는 교육 관행을 비판했다. 여성에게 이성을 요구하지 않으면서 비합리성을 본성이라 단정하는 태도야말로 무지의 소산이라고 보았다. 여성이 무지해 보이는 까닭은 본성 때문이 아니라 교육의 기회가 차단되어 왔기 때문이라는 지적이었다.

그녀는 국가 차원의 공적 교육, 나아가 남녀가 함께 배우는 남녀공학 제도를 제안했다. 어릴 때부터 동일한 교육을 받는다면 여성의 지적 능력을 둘러싼 편견은 스스로 허물어질 것이라고 보았다. 이는 단순한 권리 요구를 넘어 덕성과 책임을 지닌 시민을 길러내기 위한 사회 개혁의 구상이었다. 지금이야 상식처럼 들리지만 당시 주류 사회는 경악했다. 여성에게 동등한 교육을 인정하는 순간 정치적 참정권 또한 부정하기 어려워진다는 함의가 그녀의 주장에 담겨 있었기 때문이다.

그녀는 이 주장으로 남성 중심의 주류 사회로부터 조롱과 적대의 대상이 되었다. 예외는 있었다. 영국의 대표적 지성 존 스튜어트 밀

1914년 5월 22일, 에멀린 팽크허스트가 런던 버킹엄 궁전 근처에서 시위 도중 체포되는 모습.
그녀는 수차례 투옥과 단식 투쟁을 이어가며 영국 사회에 여성 참정권 문제를 각인시켰다.
(The National Archives / Public Domain)

(John Stuart Mill, 1806~1873)이었다. 그는 아내 해리엇 테일러 밀(Harriot Taylor Mill)과 함께 여성에게 선거권을 부여해야 한다고 주장했다.● 그러나 1867년의 선거법 개정안에 여성 참정권은 끝내 반영되지 않았다. 이후 오랜 시간 동안 의회에 상정된 관련 법안들 역시 빈번이 폐기되었다. 이에 맞서 에멀린 팽크허스트(Emmeline Pankhurst, 1858~1928)는 1903년 여성 참정권을 목표로 여성사회정치연합(Women's Social and Political Union)을 조직하고 거리 시위와 단식 투쟁에 나섰다. 그러나 국가권력이 내놓은 응답은 체포와 투옥, 그리고 가혹한 탄압뿐이었다.

● 존 스튜어트 밀이 아내 해리엇 테일러 밀로부터 사상적 영향을 받아 집필한 책이 『여성의 종속(The Subjection of Women)』(1869)이다. 이 저작은 여성에게 참정권을 부여해야 한다는 강한 주장을 담고 있으며, 이런 이유에서인지 하원의원 선거에서 남성 유권자들로부터 낮은 득표를 얻었다고 한다.

흥미로운 사실은 영국에서 여성 참정권이 제1차 세계대전을 계기로 주어졌다는 점이다. 전쟁이 발발하자 여성 참정권 단체들이 자발적으로 전시 노동과 군수 지원에 참여했는데, 이는 여성에 대한 사회적 인식을 바꾸는 데 결정적인 영향을 미쳤다. 이 공헌을 계기로 여성 참정권이 제도화되었다.* 1917년 하원, 1918년 상원에서 국민대표법(Representation of the People Act)이 통과되면서 영국 여성들은 비로소 참정권을 얻게 되었다. 이는 1893년 세계 최초로 여성에게 투표권을 부여한 뉴질랜드보다 25년 늦었고, 호주(1902), 핀란드(1906), 노르웨이(1913) 등보다도 한참 늦은 선택이었다. 한편, 영국에서 여성의 참정권이 허용되자 이후 주요국들이 여성 참정권을 인정하기 시작했다. 독일은 1919년에, 미국은 1920년에 여성의 투표권을 법제화했다. 뜻밖에도 대혁명을 거치며 인권선언의 종주국이라 자부하는 프랑스는 제2차 세계대전 이후인 1944년에야 여성 참정권을 인정했다. 심지어 스위스는 1971년에 연방 및 주 선거에서 여성의 투표권을 보장했다.**

인류 사회는 오랜 세월 신체적 힘, 특히 남성의 근육에 의존해 조직되어왔다. 전쟁과 생존, 노동의 중심에 늘 남성이 있었고, 정치적 권력과 경제적 결정권 또한 자연스럽게 남성에게 집중되었다. 반면 여성

* 전쟁은 국가가 국민에게 다양한 방식으로 '빚'을 지는 행위이기도 하다. 그래서 전쟁이 끝난 뒤, 특정 권리에 대한 법적 보장이 이루어지는 경우가 많다. 미국에서도 흑인 해방이 현실로 나아가는 데에 제2차 세계대전과 베트남 전쟁이 중요한 계기로 작용했다.
** 그마저도 일부 주가 반발하며 즉각적으로 완전한 도입이 이뤄지지 않았다. 특히 아펜첼 이너로덴(Appenzell Innerrhoden)주는 끝까지 여성의 주 선거권을 거부하다가, 1990년 연방대법원 판결로 강제 수용하게 되었다.

은 가사와 양육에 역할이 제한되었고, 이 구조는 별다른 의심 없이 지속되었다. 그러나 산업혁명이 이러한 질서를 흔들기 시작한다. 기계 동력이 인간의 근력을 대체하면서, 여성은 생산 활동에 참여하는 유급 노동자로 편입되었다. 여기에 프랑스 혁명 이후 확산된 평등사상이 더해지며, 여성의 사회적 지위에 대한 인식에도 변화가 일어났다. 20세기 중반, 컴퓨터와 디지털 기술이 본격화되면서 근육 중심의 노동은 퇴조하고, 판단력·창의력·협업 능력이 더 중요해졌다. 이 변화는 노동의 재편에 그치지 않았다. 생물학적 차이에 기대어 여성을 배제해온 논리가 설득력을 잃으면서, 페미니즘이 시대 변화의 필연으로 탄생하게 된다.

그러나 오늘날 한국 사회에서의 페미니즘은 종종 왜곡된 방식으로 소비되고 있다. 미국에서 여성 해방과 성평등이 본격적인 사회적 의제로 부상한 것이 1960년대 중반이라는 점을 고려하면, 한국은 여전히 반세기 이상 뒤처진 감각에 머물러 있다. 일부 정치 세력은 이 문제를 진영 간 대립의 소재로 삼고, 페미니즘 자체를 조롱하며 대중의 피로감을 자극한다. 철 지난 '남녀 갈라치기'가 여전히 통한다는 사실 자체가 우려스럽다.

'여성'이라는 단어만 나와도 "이제 그만하면 됐다"는 식의 안일함이 되레 반사적으로 튀어나온다. 그러나 피로감이 문제가 될 수는 없다. 여성의 권리에 그치지 않기 때문이다. 우리 사회가 더 품격 있는 공동체로 나아가기 위해 반드시 마주해야 할 과제이며, 양질의 노동력 확보와 건강한 민주주의 실현을 위해서도 본질적인 문제다. 그만하면 됐다는 태만, 갈등을 피하려는 회피, 모두 변화의 걸림돌이다. 성찰 없는 반복은 퇴행의 다른 이름이다.

우리가 당연한 것으로 여기는 여성의 정치적 권리조차 수백 년 동안 투쟁한 끝에 얻어낸 결실이라는 사실은, 그 당연하고 천부적인 권리조차 인정하는 데 인색했던 남성 중심적 사고방식의 뿌리가 고약하게도 깊다는 것을 의미한다. 그리고 그 고약한 뿌리와 심지어 겉으로 드러내기까지 하는 음흉한 잔상이 지금도 존재한다. 경기'여자'고등학교라는 명칭이 전혀 불편하거나 이상하게 느껴지지 않는 우리 자신이 오히려 더 문제 아니던가.

이 문제에 관해 여러 차례 강조했지만, 여전히 사회적 반향은 없다. 그보다 중요한 일이 많은데 굳이 지금 꺼내야 하느냐는 반응 일색이다. 익숙한 걸 긁어 부스럼으로 문제 삼는 게 무익하다 여기기 때문일 수도 있을 것이다. 이도 어렵다면 '경기여자고등학교'는 그대로 두고 '경기고등학교'는 '경기남자고등학교'로 바꾸자는 제안이 누군가에게는 불편하게 들릴지도 모른다. 하지만 굳이 불쾌하게 받아들일 이유는 없다. 오히려 시대정신에 맞는 변화에 스스로 앞장선다는 자부심이 더 큰 의미로 남을 수 있다. 발상을 바꾸면 세상도 삶도 달라질 수 있다.

이제는 눈에 보이는 제도보다 익숙한 언어와 일상의 관성 속에서 작동하는 차별의 구조를 더 민감하게 감지해야 한다. 그것이 성평등 시대의 교양이며, 지금 우리 사회가 감당해야 할 책임이다. 이름을 바꾸는 일이 세상을 바꾸는 첫걸음일 수 있다면, 그 '사소한 변화'를 외면하지 않는 것이 우리가 할 수 있는 최소한의 응답일 것이다.

종교는 최후의 보루가 아니라
교두보가 되어야 한다

미셸 푸코(Michel Foucault)는 『성의 역사(L'Histoire de la sexualité)』(1976)에서 성 역할은 자연적이거나 고정된 것이 아니라 권력이 신체와 정체성을 분할하고 통제하기 위해 구성한 제도적 장치라고 보았다. 성차별은 가장 오래된, 그리고 가장 은밀하게 정당화되어온 억압의 역사다. 차이와 차별은 다르다. 남성과 여성은 여러 면에서 다르지만, 그 차이가 차별의 근거가 되어서는 안 된다. 여성학자 거다 러너(Gerda H. Lerner) 또한 그러한 차이를 차별로 학습시키고 내면화시키는 이데올로기야말로 여성 억압의 핵심이며, 그것은 여성 자신의 능력과 실천을 통해 극복될 수 있다고 강조했다.

지금은 결코 믿으려 하지도 않겠지만, 우리 사회에서는 1980년대까지만 해도 여성은 결혼 후 '자동으로' 퇴사해야 하는 규정이 존재하고 작동했다. 그런 탓에 여성 직원에게 중요한 일을 맡기지 않았다.[*] 그야말로 '커리어(career)' 우먼이 아니라 '캐리어(carrier)' 우먼이기를 강요했고, 하는 일은 '커피 앤 카피(coffee and copy)'였다. 참 못나고 못된 말들이다. 이후 여성의 사회 진출이 활발해지고, 여성들도 점차 중요한 직책을 맡아 업무를 수행했다. 이들이 결혼을 이유로 일을 그만두는 것이 사회적으로 큰 손실이라는 인식도 자리 잡기 시작했다. 그렇게 '결혼 퇴직'이라는 악습도 점차 사라졌다.

[*] 심지어 은행에서는 '직원'과 '행원'으로 호칭하며 호봉이나 진급에서 노골적으로 차별했다. 여성의 대리 진급이 현실화된 게 1970년대 후반이었다.

명실상부한 '알파걸'의 시대다. '으뜸가는 여자'를 뜻하는 이 말은 하버드대 아동심리학 교수 댄 킨들런(Daniel J. Kindlon)이 『새로운 여자의 탄생: 알파걸(Alpha Girls)』(2007)에서 제시한 개념으로, 새로운 여성상의 등장을 상징한다는 평가를 받는다. 그러나 여성의 자기표현은 대개 환영받지 못했다. 여성학자 글로리아 스타이넘(Gloria Steinem)은 일찍이 남성들이 여성의 도전을 철저히 무시하고 억눌러왔다고 비판했다. 남성이 하면 진취적이고 적극적이라 평가받던 태도도, 여성이 하면 되바라졌거나 건방지다며 비난받았다는 것이다. 실제로 스타이넘이 '미즈(Ms)' 운동●을 전개하자, 많은 남성들은 그런 명칭을 쓰는 여성들을 '당돌하고 까칠하다'는 이유로 기피했다. 이는 오랫동안 사회 전반에 작동해온 우월주의적 권력의 단면이다. 다행히 불과 수십 년 전과 비교하면 많이 달라졌지만, 사회 깊은 곳에는 여전히 배타적이고 차별적인 사고의 틀이 작동하고 있다. 그리고 그 오래된 '오작동'에 종교가 한몫하고 있다는 사실은 부끄러운 일이다.

가톨릭교회에서의 여성 미사보 착용도 그런 '오작동'의 한 단면이다. 지금은 강제하지 않지만, 한때 이를 착용하지 않은 여성은 미사에 참석하는 것조차 제한되었다. 전통이라는 이유로 정당화되고, 왜 여성에게만 이러한 관행이 적용되는지에 대해서 질문조차 없었다.●● 역설적이지만, 많은 이들이 비판하는 일부 이슬람권의 히잡 착용 강제와 가

●　남성은 결혼 여부와 관계없이 항상 '미스터(Mr)'로 불리지만, 여성은 결혼 전에는 아버지의 성을 따르는 '미스(Miss)', 결혼 후에는 남편의 성을 따르는 '미시즈(Mrs)'로 불리는 관행에 문제를 제기하며, 여성도 결혼 여부와 무관하게 일관된 호칭인 '미즈(Ms)'로 불러야 한다고 주장한 운동이다.
●●　수도자의 경우 수사들도 후드(hood)를 쓰지만, 이는 일반 신자에게 거의 적용되지 않는다.

톨릭에서 여성에게만 미사보를 요구하는 관행은 문화와 종교의 차이를 넘어 여성을 통제하는 구조적 논리에서 놀라울 만큼 닮아 있다. 머리를 가리게 하는 규범은 지역과 시대에 따라 달리 표현되지만, 결국 종교 전통이라는 이름 아래 여성의 몸을 규제하는 방식으로 기능해왔다. 이러한 관행은 종교적 전통으로 포장되지만, 그 이면에는 여성을 성적 대상으로 보고 이를 통제하려는 시선이 깔려 있다. 여성의 머리카락을 성적 상징으로 여겨 가리게 한 문화는 결국 남성 중심의 시선을 반영한 강요였다.

이슬람 문화권의 히잡은 관습을 넘어 사회적 규율로 기능하며, 유럽에서는 이를 두고 인종차별과 문화 상대주의가 충돌하기도 한다. 그런데 종교 규범에 있어 비교적 자유로운 가톨릭교회조차 여성 신자에게만 미사보 착용을 강요하거나 묵시적으로 요구하던 관행은 쉽게 정당화하기 어렵다.* 이는 시대에 뒤처진 성별 규범의 잔재일 뿐 신앙의 본질과는 거리가 멀다. 당사자인 여성들조차 전통이나 심리적 안정감을 이유로 이를 고수하기도 하지만, 그 익숙함 속에는 이미 내면화된 통제의 흔적이 담겨 있다. 전통이라는 이름 아래 명백한 차별을 외면하면서, 더 큰 변화를 논하는 건 자기모순일 것이다.

변화에 가장 늦게 반응하는 것이 종교의 속성이라 해도, 더는 필요하지 않은 관행이라면 교회가 먼저 나서서 끝내야 한다. 죄가 아님에도 죄처럼 느껴지게 만드는 무언의 압력은 신앙의 문제가 아니라 인간 존엄의 문제다. 그런 관습은 신앙을 해치는 요소이자, 불필요한 죄의식을

---

* 현재 교회는 미사보 착용을 강요하거나 묵시적으로 요구하지 않는다. 그러나 여전히 심리적으로 고수하려는 신자들도 존재한다.

학습시키는 구조적 강압이다. 시대가 바뀌었음에도 여전히 낡은 관습에 기대는 태도는 교회 스스로를 폐쇄적인 집단으로 보이게 만들 뿐이다.

　　과거와 비교하면 종교계의 차별적 관행이 일정 부분 완화된 것은 사실이다. 그러나 여전히 사회적 변화의 흐름에 발맞추지 못한 채 고립된 관습에 집착하는 경우가 많고, 때로는 시대 흐름과 동떨어진 태도를 고수하기도 한다. 이제 종교 안에서도 보다 대담한 인식의 전환이 필요하다. 남녀차별에 대한 분명한 비판과 함께, 시대에 맞지 않는 관습을 과감히 폐기하는 결단이 요구된다.

집단적 광기, 변주는 계속된다
매카시즘에서 계엄령까지, 반복되는 마녀사냥의 역사

중세 유럽에서 오랫동안 이어진 종교재판은 본래 '종교 소수자,' 곧 이단자를 처벌하는 데 목적이 있었다. 11세기 초 수도원 기록에 '이단(*haeresis*)'이라는 개념이 처음 등장한 뒤로, 중세 말까지 다양한 이단자 색출과 처벌이 계속되었다. 주된 표적은 대체로 유대인이었으며, 그 박해는 잘 알려진 대로 제2차 세계대전까지 이어졌다. 그러나 종교적 명분 아래 이루어진 재판은 유대인에 대한 박해로만 그치지 않았다. 16세기 이후 유럽 전역에서 훨씬 더 일상적이고 광범위한 탄압이 이어졌는데, 그 대표적인 예가 바로 마녀사냥이었다.

서양사학자 유희수 고려대 명예교수는 『낯선 중세』(문학과지성사, 2018)에서 마법(witchcraft, sorcellerie)이 기독교 등장 이전부터 이미 마술적·이교적 민속 형태로 존재했으며, 중세에 들어 기독교 신학과 결합하면서 마귀의 두령인 사탄과 연결되기 시작했다고 지적한다. 특히 15세기부터는 '마녀 야연(sabbath, 마녀들의 연회)'과 '마녀사냥(witch hunt)'이 본격적으로 등장했다고 설명한다.•

교황청이 '마법'에 특별한 관심을 보이기 시작한 것은 13세기부터

17세기 초 영국에서 제작된 것으로 추정되는 목판화. 마녀들이 악마에게 인형을 바치는 장면을 묘사하고 있다. 당시 사람들의 마녀에 대한 공포와 적대감이 어느 정도였는지 보여준다.
(British Library, via Wikimedia Commons / Public Domain)

었다. 교황 알렉산데르 4세(Alexander IV, 재위 1254~1261)는 심문관들에게 이단뿐 아니라 이단성과 연관된 주문이나 점술에 대해서도 심문할 수 있도록 허용했다. 그 후로 이단 심문관들은 점술과 우상 숭배가 이단과 연관될 수 있다고 보고, 이에 대한 심문 절차와 지침을 정리하기 시작했다. 문제는 이렇게 도입된 재판 방식이 기존의 신명재판(神明裁判), 즉 신의 뜻에 판단을 맡기던 방식과 본질적으로 달랐다는 점이다. 이전까지는 피해 당사자만 고발할 수 있었고, 피의자가 무죄로 판명되면 고발인은 무고죄로 처벌됐기에 함부로 고발에 나서기 어려웠다. 그

● 유희수 명예교수는 영어 'witch'가 성별 구분 없이 마법사를 의미하지만 실제로 '마녀사냥'의 광풍에 희생된 사람들 대부분이 여성이었기 때문에 '마녀'로 번역했다고 밝혔다.

러나 이단 심문에서는 고발인이 범죄를 입증할 책임에서 벗어나면서 누구나 손쉽게 의심을 제기할 수 있게 되었다. 이에 따라 근거 없는 고발이 제재 없이 남발되고 무차별적인 밀고가 만연하게 되었다.

이러한 변화는 고문을 제도화하는 데까지 이르렀다. 1252년 교황청은 이단 혐의자의 자백을 받아내기 위한 수단으로 고문을 공식적으로 허용했고, 이는 이후 종교재판의 핵심 절차로 자리 잡았다. 정당화된 고문과 무분별한 고발 구조는 훗날 마녀사냥 과정에서도 거의 동일하게 적용되었다. 그 결과 마녀로 지목된 이들에 대한 박해가 사회 전반으로 확산되었다. 종교재판의 외피를 두른 마녀사냥은 16세기에서 17세기에 절정을 맞았으며, 그 여파는 18세기 초까지 이어졌다. 흔히 생각하는 것과 달리 마녀사냥이 가장 극심했던 시기는 중세가 아니라 근세였다.

왜 마녀사냥이 오랜 세월 유럽 전역에서 이어졌을까. 단순히 '이단자 처벌'이라는 명분만으로는 설명되지 않는다. 십자군 전쟁의 도덕적 파산과 그에 따른 교회의 권위 약화, 뒤이은 종교개혁의 격동 속에서 교회와 세속 권력은 불안한 민심을 다스릴 필요가 있었다. 이때 '마녀'라는 외부의 적이 통제력을 회복하기 위한 유용한 수단이 되었을 것이다. 종교재판은 때로 로마 시대의 검투사 경기처럼 대중의 오락거리로 소비되었다. 광장에서 벌어진 화형과 교수형은 공포와 경각심을 주기 위한 처벌이라기보다 민중의 분노가 권력자를 향하지 않도록 차단하는 장치였다. 그 탓에 기근, 전쟁, 전염병 같은 위기 때마다 민심의 불안과 분노는 마녀사냥이라는 배출구로 쏠렸다. 마법이 군주에 대한 대역죄로 간주된 것도 왕의 권위를 신의 위엄과 연결하려는 계산이었을 뿐 아니라 마녀사냥을 주도함으로써 세속 권력이 교회 권위를 대체하려 한 전략이기도 했다. 이렇게 마녀사냥은 쉽게 멈출 수 없는 구조를 갖게 되었고, 결국 극단으로 치닫게 된 것이다.

가장 강력한 동기에는 눈엣가시 같은 인물을 손쉽게 제거할 수 있다는 정치적 이득도 있었다. 마녀임을 입증해야 할 책임이 고발자에게서 사라지면서 개인적 불만이나 사적인 감정도 고발의 동기가 되곤 했다. 일단 종교재판에 회부되면 피고발인이 무사히 풀려나는 경우가 거의 없었다. 고문 끝에 자백이 이루어지고 화형대나 교수대에서 죽음을 맞는 수순이 기다릴 뿐이었다. 또한 희생자 대부분이 저항할 힘이 없는 사회적 약자였다. 장애를 가진 이들, 사회에 잘 적응하지 못한 이들, 보호받지 못하는 하층민 여성들이 대상이었다. 종교와 권력은 신자(익명의 대중)들과의 야합 속에서 이들을 희생양으로 삼았다. 신의 이름을 빌린 사악한 통제였다.

마녀사냥은 경제적 약탈의 수단이 되기도 했다. 특히 재산을 상속받은 과부는 좋은 표적이었다. 근거 없는 혐의로 마녀로 몰아 처형한 뒤 남은 재산은 영주와 주교, 심문관이 나눠 가졌고 고발인에게도 일부가 돌아갔다. 믿음과 정의라는 명분 아래 탐욕과 권력 유지를 위한 이해관계가 교묘히 결탁했다. 이쯤 되면 마녀사냥은 단순한 종교적 행위가 아니라 수익성 있는 폭력이 아니었을까. 교회에 대한 충성을 표명하면서 동시에 경제적 이익을 취할 수 있었고, 나아가 정적을 제거하는 도구로도 기능했다. 그렇게 종교 지도자와 권력층, 부유층은 공포를 적절히 조장해 민심을 통제하는 한편 폭력의 카르텔로서 이익을 공유했다.

여기서 특별히 주목해야 할 사실은 이 체계가 단순한 억압이 아니라 일정한 심리적 안도감을 유발하는 사회적 기능도 수행했다는 점이다. 실체 없는 '귀신'보다 재판정에서 절차적으로 입증된 '마녀'가 훨씬 구체적이고 드러내기 쉬운 대상이기 때문이다. 마녀를 처형하는 행위만으로 혼란의 원인을 제거하고 질서를 회복한다는 상징적 효과를 만들어내고, 결과적으로 구성원에게 심리적 안정감과 공동체적 유대감을 제공하는 것이다. 이는 훗날 미셸 푸코가 『감시와 처벌』(1975)에서 지적한 지점과도 맥이 닿아 있다. 푸코는 현대 사회의 형벌과 감시가 단순한 억압이 아니라 배제와 통제를 통해 질서와 정체성을 구성하는 장치로 작동한다고 보았다.

이에 관해 서양사학자 주경철 교수의 견해는 꽤 흥미롭다. 그는 자신의 책 『마녀』(생각의힘, 2016)에서 마녀사냥을 서구 문명의 발전 과정에서 나타난 하나의 문화적 현상으로 보고 이를 미시사회학적 시각에서 조명한다. 그는 마녀사냥이 왜 중세가 아닌 근대 초기에 정점에 이르렀는지에 주목한다. 그의 분석에 따르면, 서구의 근대성은 진리를 절대화하고 그 질서에 저항하는 세력을 배제하기 위해 권력을 체계적으로 동원해왔다. 마녀사냥은 그러한 억압의 기술이 근대적 통치 논리에 따라 작동한 사례이며, 또 하나의 '근대성의 산물'이었다. 즉, 계몽과 질서로 대표되는 서구 근대의 이면에는 '야만의 심연'이 정치적 기제로 숨겨져 있었다는 것이다. 주 교수는 마녀사냥이 유럽 문명의 일시적 일탈이 아니라 그 내부 구조에서 필연적으로 자라난 현상이라고 본다. 근대 유럽은 선과 악, 정의와 불의, 신성과 마성 같은 이분법적 세계관 위에 세워졌고, 그 안에서 마녀는 '억지로라도 발명되어야 했던 존재'였다. 바로 이 지점에서 그는 마녀사냥을 민중을 통제하고 억압하기 위한 근대적 폭력 장치, 혹은 권력 기술로 작동한 구조적 현상으로 해석한다.

실제로 마녀사냥이 가장 극심하게 벌어진 시기는 근세, 특히 1618년부터 1648년까지 이어진 30년 전쟁 시기였다.* 실제 피해가 확인되어야만 고소할 수 있었던 기존 원칙이 무너지면서, 사적 감정이나 정치적 이해에 따른 고발이 급증했다. 권력과 교회는 이 과정에서 주민 간의 상호불신과 분열을 방관하거나 오히려 조장했다. 상호 감시와 충성 경쟁 속에서 형성된 긴장 상태야말로 통제에 유리한 조건이었기 때문이다. 흥미로운 점은 지역에 따라 마녀재판의 성격이 달랐다는 점이다. 스페인의 종교재판은 주로 유대인과 무어인을 겨냥한 정치적 박해였던 반면, 독일 등 중부유럽에서는 사회적 약자를 겨냥한 마녀재판이 더 빈번했다. 이는 마녀사냥이 권력 유지를 위한 정치·사회적 배경 아래 유지된 통제 장치였음을 드러내는 것이다.

이 '한심한 근대'의 산물로 얼마나 많은 이들이 희생되었을까. 기록마다 다소 차이는 있지만, 1400년부터 1775년 사이 유럽과 아메리카 식민지에서 마녀재판으로 처형된 이들은 약 5만 명에 이르는 것으로 추산된다. 이 잔혹한 공포가 공식적으로 역사에서 퇴장한 것은 1805년 독일 뷔르템베르크에서 열린 마지막 재판을 기점으로 삼는다. 참으로 질기고도 악랄한 범죄였다.

* 종교적 명분을 내세운 이 전쟁은 마녀사냥과 잘 맞아떨어졌고, 사회 전반에 불안을 확산시키는 데 유효한 도구였다.

'불의 심문'과
'진실의 침묵'

마녀사냥은 종교적 광신의 산물이라기보다 다른 견해를 제거하는 권력의 폭력이었다. 조르다노 브루노(Giordano Bruno, 1548~1600)에 대한 박해는 그 전형적인 사례다. 브루노는 이탈리아 도미니크회 소속 수도사이자 철학자로, 명망 있는 학문적 삶을 이어가고 있었다. 그러나 『무한 우주와 세계에 관하여(De l'infinito universo et mondi)』(1584)에서 무한 우주론과 다중 세계 가설을 제시한 뒤, 그의 삶은 되돌릴 수 없는 길로 접어들었다. 그의 사상이 사실상 당시 교회의 세계관과 신학적 질서를 정면으로 부정하는 것이었기에, 코페르니쿠스의 태양 중심설조차 이단 혐의로 경계하던 교회가 이를 가만둘 리 없었다.

1591년, 그는 그리스도의 신성을 부정했다는 혐의로 베네치아에서 체포되었다. 곧 로마로 이송되어 교황청 산하 종교재판소에 구금되었고, 재판과 심문이 무려 8년 동안 이어졌다. 회유와 압박이 끊이지 않았지만 그는 몇 가지 신학적 오류만 인정했을 뿐, 자신의 주장은 철학적 사유에 기반하며 신과 창조의 개념과도 양립할 수 있다고 항변했다. 재판소는 당시 유럽 지성계의 평판과 수도자로서의 지위를 고려해 끝까지 철회를 설득했으나 그의 입장은 달라지지 않았다. 1600년 종교재판소는 마침내 이단 판결을 내렸고, 로마 캄포 데이 피오리 광장에서 화형이 집행되었다. 그의 죽음은 교회 권력이 사유를 통제하던 시대의 극단을 드러낸 전형적인 사건이었다.[*] 브루노는 당대 교단에서의 위상 덕분에 제한적이나마 변호 기회를 얻었고, 그로 인해 다른 피의자들보다 비교적 정중한 대우를 받았다. 사형 선고를 받으면서도 그는 "선고받는 나보다 선고하는 당신들이 더 공포에 떨고 있다"는 말을 남기며 끝까지 신념을 굽히지 않았다고 전해진다. 그렇다면 이름조차 기록되지 않은 이들, 특히 여성들에게는 어떤 대우와 결말이 기다리고 있었을까.

잔 다르크(Jeanne d'Arc, 1412경~1431)는 마녀사냥의 희생자 가운데 가장 널리 알려진 인물이다. 프랑스의 한 평민 소녀였던 그녀는 백년전쟁(1337~1453) 말기 오를레앙 공방전에서 기적 같은 승리를 거두며 조국의 구원자로 떠올랐다. 그러나 그녀가 조국 프랑스로부터 받은 보답은 차가운 침묵이었다. 아군의 지원을 받지 못한 채 전선에 고립된 데다, 이후 잉글랜드군에 붙잡힌 그녀를 왕실과 지휘부는 끝내 구하지도 않았다.

중세 전쟁에서는 귀족이나 고위 인물이 포로가 될 경우, 몸값을 치르고 석방되는 것이 통상적인 관례였다. 따라서 잔 다르크도 당시 기준에 따랐다면 상징성 있는 전쟁 포로였기에 이 원칙이 적용될 여지가 있었다. 하지만 프랑스 왕실은 송환 협상에 형식적으로 나섰을 뿐 아니라 상황을 의도적으로 방관했다. 이유는 분명했다. 한낱 평민이 군을 이끌고 민심을 움직였다는 사실이 무기력한 왕실에는 거북한 진실로 받아들여졌기 때문이다. 더욱이 철저히 고립된 그녀는 스스로 '신의 부름을 받

• 훗날 빅토르 위고를 비롯한 유럽 지식인들은 브루노의 죽음을 역사적 불의로 규정하며 명예 회복을 주장했고, 1889년 그가 화형당한 캄포 데이 피오리 광장에 동상이 세워졌다. 이에 대해 교황 레오 13세는 성 베드로 광장에서 단식 기도로 무언의 항의를 표했다. 이후 1979년 교황 요한 바오로 2세는 사형 선고에 대해 유감을 표명했고, 2000년 처형 400주년을 맞아 교황청이 공식적으로 사과했다.

은 자'로 규정했는데, 이 주장이 곧 마녀라는 혐의를 덧씌우기에 충분한 구실이 되었다. 그러고는 모든 것이 일사천리로 진행되었다. 로마 교회는 재판을 열어 이단으로 규정했고, 잉글랜드는 그 명분을 빌려 그녀를 불태웠다. 말이 종교의 이름이지 정치적으로 자행된 처형이었다.

처음부터 잉글랜드는 프랑스의 의도를 간파하고 이를 정치적으로 이용하려 했다. 잔 다르크를 처형함으로써 프랑스 국왕 샤를 7세(재위 1422~1461)의 정통성을 흔들려는 계산이었다. 그러나 정작 샤를 7세는 그녀를 구하기 위해 적극적으로 나서지 않았음에도, 전쟁의 성과와 명성을 챙겼다. 역설적으로 그녀의 죽음이 프랑스 내부의 민심을 결집시켰기 때문이다. 세월이 흐르면서 사건의 의미는 또 다른 방향으로 전개되었다. 25년 뒤, 샤를 7세가 잔 다르크의 명예 회복을 위해 재심을 청구한 것이다. 생전에 그녀를 구하지 않았던 그가 전쟁의 열매를 거둔 뒤에야 내린 결정이었다. 교황청은 무죄를 선고했고, 이 판결은 잔 다르크를 프랑스 애국주의의 상징으로 끌어올렸다. 종교적으로도 그녀는 시복과 시성을 거쳐 성녀로 추앙받았다. 그러나 모든 것이 복권된들 무슨 의미가 있었을까. 불에 태워진 소녀의 육신은 끝내 조국으로 돌아올 수 없었다.

브루노와 잔 다르크는 그나마 당대에 이름이 널리 알려진 인물들이었지만, 마녀사냥의 표적이 된 이들 대부분은 이름조차 남기지 못했다. 그 가운데는 변명할 기회조차 없이 끌려간 사람들도 많았다. 17세기 말 북아메리카 식민지에서 벌어진 '세일럼 마녀재판(Salem witch trials)'이 그런 사례다. 유럽이 아닌 식민지 미국에서, 그것도 17세기 끝자락까지 광기가 이어졌다는 점에서 유례가 없는 사건이었다.

사건은 1692년 초 매사추세츠주 세일럼에서 시작되었다. 청교도 목사 새뮤얼 패리스(Samuel Parris)의 딸 베티(Betty Parris)와 조카 애비게일 윌리엄스(Abigail Williams)가 이유를 알 수 없는 발작과 기이한 행동을 보인 것이다. 마을 의사 윌리엄 그릭스(William Griggs)에게 치료를 맡겼지만 증세가 전혀 나아지지 않았다. 약을 써도, 안수(按手)를 해도 소용이 없었다. 당시 미국 청교도 사회에서 의사들은 손쓸 수 없는 증세를 종종 초자연적 원인으로 돌리곤 했는데, 그릭스 역시 예외가 아니었다. 그는 두 소녀가 "악마에게 사로잡혔다"고 주장했고, 그 말은 곧 마녀사냥의 도화선이 되었다. '누군가의 저주'라는 의심이 마을을 휘감으며 '범인'을 찾아내려는 집단적 광기가 순식간에 퍼져나갔다.

마을 사람들은 마치 악마의 존재를 확신하듯 아픈 두 소녀를 추궁했다. 압박을 견디지 못한 소녀들이 끝내 세 명의 여인을 지목했다. 남미 출신 노예 하녀 티투바(Tituba), 구걸로 생계를 이어가던 새러 굿(Sarah Good), 병약한 노인 새러 오즈번(Sarah Osborne)이었다. 재판은 빠르고 무자비하게 진행되었다. 의심만으로 곧장 체포와 구금이 이루어졌다. 자연스러운 절차로 고문이 뒤따랐다. 이 짧은 기간에만 140명이 체포되었고, 그중 19명이 처형되었다. 한 명은 고문 과정에서 목숨을 잃기도 했다. 희생자 가운데 여성은 13명으로, 남성보다 더 많이 교수대 앞에 섰다.

역설적인 점은, 이 여론을 주도한 인물이 당시 기준으로 드물게 합리적인 인물로 평가받던 코튼 매더(Cotton Mather) 목사였다는 사실이다. 그는 훗날 종두법 도입에도 앞장설 만큼 과학에 깊은 관심을 보인 사람이었다. 그러나 '신앙 회복'이라는 명분 앞에서 이성을 잃고 마녀 재판을 적극 옹호했다. 겉으로는 주술적 증거 사용에 신중한 태도를 보였으나, 실제로는 마녀사냥의 논리를 정당화하며 사회적 광기에 힘을 보탰다. 그 결과로 조지 버로스(George Burroughs) 목사를 비롯한 종교인들마저 마녀로 몰려 희생되었다.

재판의 목적이 처음부터 순수했을 리 없었다. 세일럼의 유력 가문들은 토지와 교구 권한, 세금 문제를 둘러싼 경쟁 속에서 재판을 권력 다툼의 수단으로 삼았다. 혐의만 씌우면 상대를 법정에 세울 수 있었으니 경쟁자를 제거하는 데 이보다 효율적인 방법도 없었다. 여기에 꿈이나 환영에서 보았다는 '허깨비 증거(spectral evidence)'까지 채택되면서 고발의 문턱이 한층 낮아졌다. 허위 진술과 날조가 뒤섞인 재판은 마을

1692년 세일럼 마을의 마녀재판. 판사석 앞에는 발작을 일으킨 소녀가 쓰러져 있고, 한 여성이 손을 들어 자신의 무죄를 항변하고 있다. (19세기 미국 삽화, Wikimedia Commons / Public Domain)

을 공포와 의심 속에 몰아넣었고, 상황은 어디로 튈지 알 수 없게 되었
다. 그러다 무분별한 고발과 처형이 잇따르면서 재판은 더 이상 통제할
수 없는 지경에 이르렀고, 마을 안팎에서는 사태를 더는 감당할 수 없
다는 인식이 확산되었다. 두려움에 휩싸인 주민들 사이에서 재판 중지
를 요구하는 청원서가 쇄도했다. 결국 1692년 10월, 매사추세츠 총독
윌리엄 핍스(Sir William Phips)가 허깨비 증거의 채택을 금지하고 특별법
정을 해산하면서 광기는 가까스로 잦아들었다.

　　마녀사냥이 신대륙 미국에서 뒤늦게 번성한 이유는 무엇이었을까.
실마리는 초기 이주민 사회의 성격, 특히 주민 다수가 청교도였다는 사
실에서 찾을 수 있다.• 그들은 영국 국교회가 가톨릭의 잔재라고 보고
이를 거부한 청교도들이었다. 매사추세츠 등지로 건너온 뒤에도 영국
본토의 국교회는 여러 정치 변동 속에서 변화를 겪었지만, 청교도들이
바라던 방향과는 거리가 멀었다. 오히려 신대륙의 청교도 공동체는 '순
수한 신앙'을 지키기 위해 본국보다 더 엄격하고 경건한 규율을 고수했
다. 이런 이유로 마녀사냥을 단순한 미신이 아니라 공동체의 도덕과 신
앙 질서를 지키는 일종의 '신앙적 실천'으로 받아들이는 경향이 강했
다. 여기에 영국과의 전쟁, 원주민과의 갈등, 후기 이주민들과의 긴장
등 다양한 충돌이 겹치면서 사회적 불안이 높아졌다. 경제 위기와 정치
불안정이 맞물리며, 그 양상이 한 세기 전 유럽과 크게 다르지 않은 양

• 너새니얼 호손(Nathaniel Hawthorne)의 『주홍글씨』(1850)는 청교도 사회의 경직성과 그로 인
　한 도덕적 폭력성을 비판한 작품이다. 그는 세일럼 마녀재판의 판사였던 존 헤서론(John
　Hathorne)의 후손으로, 가문의 과거를 부끄럽게 여겨 성을 'Hathorne'에서 'Hawthorne'으
　로 바꾸었다고 전해진다. 호손은 세일럼에서 태어났다.

상으로 전개된 것이다.

그러나 한편으로 세일럼 마녀재판은 그 광기와 비이성의 끝에서 오히려 새로운 인식을 불러오는 계기가 되기도 했다. 이 사건을 계기로 고문에 의한 자백은 무효이며, 타인의 증언 역시 객관적 물증과 함께 판단해야 한다는 원칙이 자리 잡기 시작했다. 이른바 '증거주의 재판'의 필요성이 제기되면서 법과 이성의 새로운 질서가 움트기 시작했다. 그런 점에서 세일럼 재판은 단순한 어리석음의 기록이 아니라 법적 판단과 증거 기준을 다시 묻게 한 전환점으로 기억되기도 한다.

마녀사냥과 그 과정에서 진행된 재판의 본질은 자신을 정당화하기 위해 타인을 악으로 규정하는 문명의 이면 속에 감춰진 보편적 야만이었다. 이는 단순한 해석이 아니라 역사적으로도 분명히 확인된 사실이다. 그러나 불행히도 그 야만은 사라지지 않았다. 형태만 바뀌었을 뿐 오늘날에도 여전히 작동하며, 권력이 위협을 느낄 때 반복적으로 동원되는 정당화 도구가 된다. 대표적인 사례가 1950년대 미국의 매카시즘이었다.

광기의 정치,
매카시즘의 유산

매카시즘의 시작은 뜻밖에도 한 지방 공화당 대회장에서였다. 1950년 2월 9일 웨스트버지니아주 여성 공화당원 대회장에서 위스콘신 출신의 공화당 상원의원 조지프 매카시(Joseph McCarthy, 1908~1957)

는 충격적인 발언을 쏟아냈다. "국무부 내에 공산주의자 205명의 명단이 여기 있소!"

그는 이들의 신원이 국무장관에게 보고되었음에도 여전히 외교정책의 핵심을 공산주의자들이 좌우하고 있다고 주장했다. 당시는 냉전이 본격화되던 시점이었다. 소련은 원자폭탄 개발에 성공했고 중국은 공산화되었으며 곧이어 한국전쟁까지 발발한 상황이었다. 이 모든 상황이 겹치면서 매카시의 주장은 불안에 기름을 붓는 결과로 이어졌다. 사실 여부와 관계없이 공산주의자에 대한 두려움과 혐오를 교묘하게 증폭시켜 자신의 정치적 입지를 빠르게 넓혀갔다. 한 정치인의 무모한 마녀사냥은 그렇게 시작되었다.

결론부터 말하자면, '빨갱이 소동' 혹은 '적색공포(Red Scare)'로 불린 매카시 광풍은 끝내 아무런 구체적 증거도 나오지 않았다. 그러나 그 파장은 엄청났다. 공포는 진실보다 강했고, 그 힘은 미국 사회 전반에 휘몰아쳤다. 고위직은 물론, 우편 배달부 같은 말단 공무원까지 수많은 이들이 일터에서 추방되었다. 국가기관뿐 아니라 학계, 예술계, 언론 등 민간 분야도 예외가 아니었다. '빨갱이 딱지' 하나면 모든 것이 끝이었다. 400명이 넘는 인물이 청문회에 소환되었고 심장마비나 자살로 생을 마감한 고위 관료도 적지 않았다. 민주주의의 본산으로 자부하던 미국은 이 광풍 앞에 속수무책이었다. 사람들은 서로를 의심했고, 일상은 두려움에 잠식되었다. 공산주의에 조금이라도 연루되었다는 인식만으로 비난과 축출이 가능했고, 매카시는 이를 막아낸 '애국자'로 추앙받았다. 그의 손에 희생된 이들에게는 어떤 동정도 허락되지 않았다. 한때 아인슈타인조차 빨갱이로 의심받을 정도였다.•

1953년 조지프 매카시 상원의원의 모습. '매카시즘은 미국에 대한 반역(McCarthyism is Treason to America)'이라는 기사를 들여다보며 비웃는 듯한 표정을 짓고 있다.
(Library of Congress, Wikimedia Commons / Public Domain)

매카시 광풍이 휘몰아친 이 시기는 미국 역사상 가장 비이성적인 시대이자 민주주의가 가장 심하게 훼손된 시기로 평가된다. 당시 매카시는 제어장치 없는 권력을 쥔 채 고삐 풀린 망아지처럼 날뛰며, 그의 손가락이 향할 때마다 누군가는 경기를 일으켰다.

그러나 그에게도 끝은 찾아왔다. 영향력에 취한 그가 마침내 군 수뇌부까지 공산주의자로 몰아세우기 시작했기 때문이다. 스스로 미국을 구해낼 '영웅'이라 착각한 채, 가장 신뢰받던 군을 정면으로 공격하는 무모한 선택을 한 것이다. 그것이 결정적 패착이었다. 1954년 상원 군비리 청문회에서 한 젊은 변호사를 공산주의자로 몰아세우자, 군 측

● 채플린과 피카소는 공산주의자라는 의심으로 감시 대상이 되었고, 트루먼과 아이젠하워 같은 전·현직 대통령마저 의심을 받았다. 이 시기 직위를 잃은 공직자만 5,300명에 이른다.

수석 변호사 조지프 웰치(Joseph Welch)가 "당신은 조금의 양심도 없는 가?"*라며 받아쳤다. 이 장면이 전국에 생중계되면서 대중은 처음으로 매카시의 민낯을 보게 되었고, 상원의 공식 견책과 함께 그의 정치 생명 도 사실상 끝났다.

이 사건은 미국 사회에 뼈아픈 교훈을 남겼다. 이후 미국은 용공 혐의를 적용할 때 훨씬 신중하고 물증에 기반한 태도를 취하게 되었지 만, 불과 4년간 이어진 매카시즘의 광풍은 미국 전체를 깊은 상처와 혼 란에 빠뜨렸다. 이 모든 것이 고작 초선 상원의원 한 사람의 근거 없는 폭로에서 비롯된 일이었다.**

어떻게 그런 어처구니없는 일이 가능했을까. 핵심은 소련과 공산 주의에 대한 내면화된 공포였다. 매카시는 그 공포에 불을 붙였을 뿐이 다. 중요한 것은 그 공포가 사라진 적이 없다는 점이다. 이름과 형식만 바꾼 '네오 매카시즘'이라는 유령은 이후에도 기회가 있을 때마다 되살 아났다. 자유와 합리, 성숙한 민주주의를 자부하던 미국조차 사회적 불 안과 경기 침체가 겹칠 때면 언제든 다시 그 유령의 손아귀에 흔들렸 다. 20세기 후반부터 세계적으로 부상한 극우 정치 세력은 바로 그 심 리적 구조에서 자라난 실체다.

---

* 조지프 웰치는 "의원님, 저는 지금까지 당신의 잔인함과 무모함을 제대로 가늠하지 못했던 것 같습니다. … 이 젊은이를 더 이상 공격하지 맙시다. 이제 그만하면 충분합니다. 당신은 양심조차 없는 것입니까?(Have you no sense of decency?)"라고 맞섰다. 이 질문은 논쟁의 초점을 '이념'에서 '인격과 도덕성'으로 전환시켰고, 매카시는 순식간에 궁지에 몰렸다. 그해 12월 상원 불신임 표결로 그는 공식적으로 실권했다.
** 1990년대 베노나 문건 공개 이후, 매카시가 지목한 인물 중 일부가 실제로 소련과 접촉한 정황이 확인되었다는 주장이 제기되기도 했다. 그러나 대다수는 무관한 것으로 드러났다.

매카시즘이라는 마녀사냥은 과거가 아니다. 소련은 해체되었고 중국은 공산주의와 자본주의가 기묘하게 뒤섞인 체제를 공유하고 있으며, 북한 또한 더는 대한민국을 좌우할 현실적 위협이 될 수 없는 상황이 되었다. 하지만 한국 사회에서 매카시즘은 여전히 다른 형태로 작동하고 있다. 실체 없는 '빨갱이' 프레임이 여전히 유효하다는 사실이야말로 지금 우리가 당면한 가장 낡고도 위험한 현실이다.

1956년 대선에서 이승만을 위협할 정도로 대중적 지지를 얻었던 조봉암(曺奉岩)은 1958년 간첩죄 및 국가보안법 위반 혐의로 진보당원들과 함께 구속되었다. 이후 대법원에서 사형이 확정되어 1959년 7월 형이 집행되었다(조봉암 사건은 2011년 대법원에서 무죄로 판결되었다). 혐의는 근거 없는 것이었으며, 그 배후에는 오직 정치적 목적만이 있었다. 박정희 정권은 또 어떤가. 1964년 '굴욕적 한일회담'에 반대하는 시위로 정치적 위기에 몰리자, 인민혁명당 사건을 조작해 여론의 흐름을 되돌리려 했다. 이 사건으로 41명이 구속되었으며, 이 중 핵심 관련자로 지목된 8명에 대해 서울지법은 두 명을 제외하고 모두 무죄를 선고했다. 그러나 항소심에서 판결이 뒤집혀 8명 전원에게 유죄가 확정되었다. 이후 진실·화해를 위한 과거사정리위원회 조사 결과, 이 사건은 중앙정보부가 주도한 조작임이 밝혀졌다.

1974년에는 유신독재에 저항한 민청학련 사건을 빌미로 인혁당 재건위 사건이 만들어지기도 했다. 비상보통군법회의는 서도원, 도예종, 송상진, 우홍선, 하재완, 이수병, 김용원, 여정남 등 8인에게 사형을 선고했고, 대법원에서 확정된 바로 다음날 형이 집행되었다. 그 속도를 보면 말 그대로 '사법 살인'이었다.● 유가족들은 이후 평생 동안 '빨갱

이 가족'이라는 낙인을 감내하며 침묵 속에 살아야 했다.[**]

모든 독재자는 예외 없이 위기 때마다 '빨갱이' 칼날을 휘둘렀다. 마치 대대로 전해 내려온 보검처럼 정치적 위협이 닥치면 언제든 꺼내 들었다. 이 프레임은 늘 유효했다. 문제는 그 구조를 의심하거나 분석하려는 시도 자체가 곧바로 '용공'이나 '빨갱이'라는 낙인으로 되돌아왔다는 데 있다. 그 결과 사람들은 스스로 말을 아끼는 쪽을 택했다. 더 주목해야 할 사실은 이러한 공포 정치가 스스로 보수라 자처한 정권들에 의해 전유되었다는 점이다. 그러나 실상 그 시기에 국가 안보나 국방력이 강화되었냐 하면 전혀 그렇지 않았다.

정치의 종말,
계엄이라는 마녀사냥

2024년 12월 3일 밤이었다. 윤석열은 정치적 고립과 통치 실패 속에서 '국가안보'를 명분으로 비상계엄을 선포했다. 시민과 야당을 적으로 규정하며 군을 동원하려 한 이 시도는 결국 실패로 끝났다. 그러나 그가 사용한 언어와 선동 방식은 놀라울 만큼 과거의 마녀사냥을

- 1974년 4월 3일 선포된 대통령긴급조치 제4호는 민청학련 사건 관련자를 법관 영장 없이 체포·구금·수색할 수 있도록 했고, 비상군법회의에서 심판하도록 규정했다. 윤석열의 계엄령이 시행되었다면 이와 유사한 자의적 처벌이 빈번했을 것이다.
- 2005년 12월 진실·화해를 위한 과거사정리위원회는 재조사를 통해 이 사건이 박정희 정권에 의해 유신체제 반대 학생시위를 공산주의 세력의 소행으로 규정하는 데 이용되었다고 밝혔다.

닮아 있었다. '정의'를 내세우고 '반국가세력 척결'을 외쳤지만, 정작 그의 조준점은 헌법과 민주주의를 향하고 있었다.

검사 출신에 정치 경력조차 아예 없던 그는 정당 조직도 제대로 거치지 않은 채 '공정과 상식'을 앞세우고 '불의와 타협하지 않는다'는 이미지를 포장지 삼아 권력의 정점에 올랐다. 그러나 집권 후 인사 난맥과 통치력 부재, 배우자 관련 의혹이 눈덩이처럼 커지며 정치적 기반이 급격히 흔들렸다. 그가 꺼내든 반전의 승부수는 다름 아닌 친위쿠데타였다. 외부의 명백한 위협도, 사회적 혼란도 없는 상황에서 '국가 안정'을 내세워 군을 동원했다. 급기야 야당 정치인과 시민사회를 '척결' 대상으로 지목하는 무리수를 감행했다. 이는 오래전 마녀사냥처럼 체제를 위협하는 '내부의 적'을 상정해 자신의 정당성을 확보하려는 시도였다. 다행히 시민의 즉각적인 저항과 차출된 군인들의 부분적인 태업 그리고 국회의 계엄 해제로 사태는 진압되었다. "단순한 경고였다"는 윤석열의 주장은 실소마저 자아낸다. 이미 작성된 포고령의 내용과 구체적인 실행 준비는 그가 처음부터 국회를 배제하고 군사력을 동원할 계획이었음을 명백히 보여주기 때문이다.

만약 그 위헌 위법적인 계엄이 성공했다면 어떻게 되었을까. 생각만 해도 끔찍한 일이다. 대한민국의 민주주의는 순식간에 붕괴하고, 70년 동안 쌓아올린 국격과 번영도 한순간에 무너졌을 것이다. 그럼에도 그는 '계몽'을 위한 조치였다는 치졸한 변명으로 책임을 피하려 했다. 계엄 포고령 어디에서도 민주공화국을 지킬 합리적 사유는 찾아볼 수 없다.

자유 대한민국 내부에 암약하고 있는 반국가세력의 대한민국 체제전복 위협으로부터 자유민주주의를 수호하고, 국민의 안전을 지키기 위해 2024년 12월 3일 23:00부로 대한민국 전역에 다음 사항을 포고한다.

1. 국회와 지방의회, 정당의 활동과 정치적 결사, 집회, 시위 등 일체의 정치활동을 금한다.

2. 자유민주주의 체제를 부정하거나, 전복을 기도하는 일체의 행위를 금하고, 가짜뉴스, 여론조작, 허위선동을 금한다.

3. 모든 언론과 출판은 계엄사의 통제를 받는다.

4. 사회 혼란을 조장하는 파업, 태업, 집회행위를 금한다.

5. 전공의를 비롯하여 파업 중이거나 의료현장을 이탈한 모든 의료인은 48시간 내 본업에 복귀하여 충실히 근무하고 위반 시는 계엄법에 의해 처단한다.

6. 반국가세력 등 체제전복세력을 제외한 선량한 일반 국민들은 일상생활에 불편을 최소화할 수 있도록 조치한다.

이상의 포고령 위반자에 대해서는 대한민국 계엄법 제9조(계엄사령관 특별조치권)에 의하여 영장 없이 체포, 구금, 압수수색을 할 수 있으며, 계엄법 제14조(벌칙)에 의하여 처단한다.

지금까지도 오금을 저리게 하는 이 포고령은 제1호부터 반헌법적이고 반민주적이며, 본질적으로 불법이다. 그 자체로 국가에 대한 반역이다. 사용된 용어들부터 심상치 않다. 윤석열 정부 들어 자주 등장했던 '자유 대한민국'이라는 표현은 마치 상대 정당이 '자유'를 거부하는 듯한 인상을 주며, 이를 종북이나 친북이라는 낙인으로 연결 짓는 데 활용된다. 그러나 '대한민국'은 굳이 수식어가 없어도 자유가 전제된 국가다. 그럼에도 이 명칭이 뉴라이트의 재등장과 함께 부각되었다는 점을 생각해본다면, 단순한 수식어가 아니라 특정한 정치적 의도가 담긴 언어임을 알 수 있다.

윤석열이 3·1절이나 광복절 등 경축사에서 반복해 언급한 '공산전체주의'도 마찬가지다. 일반적인 '공산주의'라는 용어만으로도 충분히 의미가 전달된다. 그런데 '전체'를 덧붙이는 방식은 오직 자신들만이 그것을 판별할 수 있다는 식의 독점적 정당성을 암시한다. 이러한 인식과 언어의 축적이 결국 정치적 궁지에 몰린 대통령이 친위쿠데타를 결심하는 데 이르렀다고 짐작할 수 있다. '반국가세력'을 제거해야 한다는 명분 아래 말이다. 그러나 '반국가'와 '반정부'의 구분은 권력이 자의로 설정한 선이다. 그 선은 한국 정치사에서 비판자를 적대 행위자로 전환하는 폭력적 기준으로 작동해왔다.

그는 터무니없는 반헌법적 근거를 내세우며 계엄 선포의 정당성을 주장했다. 거대 야당을 비롯한 반대 세력을 '반국가세력'으로 규정하고, 그들의 '패악'으로부터 국가와 국민을 보호해야 한다는 황당한 논리를 들이댔다. '빨갱이'라는 표현이 통하지 않자, '종북좌파'로 몰아붙이고 간첩 운운하는 일까지 서슴지 않는다. 진부한 언어지만, 여전히 한국 사회에서 일정한 효력을 지닌다는 사실을 다시금 확인하게 된다.

글로벌 경제와 문화의 중심을 자처하는 오늘의 대한민국에서, 그토록 낡고 시대착오적인 프레임이 여전히 작동하고 있다는 사실은 우리 모두에게 불편한 질문을 던진다. 그것을 정치적으로 악용하는 자들의 책임도 크지만, 그 구태에 여전히 흔들리는 우리의 무지와 무기력 또한 되돌아보아야 한다.

마녀사냥은 그 자체로 하나의 파시즘이다. 파시즘은 복잡한 현실을 선과 악의 이분법으로 단순화하고, 반대 세력을 '악의 무리'로 낙인찍어 대중의 적개심을 유도함으로써 권력을 공고히 하고 장기화하려는 정치적 폭력이다. 오늘날 지도자가 감당해야 할 책임은 갈등을 조정하고 타협을 이끌어냄으로써 사회적 에너지를 생산적인 미래 자산으로 전환하는 데 있다. 그러나 그는 집권 내내 대화와 조정보다 반대 세력을 악마화하는 데 몰두했다. 종북과 친북이라는 낡은 낙인을 반복적으로 덧씌워 비판자를 '반국가세력'으로 몰았고, 마침내 무력까지 동원해 공화정 자체를 파괴하려 했다. 이는 파시즘적 통치의 전형적 징후다. 더 심각한 문제는 이러한 내란적 행위와 그 주동자를 '국가의 수호자'로 믿고 따른 왜곡된 충성심 역시 그 체제의 일부라는 점이다. 윤석열이 남긴 것은 국정의 실패가 아니라, 민주주의가 감당해야 할 하나의 역사적 부채다.

'보이지 않는 손'에 관한 오독
애덤 스미스를 오해하는 사람들과 자본주의를 둘러싼 착시

우리는 불과 몇 세대 전까지 상상하기 어려웠던 물질적 풍요 속에 살고 있다. 자본주의는 인류 역사상 가장 짧은 기간 동안 작동해온 체제이면서, 동시에 그 어떤 제도보다 많은 부를 창출했다. 그런데도 자본주의가 비판받는 이유는 그 풍요가 모든 이에게 골고루 주어지지 않았다는 사실 때문이다. 이 체제는 모두를 가난에서 구하지 못했고, 오히려 더 많은 이들이 자신의 빈곤을 또렷이 자각하며 살아가게 하고 있기도 하다. 풍요와 결핍이 함께 존재하는 이 역설이 어쩌면 자본주의가 우리에게 남긴 가장 진지한 질문인지도 모른다.

이 질문은 자본주의를 포기할 것인가의 문제가 아니라 어떻게 조정하고 보완할 것인가의 문제로 사실상 귀결되고 있는 듯 보인다. 냉전 이후 자본주의를 채택한 국가 중 체제를 포기한 사례가 사실상 존재하지 않는다는 사실은 이를 잘 보여준다. 그만큼 자본주의는 구조적으로 견고하고, 삶의 방식으로서도 깊이 뿌리내렸다. 그러나 완전한 체제가 아닌 탓에 자본주의는 끊임없이 수정되고 보완될 수밖에 없다. 빈부 격차를 줄이고, 노인과 실업자도 삶의 질을 유지할 수 있도록 복지국가를 발전시킨 북유럽 여러 나라는 그 대표적인 사례다. 이는 '경쟁이 곧 정의'라는 시장 만능주의가 아니라 연대와 안전망을 강화해 자본주의의 결함을 바로잡으려는 시도였다.

자본주의 체제는 어느 날 갑자기 등장한 것이 아니다. 오랜 시간에 걸쳐 형성된 상업과 화폐, 교환의 질서 위에 사상적 정당성이 부여된 결과로 탄생했다. 그중에서도 애덤 스미스(Adam Smith, 1723~1790)는 자본주의 사상의 결정적인 기초를 놓은 인물로 평가된다. 그가 1776년에 펴낸 『국부론(The Wealth of Nations)』은 개인의 이익 추구가 시장이라는 제도적 틀 속에서 어떻게 사회 전체의 질서와 부로 연결되는지 체계적으로 설명한 책이다. '보이지 않는 손(invisible hand)'이라는 은유를 통해 국가의 개입 없이 조화가 가능하다는 시장의 자율성에 주목했다. 흥미로운 사실은 『국부론』이 출간된 해가 미국이 독립한 해와 같다는 점이다. 정치적 자유와 경제적 자유가 같은 해에 출발선을 끊었다는 사실은 근대 세계가 어떤 방향으로 나아가고자 했는지 상징적으로 보여준다.

자본주의의 이론적 기원을 '시장'의 기술적 원리로만 이해하는 것은 곤란하다. 그 이면에 자리한 역사적·철학적 맥락을 간과할 수 있기 때문이다. 이 체제는 중세 봉건적 신분제를 무너뜨리고, 개인의 생산력과 재물 축적 능력이 사회적 지위로 이어지는 새로운 질서를 열었다. 이는 인류 역사에서 전례 없는 혁명이었다. 자본주의는 단순히 탐욕을 부추기는 체제가 아니라 기존의 억압된 질서를 허물고 개인에게 선택의 자유와 사회적 이동의 가능성을 열어준 체제이기도 했다. 그렇기에 우리는 자본주의의 천박함만 이야기하기보다는 그것이 열어젖힌 가능성과 모순을 함께 사유해야 한다. 따라서 애덤 스미스의 '보이지 않는

존 케이(John Kay)가 1790년에 제작한 에칭 판화. 애덤 스미스는 자본주의의 이론적 토대를 확립하고, 노동과 생산성을 부의 참된 원천으로 제시했다.
(John Kay, 1790, via Wikimedia Commons / Public Domain)

손' 역시 단순히 시장의 자율성과 효율성만을 옹호하는 개념으로 받아들이는 해석은 조심할 필요가 있다. 이 은유는 그 이상의 복합적 의미를 지니며, 때로는 자본주의 체제의 긴장과 균열을 드러내는 단서가 되기도 한다.

경험에서 출발한 윤리철학,
시장을 관통하다

우리는 흔히 애덤 스미스를 경제학자로 기억한다. 하지만 그는 훨씬 더 다양한 지적 여정을 걸었던 인물이었다. 오늘날에는 '경제학의 아버지'로 추앙받고 있으나, 정작 그 자신은 스스로 철학자, 그중에서도 윤리학자로 규정했다. 당시만 해도 'economist'라는 말은 오늘날의 경제학자라기보다 오히려 '자린고비'나 '수전노'처럼 절약에 집착하는 사람을 가리키는 표현에 가까웠다. 그가 철학자로서의 정체성을 강하게 의식했던 것은 영국 경험주의 전통 속에서 인간 본성과 도덕감정에 대한 깊은 사유를 이어가고 있었기 때문이기도 했다.

산업혁명이 일어나기 전까지 영국은 대륙의 중심부 세력에 비해 상대적으로 변방에 자리한 섬나라였다. 권력을 쥔 집단은 대체로 자신이 세운 질서를 보편적 규범으로 삼으려고 한다. 보편성은 하나의 기준으로 세계를 주도할 수 있다는 점에서 매력적이다. 자신들이 주도권을 쥐고 있다고 믿는 순간, 그 기준은 큰 효능감을 발휘하게 된다. 플라톤의 이데아론이 그랬고, 중세 기독교의 신앙 체계가 그랬으며, 대륙에서 전개된 합리론(rationalism) 또한 그러한 성격을 띠었다. 그러나 중심이 아닌 곳, 변방의 처지는 다르다. 보편성은 변방에 위치한 사람들에게는 억압으로 작동되기 쉽고 그것이 얼마나 숨 막히는 것인지 경험적으로 잘 안다. 영국은 유럽 대륙의 보편적 성향에 동조할 이유도 그럴 필요도 느끼지 않았다. 대신에 좀 더 자연스럽고 누구나 납득할 수 있는 직관적인 방식을 모색했다. 인과관계에 충실하고 사물의 발생과 경험에 주목한 이러한 사고방식은 마침내 영국 경험주의라는 독자적 전통을 형성했다. 스미스의 철학은 대륙의 이성주의와는 다른 경험과 관찰에서 출발한 경험론적 사유였다.

경험론(empiricism)에 따르면, 인간이 어떤 대상을 알게 될 때 그 지식은 선천적인 것이 아니라 경험과 판단의 축적을 통해 형성된다. 따라서 인식의 출발점은 감각이다. 여기서 말하는 감각은 '인간 보편의 감각'이 아니라 나의 감각기관이 경험한 구체적이고 개별적인 데이터다. 그 데이터가 타인과의 교감과 소통을 거치며 보편적 동의를 형성하는 과정을 통해 하나의 인식이 되는 것이다. 여기서 핵심은 모든 인식이 보편적 이성이 아니라 구체적이고 개별적인 '나'에서 비롯된다는 점이다. 행복도 마찬가지다. 내가 느끼는 만족이 곧 행복이며, 그 자체가 선(goodness)이다. 경험주의에 뿌리를 둔 공리주의의 핵심은 단순히 '최대 다수의 최대 행복'이 아니라 그 바탕에 있는 전제, 즉 누구나 자신의 행복을 추구하는 존재이며 그 행복이 동등한 도덕적 고려의 대상이 된다는 생각에 있다. 이 점을 놓치면 공리주의가 다수의 이익을 앞세워 소수의 희생을 정당화할 것이라는 편견을 가질 위험이 있다.

영국 경험주의 전통에서 파생된 공리주의는 '선'을 인간에게 행복과 만족을 주는 것으로 이해했다. 다시 말해 선은 쾌락과 연결되며, 그 가운데 경제적 이득이 중요한 형태로 자리했다. 쾌락을 증대시키는 것이 곧 '선을 확장하는 것'으로 간주되었고, 이러한 관점은 근대 경제사상의 밑바탕을 이루었다. 애덤 스미스가 자신을 도덕철학자로 여긴 것도 이와 무관하지 않다. 그는 생애의 대표작으로 『도덕감정론(The Theory of Moral Sentiments)』을 꼽았으며, 시장의 작동 또한 도덕적 감정이 지탱하는 사회적 맥락 안에서 이해되어야 한다고 보았다. 따라서 공리주의가 '최대 다수의 최대 행복'을 내세운 까닭은, 행복을 객관적 규범이 아니라 감각 경험의 총합으로 파악했기 때문이다. 개별적 쾌락은 사회 전체의 합산으로 확장되며, 그 결과 '다수의 행복'이라는 원칙이 도출된 것이다. 스미스에게 이상적인 질서는 개인의 행복이 사회 전체의 행복과 충돌하지 않으면서 함께 증대되는 상태였다.

애덤 스미스가 시장을 강조한 것은 시장이 만능이어서가 아니다. 그가 살았던 시대는 권력자나 유력 상인들이 자신의 이익을 극대화하기 위해 시장 가격을 왜곡하거나 강제하는 일이 빈번했다. 스미스는 이를 견제하고자 했다. 시장을 통해 다수의 사람들이 정당한 가격에 접근하고, 그로써 자신의 행복을 극대화할 수 있다고 본 것이다. 이것이 바로 수요와 공급의 균형이 지닌 의미다. 그가 '보이지 않는 손'이라는 표현을 사용한 것은 『국부론』에서 한 번, 『도덕감정론』에서 두 번이 전부다. 왜 그랬을까. '보이지 않는 손'은 그 자체로 신적인(divine) 속성을 내포한다. 신적인 것이라 함은 보편성과 필연성의 정점에 있는 개념이다. 그러나 스미스가 살던 시대는 신학의 시대에서 과학의 시대로 넘어가던 시기였다. 설명은 논리적이고 실증 가능해야 했고, 신적인 언어는 시대착오적으로 비칠 위험이 있었다. 따라서 그는 이 표현을 반복적으로 사용하기보다 핵심 개념으로서 한정된 맥락에서 은유적으로 제시했다. 자칫 비과학적이거나 신학적 흔적을 드러낼 우려를 피하려는 의도였을 것이다. 그러면서도 그 표현 속에 시장의 자율성과 질서가 일종의 '신성한 조화'를 이룬다는 암시를 은연중에 담고자 했던 것으로 보인다.

자본주의는
윤리철학에서 태어난 체제다

"한 나라 국민의 연간 노동은 그들이 연간 소비하는 생활필수품

과 편의품 전부를 공급하는 원천이며, 이 생활필수품과 편의품은
언제나 이 연간 노동의 직접 생산물로 구성되고 있거나 이 생산
물과의 교환으로 다른 나라로부터 구입해온 생산물로 구성된다."

『국부론』의 첫 문장은 이렇게 시작된다. 이 정의는 경제에서 생산
이 얼마나 중요한지 분명히 보여준다. 얼핏 자명한 말처럼 들리지만,
이 문장이 발표된 시대적 맥락을 고려하면 결코 단순하지 않다. 당시는
국가가 경제를 통제하던 중상주의(mercantilism) 체제였고, 생산이 제한
적일 수밖에 없는 금과 은 같은 귀금속이나 고정 자산이 부의 상징으
로 여겨졌다.* 따라서 국왕과 귀족들은 생산보다 자산 축적에만 관심
을 기울였다.

이런 배경 속에서 애덤 스미스는 자산의 크기보다 해마다 새롭게
생산되고 유통되는 '재화의 흐름'에 주목했다. 그 흐름이 일어나는 핵
심 공간이 시장이다. 스미스는 경제적 과정이 인간의 삶을 구조화하고
지배한다는 사실을 명확히 드러냈다. 이전까지 인간의 삶을 결정짓는
힘이 주로 신학이나 철학, 혹은 정치 체제로 여겨졌다는 점에서 그의
주장은 분명 파격적이었다.**

애덤 스미스가 중상주의 경제 정책을 비판하며 그것을 극복해야 도

---

* 중상주의 시대 부의 상징이 금·은·토지 등 물리적이고 한정된 자산이었다면, 오늘날에는
  부동산·주식·금융파생상품처럼 비물질적이면서도 시장 가치 변동에 따라 급격히 증식할
  수 있는 자산이 중심이다. 그러나 '생산'보다 제한된 '자산 보유'가 부의 핵심이라는 인식은
  여전히 변함없다.
** 1792년 당시 영국 총리였던 윌리엄 피트(William Pitt)는 의회에서 "『국부론』은 무역의 역사
  및 정치경제 체제와 관련된 모든 문제에 최상의 해결책을 제공했다"고 말했다.

덕적으로 선해질 수 있다고 주장한 이유는 무엇일까. 중상주의는 15세기부터 18세기까지 상업자본주의 단계에서 유럽 각국이 채택했던 경제 정책이자 그 이론적 기반이었다. 국가의 보호 아래 무역을 추진함으로써 부국을 달성하려는 경제사상이었다. 중상주의자들은 식민지를 핵심 공급망으로 삼아 무역과 상업을 국부의 원천으로 여기면서도 자유무역을 거부했고, 보호관세와 수입금지 같은 정책을 강력히 시행했다. 전형적인 식민지 기반 보호무역주의였다. 이러한 정책은 가격 경쟁력을 본질적으로 가로막았다. 따라서 일반 시민들이 양질의 물건을 저렴하게 구매할 기회를 차단했다. 스미스는 바로 이 점을 비판한 것이다. 그가 대안으로 제시한 것은 노동생산성의 향상과 시장 기능의 자율성에 따른 합리적 선택이었다. 한정된 식민지 자원에 의존해서는 절대 다

18세기 중상주의 체제의 풍자화. 식민지는 금·은, 식량, 원료를 본국에 공급하는 하위 경제권으로 묘사되었으며, 이는 본국의 보호무역주의적 중상주의 정책을 정당화하는 근거로 사용되었다. (Wikimedia Commons / Public Domain)

수의 이익을 증진할 수 없다고 보고, 국가가 경제 주체가 아니라 사람들이 자신의 이익을 추구하면서도 사회 전체의 부를 늘릴 수 있는 환경을 조성해야 한다는 것이 스미스의 핵심 주장이었다.

　우리가 애덤 스미스를 주목해야 하는 중요한 지점 중 하나는 그가 탁월한 심리적 통찰력을 지녔다는 사실이다. 그는 인간의 욕망이 결코 충족될 수 없다는 점을 놓치지 않았다. 아무리 이익을 얻고 있어도 더 큰 이익이 눈앞에 보이면 사람들은 기꺼이 아귀다툼을 벌인다. 독점이나 과점처럼 단순한 수단만으로도 이른바 '보이지 않는 손' 따위는 쉽게 무력화될 수 있다. 즉, 스미스가 강조한 것은 시장을 왜곡하는 과도한 개입, 특히 탐욕과 결탁한 특권을 배제해야 한다는 것이었다. 그는 이를 위해 국가가 법과 제도를 통해 공정한 경쟁을 보장하고, 불합리한 특권을 제도적으로 차단해야 한다고 보았다. 이는 시장에 모든 것을 맡기면 만사가 해결된다는 주장과는 전혀 다른 관점이다.

　자본주의든 공리주의든, 그것만 떼어놓고 보면 전체 사상의 맥락을 놓치기 쉽다. 애덤 스미스가 자신을 윤리철학자로 규정했던 것도 영국 경험론의 시각에서 보아야 이해할 수 있다. 그는 행복을 극대화하려면 합리적 선택을 통해 가격이 형성되고, 이를 통해 더 많은 이들의 만족이 증대되어야 한다는 전제 위에서 사고했다. 그에게 '선'이란, 플라톤의 '이데아'처럼 추상적이고 보편적인 진리를 통해 도달하는 것이 아니었다. 대륙의 합리론자들이 말하는 이성의 산물도 아니었다. 스미스가 생각한 선은 각 개인의 구체적인 삶 속에서 경험되고 실현되는 행복이었다. 그리고 이러한 관점은 경험론적 사고 없이는 성립할 수 없다.

중세의 기독교 세계에서 이런 사유는 철저히 억압되었다. 교회는 아리스토텔레스의 철학을 의도적으로 배제했는데, 그가 강조한 인간 이성과 감각 경험, 그리고 현실 세계에 대한 관찰이 신의 절대성과 계시 중심의 세계관과 충돌했기 때문이다. 신학적 질서 아래에서 이성은 신앙에 종속되어야 했고, 진리는 오직 성서를 통해서만 주어지는 것으로 여겨졌다. 아리스토텔레스의 철학은 이러한 구조를 근본적으로 위협하는 사유로 간주되었고, 그의 저작을 읽는 행위가 불경시된 것도 무리가 아니었다. 그러나 아리스토텔레스는 일찍이 '삶의 목적은 행복'이라고 보았고, 그 행복이 곧 선이라고 주장했다. 그는 좋은 습관을 기르고 공동체의 규범을 따르며 지적인 관조를 통해 조화로운 삶을 사는 것이 곧 윤리적 삶이라고 여겼다. 영국의 경험론은 윤리를 인간의 실제 삶과 경험에서 출발해 사유했다는 점에서, 아리스토텔레스 윤리학의 현실주의적 문제의식과 일정한 접점을 이룬다.

친구이자 사상적 동반자였던 데이비드 흄(David Hume) 또한 애덤 스미스의 도덕철학에 깊은 영향을 끼쳤다. 흄은 도덕 판단이 이성보다 감정에 기원한다고 보았고, 이 관점은 당시 윤리학의 전통적 구도를 흔들었다. 이러한 감정 윤리학은 스미스가 도덕감정과 시장의 자율성을 연결할 수 있는 사상적 토대를 제공했다. 스미스는 개인의 이성과 시장의 합리성이 자유롭게 작동할 때 사회 전체의 이익이 가장 조화롭게 형성된다고 보았다. 가격은 그 균형이 드러나는 지점이었다. 따라서 독점이나 과점처럼 소수의 이익을 고착화하는 장치는 제거되어야 했다. 이는 단순한 경제적 요구가 아니라 도덕적 필연이었다. 또한 스미스는 부당한 규제가 수요와 공급의 자연스러운 관계를 왜곡할 경우 이를 폐지해야 한다고 보았는데, 그 판단은 언제나 사회적 합의와 철학적 성찰을 전제로 했다.

'보이지 않는 손'은 흔히 오해되듯이 모든 규제를 없애라는 주장이 아니다. 악의적 의도나 특정 계층의 이익을 위한 왜곡된 개입이 없어도 사람들은 시장 안에서 자율적으로 가장 합리적인 선택을 하며, 그 결과 모두의 행복이 증대될 수 있다는 윤리적 명제를 담은 은유다. 신은 보이지 않지만 항상 선하고 정의롭다고 여겨졌듯이 '보이지 않는 손' 또한 그러하다. 이는 시장이 일부 권력자만의 행복을 위해 존재하는 것이 아니라 공동의 선을 위한 장치가 되어야 한다는 윤리적 경고로 읽는 것이 옳다.

자본주의가 작동하는 대부분의 사회에서 시장은 마치 대대손손 물려받은 보검인 양 여겨진다. 그리고 이익의 독점이나 손쉬운 수익 극대화에 방해가 된다고 판단되면, 시장이 모든 규제를 철폐해야 한다는 논리의 방패막이로 활용되곤 한다. 그러나 시장의 자율이 그렇게 완전무결한 해법이라면, 왜 수정자본주의를 비롯한 수많은 경제학 이론들이 등장했겠는가. 애덤 스미스는 성인(聖人)이 아니고, 『국부론』은 경전이 아니며, 시장과 '보이지 않는 손' 또한 절대 불변의 교리가 아니다. 그럼에도 불구하고 누군가는 필요할 때마다 자신에게 유리한 구절만 발췌해 마치 만능열쇠처럼 휘두르려 한다.

애덤 스미스는 경제가 발전하려면 단순히 금이나 은 같은 제한된 자산의 축적이 아니라 생산적 노동이 실질적으로 투입되어 그 가치가 증대되어야 한다고 보았다. 이때 무엇보다 중요한 것이 바로 노동생산성의 향상이다. 『국부론』에 등장하는 유명한 핀 공장의 사례는 이 맥락에서 등장한다. 노동생산성을 높이는 가장 효과적인 방식은 '분업'이다. 분업은 작업의 숙련도를 높이고 시간을 단축시키며 전체 생산 체계를 보다 효율적으로 만든다. 그 결과로 시장은 단순한 물물교환의 공간을 넘어 대량 생산된 재화 가운데 필요한 것을 '더 낮은 가격'에 선택할 수 있는 구조로 발전하게 된다. 이때 가격은 더 이상 국가나 영주 등 외부 권력이 개입해 정하는 것이 아니라 수요와 공급이 만나는 지점에서 스스로 결정된다. 이 지점에서 스미스가 말한 '보이지 않는 손'이 작용한다.

애덤 스미스는 자유 시장에서 모든 개인이 사적 이익을 추구하지만, 그 총합은 결국 사회 전체의 이익으로 이어진다고 보았다. 겉보기에 혼란스럽고 무질서해 보일지라도 각자의 경제적 선택이 오히려 질서를 만들고, 결과적으로 모두를 선으로 이끈다는 것이 그의 믿음이었다. 그는 특히 부와 빈곤의 극단적 대립을 용인할 수 없었기에 '노동'을 국가의 부의 근원으로 간주했다.

> "노동은 모든 상품의 교환가치를 측정하는 진정한 척도이다. 모든 것의 '실질 가격'—어떤 사람이 그것을 얻고자 할 때 실제로 그에게 드는 비용—은 그것을 얻기 위해 치러야 하는 수고와 고통이다. 어떤 사람이 이미 그것을 소유하고 그것을 처분하거나 다른 것과 교환하고자 할 때, 그것이 '실제로 지니는 가치'란 그가 스스로 절약할 수 있는 수고와 고통, 그리고 다른 사람에게 떠넘길 수 있는 수고와 고통이다. 그러므로 노동은 상품의 실질 가격이며, 화폐는 단지 명목상의 가격일 뿐이다."
>
> _『국부론』 제1권 제5장

스미스는 화폐가 아니라 '노동'이야말로 모든 상품의 가치를 가늠
할 수 있는 진정한 기준이라고 보았다. 따라서 그의 사상에서 노동의
가치와 위상을 의도적으로 축소하거나 무시하는 시각이 있다면, 그것
은 지극히 왜곡된 해석이다. 스미스는 경제의 구체적 상태를 세분화해
분석했고, 사회를 보다 나은 방향으로 이끌 수 있는 규칙을 찾고자 끊
임없이 노력했다. 그는 그러한 탐구 끝에 사회 전체를 가장 건강하게
유지할 수 있는 방법이 시장을 구성하는 다양한 힘들이 자유롭게 작동
하는 데 있다고 판단했다.

스미스는 언제나 '개인'을 그 출발점으로 삼았다. 이후 카를 마르
크스(Karl Marx)는 이 '개인'의 단위를 '계급'으로 바꾸어 접근했지만, 스
미스의 초점은 철저히 개인의 자유와 선택, 그리고 그로부터 파생되는
사회적 질서에 있었다. 제3자의 희생을 전제로 하지 않고도 모두의 부
를 실현할 수 있는 방법을 고민한 사상가였다. 그런 점에서 '보이지 않
는 손'을 자본가와 기득권층의 이익을 정당화하는 도구로 삼거나, 부의
양극화와 빈곤의 악순환을 불가피한 결과로 받아들이는 오늘날의 현
실은 스미스의 본래 취지를 왜곡하는 일이다. 그에 대한 이런 오독은
부끄러워해야 마땅하다.•

경제학이 하나의 독립된 사회과학으로 자리 잡게 된 계기는 바로
애덤 스미스의 『국부론』에 있었다. 이 책은 경제를 넘어 정치, 법률, 역
사, 교육, 종교, 철학 등 다양한 분야의 문제들을 종합적으로 통찰한 사

• 이와 관련해 대표적인 마르크스주의 경제학자였던 김수행 교수는 "현재 주류 경제학자들이
스미스를 부르주아 경제학의 시조라고 섬기고 있는데, 스미스가 지금 살아있다면 '나는 부
르주아 경제학자가 아니다'라고 외칠 것이 분명하다"고 말했다.

회과학의 고전이다. 18세기 당시 유행하던 중상주의적 국가 개입을 비판하고, 경제활동을 경제 주체의 자율에 맡길 것을 주장함으로써 주류 경제학의 사상적 기반을 제공했다. 동시에 그는 노동 가치론을 최초로 본격적으로 제시하며, 이후 리카도와 마르크스를 거쳐 발전할 경제학의 한 전통에 중요한 토대를 놓았다.

스미스는 인간의 이기심에 주목했으나, 그 이기심이 제어 없이 방임되어야 한다고 본 것은 아니다. 그는 각 개인이 자신의 이익을 합리적으로 추구할 자유를 갖는다면, 그 과정이 결국 사회 전체의 이익으로 이어질 수 있다고 믿었다. 그 전제에는 자유로운 개인, 합리적 판단력, 시장의 자율적 조정 능력이 놓여 있었다. 다시 말해, 탐욕과 왜곡된 통제에 대한 경계가 분명히 함의되어 있었다. 그러니 스미스의 경제학은 '돈을 위한 경제학'이 아니라 '인간과 사회를 위한 경제학'이다.『국부론』이라는 고전이 여전히 중요한 이유는 그 시대적 한계를 넘어서려는 성찰과 사상적 깊이에 있다.

보수는 경제와 안보에서
우월하다는 착각

오늘날 국내 보수 세력은 마치 애덤 스미스의 유일한 계승자인 양 '자유 시장', '효율', '무규제'를 절대적 가치로 내세운다. 그러나 스미스가 말한 시장의 자율성은 도덕적 감수성과 공동선을 전제로 한 것이었지, 탐욕과 독점을 방임하자는 논리가 아니었다. 그럼에도 그의 사상은 정치에서 자주 왜곡되어 시장 만능주의를 정당화하는 데 이용된다. 이 왜곡은 '보수는 부패할 수 있어도 경제와 안보에 강하다'는 신념과 맞물려 설득력을 얻는다. 실제로 이 믿음은 보수 정당이 위기 국면에서 다시금 정권을 잡는 데 중요한 자산이 되어왔다. 사회가 흔들리거나 경제가 침체기에 들어서면 유권자들은 익숙한 안정감을 기대하며 보수에 표를 던진다. 그러나 이 믿음은 선택적 해석과 허위가 만들어낸 정치적 신화에 불과하다.

이 통념에 정면으로 도전한 학자가 있다. 『왜 어떤 정치인은 다른 정치인보다 해로운가(Why Some Politicians Are More Dangerous Than Others)』(교양인, 2011)의 저자 제임스 길리건(James Gilligan)이다. 하버드대 법정신의학연구소 책임자로 재직한 그는 자살과 살인 같은 치명적 폭력이 어떤 시기에 급증하고 또 어떤 시기에 현저히 줄어드는지 집요하게 추적해왔다. 그러나 다양한 사회 현상과 통계 지표를 분석했음에도 오랫동안 명확한 답을 얻지 못했다. 그러던 중 변화의 핵심에 대통령과 정당의 정치적 성향이 자리한다는 사실을 밝혀냈다. 1900년부터 2007년까지 미국의 자살률과 살인율을 분석한 끝에 이 두 폭력의 실질적 원인이 '불평등'이라는 결론에 도달했다.

여기서 우리는 보수 정당에 대한 통념을 다시 검토해볼 필요가 있다. '보수는 부패할 수 있어도 경제나 안보에 강하다'는 명제는 맞을까. 이 말이 참이라면 보수 정당 집권 시기에 경제가 개선되고 양질의 일자리가 늘어나면서, 자살과 살인 같은 극단적 범죄도 자연스럽게 줄어들 것이라 기대할 수 있다. 제임스 길리건 역시 처음에는 그런 가정을 전제했던 듯하다. 그는 미국의 자살률과 살인율을 정권의 교체 주기와 비교했는데, 전쟁 시기를 제외하면 두 수치의 흐름이 놀라울 정도로 일치하는 양상을 보였다. 다만 그 결과는 보수 정당 집권이 사회적 안정으로 이어질 것이라는 통념과는 달랐다. 경제 여건의 급격한 변화는 이전까지 범죄와 무관했던 사람들마저 대규모 실업을 계기로 자살이나 살인으로 내모는 조건으로 작용했다. 그리고 그 변화를 설명하는 핵심 변수는 GDP가 아니라 '소득 불평등 비율'이었다.

공화당은 겉으로는 인플레이션 억제를 내세웠지만, 실제로는 실업률과 경기 침체, 소득 불평등을 심화시키는 정책을 추진했다. 그럼에도 인플레이션 억제 성과에서조차 민주당보다 두드러지지 않았다. 게다가 공화당을 주로 후원하는 백인 중산층과 기업인들의 정치자금은 선거 기간에 집중적으로 유입되고, 선거에서 승리한 뒤에는 그에 상응하는 반대급부를 요구하게 된다. 그들이 정부에 가장 먼저 요구하는 것은 대체로 규제 완화와 감세였다.

규제 철폐 논의의 핵심은 '노동 유연성'에 있다. 이는 기업이 노동자를 자유롭게 해고할 수 있도록 권한을 부여하라는 요구로, 실제로 시행될 경우 전체 노동자의 최소 4분의 1이 해고되는 사태로 이어질 수 있다. 이러한 해고는 도미노처럼 확산되며, 졸지에 직장을 잃은 이들은 경제적 궁핍에 시달리고 심리적 불안과 자존감 하락으로 이어진다. 여기에 감세까지 더해지면 복지 예산이 축소되어 가난한 이들이 의지할 수 있는 사회안전망마저 흔들리게 된다. 그 결과로 자살과 살인이 급증하는 악순환이 반복된다.

놀라운 것은, 실제로 공화당 집권기마다 빈곤율과 폭력 치사율이 높아졌음에도 불구하고 공화당은 여전히 '번영과 치안의 정당'을 자처하며 반복적으로 정권을 쥐고 있다는 점이다. 제임스 길리건은 이 역설적인 현실에 주목한다. 그는 공화당의 무능이 오히려 그들에게 유리하게 작용한다는 사실에 놀라워했다. 트럼프 정권의 사례에서 볼 수 있듯이 공화당은 폭력 범죄를 증가시킬 수 있는 정책을 밀어붙이며 결과적으로 1퍼센트의 상류층에게 유리한 질서를 재편해왔다. 그럼에도 불구하고 가난한 이들이 여전히 그들에게 표를 던지는 현실은 매우 의미심장하다. 왜 그런 일이 가능한 것일까.

불평등이 심화되면서 저소득층의 범죄율이 높아지면 99퍼센트 다수 중에서도 중상류층과 중하류층은 저소득층에 대한 공포와 분노를 품게 된다. 그렇게 이들은 사회의 진짜 문제, 즉 국가의 부와 자산을 독점하고 있는 1퍼센트를 외면한 채 오히려 같은 처지의 사람들을 비난

배리 골드워터(Barry Goldwater)를 후보로 선출한 1964년 샌프란시스코 공화당 전당대회. 오늘날 공화당의 보수화와 불평등 심화의 출발점으로 평가된다. (Picryl / Public Domain)

하는 구조 속에 머물게 되는 것이다. 우리는 흔히 폭력이나 살인 같은 강력범죄가 사회정치적 요인과 관련이 있다고 보면서도, 자살에 대해서는 정치보다는 개인의 정신적·윤리적 문제로 치부하는 경향이 있다. 그러나 길리건은 이러한 인식이 잘못되었음을 지적한다.

공화당과 같은 보수 정당은 기업 친화적 정책을 적극 추진하며 그에 적합한 사회 환경을 조성한다. 문제는 이런 구조 속에서 실직과 빈곤의 원인을 사회적·구조적으로 분석하기보다는 실직한 개인을 '쓸모없는 존재'로 낙인찍는 이분법을 방치하거나 조장한다는 점이다. 이는 미국만의 문제가 아니다. 대한민국에서도 스스로 보수를 자처하는 정치 세력들은 기업을 살려야 한다는 명분 아래 노동조합을 '종북'이라는 낙인으로 악마화해왔고, 동시에 부자 감세가 경제를 살릴 것이라는 그릇된 논리를 반복해왔다.●

이러한 논리는 복지 비용을 줄이고, 그 부족분을 오히려 하위계층의 조세 부담으로 메우는 방식으로 이어진다. 말 그대로 악순환이다. 더욱이 불평등한 정책은 수치심을 낳고, 개인의 사회경제적 추락을 방치함으로써 자살률을 높이는 원인으로 작용한다. 그런데도 정작 보수 정당은 이런 결과를 야기하고 사회 불안을 해소할 능력이 자신들에게만 있다고 선전한다. 유권자는 그 주장에 속아 넘어간다. 자살과 살인을 개인 책임으로 돌리며 정치의 책임을 회피하는 것이다. 나아가 부자

● 이명박 정부 당시 이른바 '낙수효과(trickle-down effect)'라는 이름으로 대기업과 고소득층의 소득을 늘려주면 이들의 소비·투자가 전체 경제를 활성화시켜 결국 중소기업과 저소득층도 혜택을 본다고 주장했다. 그러나 결과적으로 상층의 소득은 아래로 확산되지 않았고, 오히려 블랙홀처럼 모든 부를 빨아들이는 구조적 불평등만 확인되었다.

들을 전면에 내세우면서 그들처럼 되리라는 허상을 유포하고, 거기에
기대를 품게 만드는 심리적 착시마저 교묘하게 이용한다. 이에 대해 제
임스 길리건은 다음과 같이 단호하게 말한다.

> "(보수적인) 공화당 대통령이 선출된다고 해서 폭력이라는 전염
> 병이 반드시 시작되는 것은 아니지만 폭력이라는 전염병이 시
> 작되려면 공화당 대통령이 반드시 있어야 한다는 사실, (진보적
> 인) 민주당 대통령이 있다고 해서 폭력이라는 전염병이 반드시
> 종식되는 것은 아니지만 폭력이라는 역병이 종식되려면 민주당
> 대통령이 반드시 있어야 한다는 사실을 뜻한다."

그가 밝혀낸 사실은 충격적이었다. 한 세기 동안 너무도 자명했지
만 누구도 주목하지 않았던 진실, 즉 공화당 출신 대통령이 집권할 때
마다 미국 사회는 자살과 살인이라는 '치명적인 전염성 폭력'에 시달렸
다는 것이다. 현재 미국 인구로 환산하면 민주당 대통령이 집권할 때보
다 공화당 대통령이 집권할 때 자살자와 타살자가 11만 4,600명 더 많
았다는 결과가 도출된다. 길리건은 이 통계를 처음 접하고는 자신도 믿
을 수 없어 여러 방식으로 검증을 반복했다. 그러고는 그 수치가 통계
적으로 유의미하다는 결론에 이르렀을 때 그는 다음과 같이 단언했다.
"우리가 어느 쪽에 투표하는지에 삶과 죽음이 달렸다."

우리도 다르지 않았다. 이명박 정부 시기(2008~2012)에 자살률이
김대중·노무현 정부 시기(1998~2008)보다 뚜렷하게 상승했다. OECD
최고 수준의 자살률을 기록한 시기도 공교롭게도 바로 이 시기였다.•

빈곤, 불평등, 실업이 증가하면 자살과 살인 같은 극단적 폭력도 늘어난다. 실직과 빈곤이 가져오는 무력감과 수치심은 개인을 파괴적으로 몰아간다. 권위주의적 보수 정당이 추구하는 사회·경제 정책은 불평등을 심화시키는 경향이 있으며, 개인을 강력한 수치심과 모욕감에 노출시킨다. 보수 정당은 사회의 위계질서를 강조하고, 상대적 박탈감을 정당화하거나 심화시키는 논리를 취하는 경우가 많다. 이러한 정당이 집권할 때 사회 전반에 수치심과 분노, 불안이 확산되며 자살과 타살이라는 극단적 결과로 이어질 위험도 커진다.

보수 정당은 흔히 경제와 안보에 강하다는 이미지를 내세우지만, 실제로 경제와 안보가 안정되고 성장한 시기는 상대적으로 진보적인 정권 아래에서 더 많았다. 그런 면에서 '보수가 경제에 강하다'는 통념은 사실에 부합하지 않는다. 그럼에도 경제와 안보라는 명분 아래 보수 정당이 반복적으로 선택되고, 그 대가를 사회 전체가 치르는 현실은 다시금 되짚어볼 필요가 있다.

애덤 스미스의 경제학 이론 역시 이런 착시적 인식 틀 속에서 자주 오독된다. 그의 이론은 시장의 자율성과 경쟁을 강조한 듯 보이지만, 그것이 곧 무제한의 자본 축적이나 규제 철폐를 정당화하는 논리는 아니다. 스미스는 분업과 노동생산성 향상에 기반한 국부의 증대를 강조했고, 노동의 가치를 경제 분석의 중심에 두었다. 하지만 오늘날의 보수적 정치 담론은 그의 이론 중 일부 개념만을 취해 규제 완화와 시장

• 2008년 한국의 자살률은 인구 10만 명당 29.0명이었으며, 2009년에는 33.8명으로 급등했다. 2012년에도 여전히 OECD 최고 수준(29.1명)을 유지했다.

만능주의를 정당화하는 도구로 삼고 있다.

　이런 왜곡된 해석이 지속되는 한, 경제적 불평등과 그로 인한 사회적 불안은 반복될 수밖에 없다. 정치적 판단이 삶과 죽음의 조건을 좌우할 수 있다는 인식이 아직 충분히 공유되지 못하고 있다. 과거의 통념을 검토하고, 경험적 자료를 바탕으로 현실을 다시 읽는 일이 절실한 이유다.

그날, 시상대에 선 사람들

피터 노먼에서 쉰들러까지, 연대를 선택한 이들

피터 노먼(Peter Norman, 1942~2006)이라는 이름을 기억하는 이는 드물다. 그러나 1968년 멕시코시티 올림픽에서 찍힌 한 장의 사진을 보면, 어디선가 한 번쯤 마주친 기억이 떠오를 것이다. 당시 세계는 곳곳에서 흑백 갈등이 격화되고 있었는데, 특히 미국 사회는 그 갈등의 한가운데에 있었다. 인종차별에 대한 분노와 저항이 거리를 뒤덮던 그해 4월, 올림픽을 불과 몇 달 앞두고 흑인 민권운동 지도자 마틴 루서 킹 주니어(Martin Luther King Jr.)가 암살되면서 긴장은 폭발 직전에 이르렀다. 흑인 선수들 사이에서는 올림픽 무대를 저항의 장으로 삼자는 주장과 아예 출전을 거부하자는 주장이 팽팽히 맞섰다.

당시 스포츠계 역시 오랜 인종차별의 질서 안에 갇혀 있었다. 1936년 베를린올림픽에서 육상 4관왕에 오른 제시 오언스(Jesse Owens, 1913~1980)는 미국의 명예를 드높였음에도, 귀국 후 그를 기다린 것은 환대가 아니라 침묵이었다. 메달리스트에게 의례적으로 행해지던 백악관의 초대는커녕 축전조차 받지 못했다. 더구나 뉴욕 월도프 아스토리아 호텔에서 열린 환영 만찬에서도, 흑인에게는 사용이 허용되지 않던 관행 탓에 손님용 엘리베이터를 이용하지 못하고 화물용 승강기를 타야 했다. 훗날 그는 "히틀러는 나를 모욕하지 않았다. 나를 모욕한 건 프랭클린 D. 루스벨트였다"고 회고하기도 했다.

전환점은 1964년이었다. 로마올림픽의 금메달리스트였던 캐시어스 클레이(Cassius Clay)가 소니 리스턴을 눕히고 프로복싱 헤비급 챔피언이 된 직후, 이슬람교로의 개종과 동시에 무함마드 알리(Muhammad Ali)라는 이름으로 개명하겠다고 선언하면서 세상을 떠들썩하게 한 것이다. 이는 단순한 개인의 개종과 개명이 아니라, 자신을 전형적인 미국의 흑인 스타로 인식하던 질서에 대한 공개적인 이탈 선언이었다.● 더욱이 그는 흑인에게 동등한 권리를 보장하지 않는 국가를 위해 싸울 수 없다며 베트남 전쟁 징집을 거부했고, 그 선택으로 구속되는 일까지 겪게 되었다. "베트콩은 나를 니그로라 부른 적 없다"는 그의 말도 인종차별의 적이 미국 사회 내부에 있음을 정면으로 겨눈 발언이었다.

이 사건 이후, 스포츠는 더 이상 정치와 분리된 영역으로 남을 수 없었다. 선수 개인의 발언이 곧 사회적 문제의식으로 확장되었고, 침묵을 강요하던 규범 자체가 도전의 대상이 되었다. 이러한 흐름 속에서 1967년 흑인 민권운동가이자 사회학자였던 해리 에드워즈(Harry Edwards)의 주도로 '인권을 위한 올림픽 프로젝트(OPHR, Olympic Project for Human Rights)'가 결성되었다. 이 조직의 출범은 저항을 개별 선수의 선택에서 조직적인 정치 전략으로 전환시키는 계기가 되었다. 초기에

● '캐시어스 클레이'라는 이름은 노예제의 유산 속에서 흑인에게 주어졌던 백인식 이름이었다. 알리는 이를 '노예 이름'이라 부르며 거부했고, 무함마드 알리라는 이름을 통해 당대 미국 사회가 흑인에게 요구하던 동화의 조건 자체를 문제 삼았다.

는 올림픽 보이콧을 결의했지만, 곧 참가를 통해 국제사회에 인종차별의 실상을 알리는 편이 더 의미 있다고 판단했다.

마침내 1968년 10월 16일, 올림픽 남자 육상 200미터 결승전이 열렸다. 1위는 19초 83으로 세계신기록을 세운 미국의 토미 스미스(Tommie Smith), 2위는 호주의 피터 노먼(Peter Norman), 3위는 미국의 존 카를로스(John Wesley Carlos)였다. 세 선수는 국기가 게양된 시상대에 함께 올랐다. 그런데 미국 국가가 연주되는 동안 두 흑인 선수가 고개를 숙이고 성조기를 외면한 채, 검은 장갑을 낀 주먹을 높이 들어 올렸다. 이른바 '블랙파워 설루트(Black Power Salute)'였다. 당초 계획은 두 사람이 모두 오른손에 장갑을 끼는 것이었으나, 존 카를로스가 장갑을 미처 챙기지 못했다고 한다. 그때 피터 노먼이 "한 켤레를 나눠 끼면 어떻겠느냐"고 제안했고, 이렇게 역사적인 장면이 완성된 것이

1968년 멕시코시티 올림픽 200m 시상식. 1위 토미 스미스와 3위 존 카를로스는 검은 장갑을 낀 주먹을 들어 올려 인종차별에 항의했다. 2위 피터 노먼은 이 퍼포먼스를 지지하는 의미로 OPHR 배지를 가슴에 달았다. (Angelo Cozzi, Wikimedia Commons / Public Domain)

다. 노먼은 조용하지만 분명한 방식으로 이 퍼포먼스를 지지했다. 게다가 또 다른 미국 선수로부터 '인권을 위한 올림픽 프로젝트(OPHR)' 배지를 건네받아 가슴에 달기도 했다.●

두 흑인 선수의 검은 양말 차림은 흑인에 대한 린치와 빈곤을, 스미스가 목에 두른 검은 스카프는 흑인의 자존심을, 카를로스의 묵주는 백인우월주의자들에게 린치당한 흑인들을 위한 추모를 상징했다. 검정 장갑은 '블랙파워'의 위대함을, 오른손은 흑인의 힘을, 왼손은 흑인의 단결을 의미했다. 몇 달 전 프랑스에서 촉발된 6·8혁명이 불평등과 차별에 맞선 급진적 문제의식을 세계에 던졌다면, 뒤이어 일어난 '블랙파워 설루트'는 인종차별의 현실을 전 세계에 각인시키며 1968년을 저항의 해로 새긴 사건이었다.

이름 없는 연대,
기억해야 할 용기

말 그대로 돌발적 사건이었다. 흑인 사회와 인종차별에 반대하는 이들은 열광적으로 반응했다. 오랜 시간 억압과 차별을 견뎌 온 흑인들에게 두 선수의 행동은 깊은 감동을 안겼다. 그러나 국제올림픽위원회(IOC)의 반응은 전혀 달랐다. 에이버리 브런디지(Avery

● 간혹 일부에서는 이 퍼포먼스가 1936년 베를린올림픽 마라톤 시상대에서 고개를 숙인 손기정과 남승룡의 모습에서 모티프를 얻었다고 추정하지만, 이를 뒷받침할 근거는 없다.

Brundage)[•]가 이끌던 IOC는 토미 스미스와 존 카를로스를 선수촌에서 즉시 추방하고 출장 정지 처분을 내렸다. 정치적 표현을 금지한 올림픽 헌장을 위반했다는 이유에서였다. 하지만 정작 그들이 왜 그럴 수밖에 없었는지는 철저히 외면했다. 브런디지는 이들을 "몰지각한 니그로들의 추태"라며 거칠게 비난했다. 두 선수는 메달 박탈의 위협 속에 반강제적으로 미국으로 돌아와야 했다. 그리고 그들을 기다리고 있던 것은 야유와 비난, 처벌, 그리고 살해 협박이었다. 이후 두 사람은 영예가 박탈된 채, 긴 시간 은둔에 가까운 삶을 살아야 했다. 그렇다면 그들을 조용히 도왔던 피터 노먼은 어떻게 되었을까.

피터 노먼은 용기와 정의, 연대를 그야말로 상징적으로 보여준 인물이었다. 스미스와 카를로스의 용기가 1960년대의 시대정신을 대변했다면, 노먼의 선택은 연대야말로 진정한 올림픽 정신임을 일깨운 일이었다. 그러나 당시 호주는 '백호주의(白濠主義)'를 고수하며 유색인종에 대한 차별과 배척이 극심했다. 정부와 언론은 그의 '동조' 행위를 묵과할 수 없다며 여론을 몰아 처벌을 요구하는 보도를 쏟아냈다. 결국 피터 노먼은 호주 최초의 올림픽 육상 200미터 은메달리스트였음에도 선수 자격을 박탈당했다. 사회에서는 '이단자'이자 '배신자'로 매도되었다. 그는 그 모든 모욕을 묵묵히 감내했다. 호주 정부와 올림픽위원회는 스미스와 카를로스의 잘못을 인정하고 지적한다면 복권시키겠노

[•] 에이버리 브런디지는 1936년 베를린올림픽 당시 미국올림픽위원회 위원장으로서 유대인 선수의 출전을 막으려는 나치 독일의 조처에는 침묵하면서도 흑인 선수들의 저항에 대해서는 '매국노'라며 맹비난을 퍼부었다. 이후 히틀러 체제를 옹호하는 발언으로 미국우선위원회에서 제명되었다.

라고 집요하게 회유했지만, 그는 거듭 단호히 거절했다.

그에게 남은 것은 영광이 아닌 모욕과 좌절뿐이었다. 심지어 교사로 일하던 학교에서도 쫓겨났다. 노먼이 두 흑인 선수의 행동에 연대할 수 있었던 이유는 그의 삶이 인권 감수성과 함께 자라온 궤적 위에 놓여 있었기 때문이다. 어린 시절, 그의 아버지는 아들을 데리고 차별받는 유색인종 극빈층을 위한 무료급식 활동에 참여했는데, 이는 노먼의 인격 형성에 깊은 영향을 주었다. 그런 품성의 노먼이었기에 불의 앞에서 물러설 수는 없었을 것이다. 이와 관련해 동메달리스트 존 카를로스는 이렇게 회고했다. "우리(토미와 존)는 조금의 좌절을 맛보아야 했지만, 그(피터 노먼)는 자신의 조국 호주와 끝까지 고독하게 싸워야 했습니다." 실제로 스미스와 카를로스는 얼마 지나지 않아 미국 내 흑인 인권운동의 상징적 인물로 복권되었고, 2016년에는 오바마 대통령의 초청으로 백악관을 방문했다. 그들에게 내려졌던 징계도 모두 해제되었다.

그러나 역설적이게도, 피터 노먼에게는 살아생전 단 한 번의 명예회복도 주어지지 않았다. 자국 최초의 200미터 은메달리스트였지만, 죽는 날까지 선수와 코치로 여러 팀을 전전하며 생활고에 시달려야 했을 뿐이다. 신념을 지킨 대가 치고는 지나치게 가혹한 삶이었다. 2000년 자국에서 열린 시드니올림픽에서도 그는 역대 메달리스트들이 참가한 '명예의 행진'에 초청받지 못했다. 이 사실은 그를 아는 모든 이들에게 큰 충격이었다. 노먼 본인도 내심 복권을 기대했지만, 정부와 체육회는 냉담히 외면했다. 그들은 끝내 그를 '배신자'로 기억했고, 체육계는 조용히 그의 이름을 지워갔다. 질기고도 잔인한 망각이었다. 그러다 2006년 노먼은 예순네 해의 생을 심장마비로 마감했다.

이후 미국 캘리포니아주립대 산호세 캠퍼스에는 스미스와 카를로스를 기리기 위한 시상대 장면이 동상으로 세워졌다. 흑인 인권운동의 상징적 순간을 기억하기 위한 조형물이지만, 은메달리스트 자리는 비워 두었다. 생전에 노먼이 그렇게 해달라고 요청했기 때문이다. 그는 이렇게 말했다. "나는 그 일에서 중요한 사람이 아닙니다. 이 동상을 보는 이들이 그 빈자리에 서서 자신이 무엇을 할 수 있을지 생각했으면 합니다."

피터 노먼의 갑작스러운 별세 소식에 토미 스미스와 존 카를로스는 즉시 호주로 향했다. 장례식장에서 두 사람은 슬픈 표정으로 그의 관을 함께 들었다. 미국육상연맹은 그가 세상을 떠난 10월 9일을 '피터 노먼의 날'로 공식 제정해 존경의 뜻을 표했다. 그러나 호주 정부와 의회, 체육회는 그의 죽음 앞에 사과하지 않았고, 복권이나 공식 언급도 끝내 없었다. 2018년 존 카를로스는 이렇게 회고했다. "우리 두 사람은 피터 노먼에게 깊이 감사하고 있습니다. 그는 굳이 우리의 인종차별 반대 운동에 참여할 필요가 없었습니다. 하지만 이것이 인류애의 문제라는 사실을 우리에게 일깨워주었습니다. 모든 이가 피터 노먼을 존경해야 합니다. 특히 호주 사람들은 더욱 그래야 합니다."

1972년 뮌헨올림픽 당시, 피터 노먼은 자국 랭킹 1위이자 세계 랭킹 5위였음에도 대표팀에 선발되지 못했다. 호주 정부는 2012년이 되어서야 이 부당한 처사에 대해 공식 사과했다. 의회 역시 노먼이 인종차별 문제에 국제적 관심을 불러일으킨 대가로 언론과 체육계에서 지나치게 가혹한 처벌을 받았다며 유감을 표했다. 또한 그의 행동을 영웅적이고도 겸손한 선택이었다고 기렸다. 2018년 호주 올림픽위원회는 그가 세상을 떠난 지 12년 만에 최고 영예인 공로훈장을 추서하며 "끝내 잊지 말아야 할 가치"라고 평가했다. 이듬해인 2019년에는 멜버른에 그의 동상이 세워졌다. 그러나 1968년 올림픽 당시 세 사람을 징계하고 비난했던 IOC는 여전히 단 한마디의 사과도 내놓지 않고 있다.

사실 그나마 미뤄진 호주 올림픽위원회의 사과도 자발적 반성이라기보다 대중의 압력에 떠밀려 이루어진 것이었다. 2008년 피터 노먼의 조카 맷 노먼(Matt Norman) 감독이 다큐멘터리《살루트(Salute)》를 제작하며 사건이 다시 조명되자, 그제야 공식 사과에 나선 것이다. 그 이전까지 노먼은 억압과 차별에 맞선 흑인들의 분노와 저항에 '동조'했다는 혐의로, 평생 조국과 국민의 외면과 비난을 감내해야 했다. 그는 가장 고독했지만, 동시에 가장 아름다운 2등이었다. 그의 모습은 차별에 맞선 분노와 저항, 그리고 그 현실을 부끄러워할 줄 아는 용기가 곧 연대의 또 다른 이름임을 일깨웠다.

무관심과 외면은 가끔 노골적인 폭력보다 더 은밀하고 잔혹한 방식으로 악을 돕는다. 그 일이 수십 년 전의 일이라 해서 잊어도 되는 것은 아니다. 지금 이 순간에도 세계 곳곳에서 비슷한 일이 반복되고 있다. 그리고 우리는 여전히 무관심하다. 한나 아렌트(Hannah Arendt)는 "악은 반드시 악인의 전유물이 아니며, 누구나 무심코 악을 저지를 수 있다"고 말했다. 그녀가 말한 '악의 평범성'은 지금도 유효하다. 우리는 타인을 차별하지 않았고, 피터 노먼과 같은 이들에게 침묵을 강요한 적이 없다고 말할 수 있을까. 그러나 만약 우리가 그 시절 다수의 편에 서 있었다면, 과연 그들과 달랐을까. 그 '부끄러운 경계심'을 내려놓는 순간, 우리는 지금도 같은 선택을 되풀이하고 있을지 모른다. 그럼에도 다른 선택을 감행한 이들이 있었다.

'쉰들러 리스트'와
연대의 의미

영화 《쉰들러 리스트》의 실제 주인공 오스카 쉰들러(Oskar Schindler, 1908~1974)도 그중 하나다. 하지만 그가 처음부터 선한 의도를 지녔던 것은 아니었다. 값싼 유대인 노동력을 이용해 사업적 이익을 노린 기회주의자에 가까웠다. 그는 1930년대 중반 나치 정보기관과 협력하며 당에 가입했고, 1939년 독일이 폴란드를 침공하자 사업 기회를 좇아 폴란드 남부 도시 크라쿠프로 향했다. 그곳에서 유대인 소유의 법랑 공장을 불하받아 나치를 위한 야전용 주방기구 등 전쟁 물자를 생산했다. 당시 약 1,000여 명의 유대인을 고용하며 군수 공장으로 키워갔다.

그러나 쉰들러는 나치의 잔혹성을 목격한 뒤 생각을 바꾸게 된다. 양심의 가책 때문에 더는 그들의 악행에 가담할 수 없었다. 자신이 할 수 있는 방식으로 사람들을 지켜야 한다는 결심에 이른 것이다. 그는 나치 친위대로부터 노동자를 배정받는 특혜를 이용해 수용소에 수감된 어린이와 여성, 대학생 등을 '숙련공'이라 속여 공장으로 데려왔다. 그렇게 일터로 위장한 공간에서 은밀히 보호하는 한편, 때로는 게슈타포를 매수하기 위해 자신의 전 재산을 아낌없이 쏟아부었다. 철저한 이해타산에서 출발한 사업이 어느 순간 사람을 살리기 위한 선택으로 바뀐 것이다.

1944년 소련군의 진격으로 폴란드 동부의 수용소들이 차례로 폐쇄되고 유대인들이 아우슈비츠(폴란드어로 오슈비엥침, Oświęcim)로 강제 이송되던 시기, 쉰들러의 행동은 절정에 이른다. 그는 유대인 약 1,100명의 명단을 작성해 자신의 고향 인근 브뤼넨브리츠(현 체코 스비타비 지역)의 새 공장으로 이송하는 것처럼 꾸며 구출했고, 아우슈비츠로 잘못 이송된 여성들까지 뇌물을 써가며 공장으로 데려왔다. 약 7개월에 걸쳐 이 활동을 지속하며, 전쟁의 파괴 속에서도 인간에 대한 책임이 어떻게 살아남을 수 있는지 온몸으로 증명했다.

늘 그렇듯이 전쟁은 인간을 파괴한다. 총과 폭탄만 그런 게 아니라 전쟁 자체가 인격과 양심까지 무너뜨린다. 그런 시대에 누군가를 구하

1944년 아우슈비츠-비르케나우 수용소 입구. 기차에서 내린 유대인들이 플랫폼에서 의사와 친위대 눈앞에 줄지어 서 있다. 이곳에서 노동 가능한 이들은 수용소로, 여성·어린이·노약자 등은 곧장 가스실로 보내졌다. (Auschwitz Album, Wikimedia Commons / Public Domain)

는 일은 더욱 어렵고, 그만큼 더 깊은 울림을 남긴다. 쉰들러는 그 어려운 선택을 감행한 사람이었다. 그렇다면 쉰들러의 선택은 정말로 그였기에 가능한 예외였을까.

인류학자 매기 팩슨(Maggie Paxson)은 1990년대부터 오랜 시간 러시아 일대에서 분쟁과 폭력의 흔적을 추적해왔다. 그녀는 전쟁과 폭력 같은 극단의 상황에서 선한 선택을 실천하는 공동체가 과연 존재할 수 있을지 의문을 품게 된다. 그 무렵 그녀의 고모가 보내준 책 한 권이 눈에 들어왔다. 필립 할리(Philip Hallie)의 『무고한 피가 흐르지 않도록(Lest Innocent Blood Be Shed)』(1979)이었다. 이 책은 제2차 세계대전 당시 프랑스 중남부 마을 르 샹봉 쉬르 리뇽(Le Chambon-sur-Lignon)에서 평범한 농부와 상인, 성직자, 교사들이 유대인을 숨기고 지켜낸 실화를 담고 있었다.

팩슨은 그 이야기에 이끌려 실제 그 마을이 자리한 비바레리뇽(Vivarais-Lignon) 고원을 찾는다. 해발 900미터 고지의 이 마을은 1939년부터 1945년까지 나치의 박해를 피해 온 수많은 난민을 조용히 품어준 곳이었다. 팩슨은 이 여정을 통해 과거와 현재를 가로지르며 폭력의 구조 속에서 연대가 어떻게 가능했는지 찾아 나섰다.• 조사를 이어가던 팩슨은 이들의 활약이 제2차 세계대전 시기에만 국한되지 않았다는 사실을 발견했다. 그들은 언제나 힘의 폭력에 짓눌린 이들의 편에 서곤 했다. 16세기 프랑스 종교전쟁 때는 살해 위협에 시달리던 위그노(개신

• 이 기록은 그녀의 저서 『비바레리뇽 고원』(생각의힘, 2023)에 담겨 있다. 이 책은 홀로코스트에 관한 역사서이자, 다니엘 트로크메를 회고하는 전기이며, 동시에 매기 팩슨 자신의 내밀한 성찰을 담은 에세이이기도 하다.

교도)를 숨겨주었고, 혁명과 공포정치의 시기에는 가톨릭 성직자들을 보호했다. 산업화 시기에는 극심한 가난에 놓인 아이들을 돌보았고, 북아프리카 식민지에서 온 어린이들도 품었다. 스페인 내전의 피난민과 오늘날 아랍·아프리카에서 온 난민들에게까지도 기꺼이 문을 열었다.

나치가 준동한 제2차 세계대전에서 가장 가혹하게 핍박받은 이들은 유대인이었다. 나치 치하의 유대인은 살아 있어도 살아 있는 존재로 취급되지 않았다. 많은 이들이 비바레리뇽으로 피신했을 때 마을 사람들은 그들을 '당연히' 받아들였다. 점령지에서 탈출해 온 이들까지 숨겨주며 대가 없는 선행을 실천했다. 그러나 그 선행에는 언제나 무거운 대가가 뒤따랐다. 주민들은 독일 점령군에 협력한 프랑스 경찰에게 처벌을 받기 일쑤였고, 목숨을 잃은 이들도 적지 않았다.

이스라엘의 홀로코스트 기념관 야드 바셈(Yad Vashem)은 바로 그런 이들을 기억하기 위해 세워졌다. 금전적 보상도, 종교적 명분도 없이 오직 인간의 도리를 따라 유대인을 지켜낸 사람들이었다. 그들은 '열방의 의인(Righteous Among the Nations)'이라 불리며, 기념관 안에는 이들을 기리는 정원이 조성되어 있다. 놀랍게도 이름을 올린 수천 명 가운데 공동체 전체가 함께 기념된 경우는 단 두 곳뿐이다. 그중 하나가 바로 비바레리뇽이다. 그러나 정작 그들은 이렇게 말한다. "우리는 영웅이 아니에요. 그냥 자연스럽게 행동했을 뿐이에요." 그들은 찾아오는 이들을 맞아들였고, 때로는 위험을 무릅쓰고 직접 데려오기도 했다. 그렇다면 어떻게 그런 선택이 가능했을까. 그것도 전쟁이라는 극한의 위협 속에서 목숨을 건 그 행동은 어디에서 비롯된 것일까.

매기 팩슨은 비바레리뇽 난민 어린이 보호소에서 '르 그리용(le

Grillon, 귀뚜라미들)'을 돌보던 다니엘 트로크메(Daniel Trocmé)라는 인물을 주목했다. 귀족 출신 교사였던 그는 설립자이자 친척인 앙드레 트로크메(André Trocmé)의 요청을 받고 이곳에 왔다. 다니엘은 아이들을 가르치는 일뿐 아니라 식사를 챙기고 허드렛일까지 도맡으며 정성껏 돌보았다.

그러던 1943년 어느 날 새벽, 그가 관리하던 보호소 '라 메종 드 로슈'에 기관총을 든 경찰이 들이닥쳤다. 놀란 아이들은 "선생님을 잡으러 온 거예요! 뒷문으로 나가 숲으로 숨어요!"라고 외쳤다. 그러나 다니엘은 "그럴 순 없어. 내가 그리용과 로슈의 책임자니까"라고 답했다. 끝까지 아이들을 지켜야 한다는 사명 때문이었다. 그러나 그의 결말은 비극적이었다. 그는 체포되어 수용소로 끌려가 끝내 목숨을 잃었다.

팩슨의 책 『비바레리뇽 고원』은 1940년대 다니엘의 상황과 수십 년 후 그녀가 다시 찾은 고원의 모습을 교차시켜 묘사한다. 그녀의 책 곳곳에 소개된 다니엘의 친필 편지에는 아이들을 돌보며 보낸 하루하루와 그 속에서 품은 고뇌가 고스란히 담겨 있다. 팩슨은 다니엘과 비바레리뇽 주민들이 보여준 선행을 기존의 사회과학적 방법론으로는 도저히 설명할 수 없다고 느낀다. 물론 그녀는 여전히 과학을 신뢰하지만, 어느 순간에는 사랑이라는 감정이 만들어내는 진실이 존재하며 그 힘이 얼마나 위대한지 믿어야 한다고 말한다. 그녀는 이렇게 썼다.

"다니엘은 작은 '귀뚜라미들'을 사랑했다. … 사랑은 반드시 추구해야 하는 것, 시도해야 하는 것, 매 순간 실천해야 하는 것이다. 사랑이 습관이 될 수 있도록, 어느 정도 품성의 날줄과 씨줄이 되어서 언젠가 바람이 불고 경보가 울릴 때 그 품성이 올바른 행동을 할 수 있도록."

우리는 지금도 세계 곳곳에서 전쟁과 분쟁, 차별과 혐오가 끊이지 않는 시대를 살고 있다. 심지어 평화로운 일상에서도 이기적 탐욕에 허우적거리며 서로를 향해 분노한다. 지금 우리 세대는 나치의 만행을 직접 겪지도 않았고, 일본 제국주의의 폭력을 직접 경험하지도 않았다. 그래서 우리는 때때로 그들보다 선하고 자비로운 존재라고 착각한다. 그러나 한나 아렌트의 말처럼 악은 누구나 내면화할 수 있는 평범한 것이다. 그것을 털어낼 수 있는 힘은 오직 자기인식과 성찰, 그리고 연대와 실천을 통해서만 가능하다.

대한민국은 난민에 유난히 인색한 나라로 꼽힌다. 2013년 아시아 최초로 난민법을 제정한 국가임에도 정작 이 땅에 정착하는 일은 '낙타가 바늘귀를 통과하는' 일에 비유될 만큼 어렵다. 2025년 기준 대한민국의 누적 난민 인정률은 2.7퍼센트로, 경제협력개발기구(OECD) 평균인 23퍼센트의 10분의 1 수준이다. 그나마 2015년 4.2퍼센트였던 인정률이 더 낮아졌다는 사실은 부끄러운 대목이다. 유엔 난민협약국의 평균 인정률이 38퍼센트에 달하는 사실을 고려하면 그 격차가 더욱 커 보인다.

대한민국에서 외국인, 특히 비서구 출신 이주민들은 만성적인 불안을 안고 살아간다. 그들은 대개 가족과 떨어져 지내야 하고, 긴 심사 과정 속에서 이중고를 겪는다. 외국인 노동자와 결혼 이주여성을 포함한 국내 거주 이주민은 250만 명, 전체 인구의 약 4퍼센트에 달한다.

그러나 그들 가운데 상당수는 임금 체불, 산업재해, 열악한 주거 환경에 여전히 방치되어 있다.

이들은 사회적 약자다. 약자를 대하는 태도는 그 사회의 품격을 가늠하는 지표다. 우리는 모두 어딘가를 향해 가는 나그네이며, 본향을 떠나온 이방자라는 점에서 예외일 수 없다. 타인의 고통에 무감한 사회가 어떤 미래를 지향할 수 있겠는가. 약자에게 인색한 현실을 외면한 채 품격을 말할 수는 없다. 지금, 우리 자신의 모습을 먼저 돌아봐야 한다.

동성애, 침묵 속의 존재들
튜링의 비극, 우리가 외면한 권리

영화 《이미테이션 게임(The Imitation Game)》(2014)은 케임브리지대학교 출신 수학자이자 논리학자인 앨런 튜링(Alan Turing, 1912~1954)의 삶을 다룬 작품으로, 관객들에게 큰 울림을 남겼다. 원래 '이미테이션 게임'은 기계가 인간을 얼마나 정교하게 모방할 수 있는지 평가하는 사고실험으로, 일명 '모방 게임'이라 불린다. 이 개념은 튜링이 1950년 발표한 논문 「계산 기계와 지능(Computing Machinery and Intelligence)」에서 제시된 것으로, "기계는 생각할 수 있는가?(Can Machines Think?)"라는 질문으로 더 유명하다. 이러한 사고 실험과 계산에 대한 그의 문제의식은 이미 제2차 세계대전 시기 암호 해독 작업에서 실천적으로 구현되었고, 그 결과 해독이 불가능하다고 여겨졌던 독일의 암호체계 '에니그마(Enigma)'를 풀어내는 데 결정적 공헌을 했다.

제1차 세계대전에서 패한 독일은 자국의 암호가 영국군에 완전히 노출되었다는 사실을 뒤늦게 깨달았다. 그 경험 이후 나치 독일은 해독이 사실상 불가능한 암호체계 구축에 힘을 쏟았는데, 그 결과로 탄생한 암호생성기가 '에니그마'였다. 원래 폴란드에서 상업용으로 개발된 암호기를 군사용으로 개량한 것으로, 입력할 때마다 암호 규칙이 달라지는 방식이어서 해독이 더욱 까다로웠다. 이를 풀기 위해서는 약 1해 5,900경 가지의 경우의 수를 대입해야 했으므로, 당시 기술로는 거의 불가능한 작업이었다.

그렇다 보니 영국은 1939년 전쟁이 발발하자마자 '에니그마' 해독에 사활을 걸었다. 영국 정부는 마침 케임브리지로 돌아와 있던 튜링을 런던 북쪽 블레츨리 파크의 '정부 암호학교(GC&CS)' 수학팀 책임자로 불러들였다. 이미 그의 수학적 역량과 독창적인 사고에 주목하고 있었기 때문이다. 1936년 튜링은 논문 「계산 가능한 수에 관하여(On Computable Numbers)」에서 컴퓨터의 작동 원리를 수학적으로 모형화했으며, 이때 제시한 '튜링 기계'는 이론적 장치에 불과했으나 당국은 그의 이론이 암호 해독에 효과적으로 활용될 수 있다고 판단했다.

독일의 암호체계는 예상보다 훨씬 복잡하고 난해해 실마리를 찾기 어려웠다. 그러나 결정적 해법은 의외의 곳에서 나왔다. 독일군이 기밀문서 서두에 '하일 히틀러(Heil Hitler)'라는 문구를 자주 사용한다는 점에 착안한 것이다. 암호문 속 이런 고정 문구를 미리 추정해 기계 설정의 범위를 좁혀가는 방식이었다. 튜링은 이를 바탕으로 수학적 모형을 세우고, 이를 구현할 전자식 해독 장치 '봄브(Bombe)'를 설계해냈다. 이처럼 예상 문구를 기반으로 한 역산은 전체 경우의 수를 극적으로 줄임으로써 에니그마 해독의 돌파구를 찾았다.

튜링의 결정적 공헌이 없었다면, 연합군이 전세를 뒤집기 어려웠을 것이다. 실제로 북대서양에서 '회색 늑대 떼(Grey Wolves)'라 불린 독일 U보트의 위협을 뚫고 보급로를 확보할 수 있었던 것도 에니그마 해

독일군의 암호 장치 '에니그마'(좌)**와 이를 해독하기 위해 앨런 튜링이 설계한 장치 '봄브'**(우).
두 장치는 2차 세계대전이 암호 전쟁이었음을 잘 보여준다.
(National Cryptologic Museum & U.S. Army, Wikimedia Commons / Public Domain)

독의 힘이었다. 전쟁이 최소 2년 이상 앞당겨 끝났다는 평가마저 나왔다. 그는 이 공로로 1945년 대영제국훈장(OBE)을 받았다.

전쟁이 끝난 뒤에도 그는 과학적 탐구를 멈추지 않았다. 1950년에 발표한 논문의 첫 구절 "기계는 생각할 수 있는가?" 역시 이 시기의 산물이다. 오늘날 '튜링 테스트'로 불리는 이 실험은 기계가 언어적 대화를 통해 인간과 구별되지 않을 정도의 응답을 만들어낼 수 있는지 묻는다. 당시에는 회의적인 시각도 적지 않았으나, 인공지능이 사회 전반을 뒤흔드는 오늘의 현실 속에서 그의 통찰이 시대를 앞서 있었다는 점은 부인하기 어렵다.

게다가 튜링은 1945년 보고서에서 프로그램 내장형 구조를 구상하는 등 오늘날 '폰 노이만형 컴퓨터'라 불리는 기본 원리에 선구적인 공헌을 했다. 그러나 이 모든 성과가 군사기밀로 묶인 탓에 공식적인

'최초의 범용 전자식 컴퓨터'라는 칭호는 미국의 에니악(ENIAC, 1946)에 돌아갔다. 오늘날 그를 '컴퓨터의 아버지'라 부르는 이유는, 공로는 지대했으나 이름은 가려졌던 이 역사의 아이러니와도 무관하지 않다. 이렇듯 튜링은 분명 시대를 앞선 천재였다.

그러나 그 시대는 그에게 가혹했다. 동성애자라는 사실이 드러난 후 그의 삶은 순식간에 무너져 내렸다. 전쟁 후 맨체스터대학교에서 연구를 이어가던 그는 열아홉 살 청년 아놀드 머레이(Arnold Murray)와 가까워지며 한동안 함께 지냈다. 그러던 중 그의 집에 도둑이 들었고, 수사 과정에서 머레이가 연루된 사실이 드러나면서 사건이 뜻밖의 방향으로 전개되었다. 조사 과정에서 두 사람의 관계가 밝혀지며 결국 자신의 동성애 성향까지 드러난 것이다. 이 일로 그는 '부자연스러운 성문란 행위' 혐의로 기소되었다. 사실 튜링은 가까운 동료들에게 이미 자신이 동성애자임을 털어놓았고, 그들은 여전히 그의 능력과 인격을 신뢰했다. 그러나 당시 영국 사회에서는 동성애가 범죄로 간주된 탓에 경찰 조사에서의 자진 진술이 결국 법적 처벌로 이어졌다. 이제 더는 법망을 피할 수 없었다.

튜링은 '숨은 영웅'이었음에도 한순간에 범죄자로 몰렸다. 동성애금지법은 그를 사회를 교란하는 존재로 낙인찍었다. 냉전 초기 미국에서 매카시즘 광풍이 불던 것처럼 영국에서도 레드 컴플렉스 분위기 속에서 튜링은 국가기밀을 다루는 인물이라는 이유로 정보기관의 감시 대상이 되었다. 게다가 그가 몸담았던 케임브리지 출신 인사들 가운데 일부가 소련의 간첩으로 밝혀지면서 그 역시 불필요한 의심을 받게 되었다. 그러나 정작 그에 대한 기소는 스파이 혐의가 아닌 동성애 때문이었다.

　튜링은 자신의 성 정체성과 행위를 죄로 여기지 않았기에 법정에서도 굳이 숨기려 하지 않았다. 그러나 그에게 주어진 선택지는 두 가지뿐이었다. 감옥에 수감되거나 여성 호르몬을 투여받는 화학적 거세를 감수하는 것이었다. 연구를 계속하기 위해 그는 후자를 택했지만, 에스트로겐 주사가 남긴 부작용은 컸다. 마라톤을 즐기던 그에게 육체의 변화는 견디기 어려운 고통이었다. 게다가 그를 절망으로 몰아넣은 것은 기밀 업무에서 완전히 배제되고, 출국마저 금지된 조치였다. 학자들과의 접촉은 감시 대상이 되었고, 연구 성과는 기밀로 묶여 외부에 알리는 것조차 허용되지 않았다. 과학자로서의 활동은 사실상 중단되었고, 사회적 존재로서의 자리는 점점 좁아졌다. 그는 살아 있었지만,

1940년대 후반, 앨런 튜링이 3마일 클럽 경기에서 결승선을 통과하는 모습. 그러나 동성애 혐의로 재판을 받은 뒤 강제적 여성 호르몬 투여로 더는 이런 활동을 이어가지 못했다.
(National Portrait Gallery, London / Public Domain)

더 이상 말할 수 없었고 움직일 수 없었으며 연구할 수도 없었다. 1954년, 앨런 튜링은 스스로 생을 마감했다. 고작 마흔한 살이었다. 그의 죽음은 언론에 단 몇 줄의 기사로 실렸을 뿐이다. '어느 천재 과학자의 비극적 죽음'이라는 짧은 문장이 전부였다. 전쟁을 승리로 이끄는 데 결정적으로 공헌했던 숨은 영웅이었지만 철저히 잊혔고, 남은 것은 '스캔들에 휘말린 교수'라는 낙인뿐이었다.

'정상성'의 이름으로 지워진
인권

영국에서 동성애 불법 규정법은 1967년에 폐지되었다. 그러나 법적 차별이 사라졌음에도 앨런 튜링의 존재와 업적이 대중에게 알려지기 시작한 것은 한참 뒤의 일이었다. 1974년 암호 해독 작전에 참여했던 프레더릭 윌리엄 윈터보섬(F. W. Winterbotham)이 『봉인된 작전, 울트라(The Ultra Secret)』를 출간하면서 처음으로 세상에 알려지기 시작했다. 이 책은 영국 당국의 엄격한 검열을 거쳐 어렵게 출간된 것으로, 튜링이 세상을 떠난 지 이미 20년이 흐른 뒤였다. 그제야 그의 삶과 죽음이 본격적으로 조명되었고, 영국 사회는 뒤늦은 안타까움과 죄책감을 드러내기 시작했다. 이후 1992년 BBC 다큐멘터리 《튜링 박사의 기이한 삶과 죽음(The Strange Life and Death of Mr. Turing)》 방영과 2014년 영화 《이미테이션 게임》의 국제적 흥행을 계기로 튜링의 삶과 업적이 전 세계에 널리 알려졌다.

튜링을 향한 동정 여론이 전 세계로 확산되자 영국 사회도 점차 그를 다시 바라보기 시작했다. 재평가의 흐름 속에서 영국 정부 역시 침묵으로 일관할 수 없었다. 결국 2009년 노동당 소속의 고든 브라운(Gordon Brown) 총리는 튜링 사건에 대해 공식적으로 사과했다. 이는 2000년대 들어 성소수자 인권운동이 활발해지며 국가적 부당함에 대한 논의가 꾸준히 이어진 결과이기도 했다. 뒤이어 2012년 영국 우체국은 '위대한 영국인 10인' 가운데 한 사람으로 튜링을 선정해 기념우표를 발행했다. 그러나 그해 튜링 탄생 100주년을 맞아 '튜링의 해'로 지정하려던 캠페인만큼은 보수 세력의 반발로 무산되었다. 동성애를 공적으로 인정하는 메시지로 해석될 것을 우려한 영국 하원이 튜링에 대한 국가적 사과와 사면 결의안을 부결시킨 것이다. 이 결정을 주도한 세력은 데이비드 캐머런(David Cameron) 총리가 이끄는 보수당이었다.

과학자들과 시민들은 노력을 멈추지 않았다. 2013년 12월 스티븐 호킹(Stephen W. Hawking)을 비롯한 저명한 학자와 시민들의 청원 끝에, 엘리자베스 2세 여왕은 특별 사면을 명했다. 이른바 '앨런 튜링 법(Alan Turing law)'으로 불린 이 조치로 그는 공식적으로 복권되었다.[*] 튜링이 세상을 떠난 지 59년 만의 일이었다.

상징적인 사건도 이어졌다. 2019년 영란은행(Bank of England, BOE)은 2021년부터 유통될 새로운 50파운드 지폐의 뒷면 인물로 앨런

---

[*] 2016년 테레사 메이(Theresa May) 총리가 이끄는 보수당 정부는 과거 '외설죄'로 처벌받았던 동성애자들 가운데, 현행 기준에 비추어 더는 죄로 간주되지 않는 인물들을 사후 사면하기로 결정했다. 이 법은 앨런 튜링을 포함한 수천 명의 동성애자에게 적용되었고, 이듬해인 2017년에 공식 시행되었다.

앨런 튜링의 초상이 들어간 영국의 50파운드 지폐 견본 이미지. 1954년 동성애 혐의로 처벌을 받은 뒤 생을 마감한 앨런 튜링은, 사후 67년이 지난 2021년 영란은행이 발행한 50파운드 지폐의 인물로 채택되었다. (© Bank of England)

튜링을 선정한다고 발표했다. 앞면은 관례대로 영국 군주의 초상이 들어갔으나, 뒷면에는 이례적으로 1951년에 촬영된 튜링의 사진이 실렸다. 당시 스티븐 호킹, 마거릿 대처(Margaret H. Thatcher)를 포함해 1,000여 명의 후보가 거론된 가운데 튜링이 채택되자 그 자체만으로 큰 화제가 되었다.

튜링 개인의 비극이 단지 한 과학자의 불운에 머물지 않는 이유는 그것이 곧 오랜 세월 누적된 구조적 억압의 단면을 드러내기 때문이다. 동성애는 오랜 세월 금기시되어왔다. 비단 특정 종교나 문화의 도덕률 때문만은 아니었다. 더 깊은 차원에서 보자면, 동성애에 대한 억압은 사회질서의 유지 논리와 맞닿아 있었다. 대부분의 인류 사회는 오랜 시간 가부장제와 혈통 중심의 계승 구조 위에 세워져왔다. 그런 구조에서 생식과 무관한 사랑은 '불필요한 것'이나 '체제에 이롭지 않은 것'으로 여겨졌고, 따라서 제도적으로 배제되거나 도덕적으로 비난받았다. 종교는 이를 신의 뜻으로 해석했고, 국가는 이를 법으로 규정했으며, 교육은 이를 혐오로 배제했다. 동성애는 그렇게 오랫동안 존재하되 존재하지 않는 것으로, '지워진 정체성'으로 취급되어왔다.

돌이켜보면, 역사 속 중심에서 활동한 인물들 가운데 동성애자나 양성애자는 적지 않았다. 고대의 철학자와 정복자부터 르네상스의 예술가들, 현대의 과학자와 작가, 음악가에 이르기까지, 많은 이들이 동성 간의 사랑을 경험하거나 성적 정체성을 숨긴 채 살아야 했다. 고대의 소크라테스와 알렉산드로스 대왕, 르네상스의 레오나르도 다 빈치부터 20세기의 앨런 튜링과 트루먼 커포티(Truman Capote)에 이르기까지, 그들은 억압 속에서도 기존 질서를 흔드는 창조성과 경계를 넘는 상상력을 발휘해왔다. 오늘날 정치의 영역에서도 커밍아웃이 더는 낯선 일은 아니다. 아이슬란드의 전 총리 요한나 시거다르도티르(Jóhanna Sigurðardóttir), 세르비아의 전 총리 아나 브르나비치(Ana Brnabić)처럼 동성애자임을 공개한 국가지도자들도 세계사에 속속 등장하고 있다. 예술, 연예, 패션 등의 영역에서는 일일이 거명하는 것조차 번거로울 지경이다. 이제 성적 지향은 점점 더 개인의 권리이자 정체성의 문제로 존중받고 있는 것이다.

사회적 편견이 깊게 뿌리내려 있는 탓에 커밍아웃은 여전히 개인의 용기를 시험하는 일이다. 억압 또한 온전히 사라지지 않았다. 혐오의 언어로 형태를 바꿔 살아남아 있으며, 종교적 윤리나 전통이라는 이름으로 차별이 정당화되기도 한다. 그러나 이제 우리는 누구를 정상으로 삼고 누구를 배제해왔는지 그 기준 자체를 되돌아볼 때가 되었다. 평등은 이미 이루어진 상태가 아니라 차별을 인식하고 해소하며 공동체를 더 나은 방향으로 이끄는 지속적 실천의 과정이다. 이제 질문이 바뀌어야 한다. 정말로 문제인 것은 동성애일까, 아니면 끝내 그것을 받아들이지 못하는 우리 사회의 편협함일까.

한 사회가 동성애를 어떻게 대하느냐는 그 사회가 인간의 존엄성과 이성의 가치를 얼마나 지키고 있는지 보여주는 바로미터다. 자신의 정체성을 부정하지 않고 살아갈 권리, 타인에게 해를 끼치지 않는 관계를 존중받을 권리, 이 두 가지는 민주주의 사회에서 보장되어야 할 최소한의 자유다. 개인의 성적 지향에 동의하느냐는 별개의 문제다. 다양성을 포용하는 사회는 창조적이고 지속 가능하지만, 차별을 방치하는 사회는 결국 자기모순에 빠진다. 억압은 언제나 사람을 침묵시켜왔다. 그러나 평등은 끝내 우리가 도달해야 할 사회적 원칙이다.

차별금지법을
망설이는 사회

우리는 여러 분야에서 이미 서구 사회를 넘어섰다. 그러나 차별금지법을 둘러싼 논의만큼은 여전히 수십 년 뒤처져 있다. 이 법을 제정하지 않은 채, 해묵은 혐오와 차별을 그대로 방치하고 있다. 유엔은 '세계인권선언'과 '시민적·정치적 권리에 관한 국제규약'을 통해 모든 형태의 차별을 금지하고, 자유권규약위원회와 인권이사회는 여러 차례 대한민국 정부에 법 제정을 권고해왔다.

유럽연합(EU)은 2000년 'EU 기본권헌장(Charter of Fundamental Rights of the European Union)'을 채택하고, 회원국 가입 조건으로 차별금

지법을 요구했다. 이에 따라 모든 회원국은 국제법적 효력을 지닌 결의안에 따라 포괄적이고 강도 높은 차별금지법을 시행하고 있다. 미국 또한 1964년 제정된 '민권법(Civil Rights Act)'을 계기로 인종·종교·성별 등에 대한 차별을 명시적으로 금지하는 법적 기반을 마련했다. 미국은 이미 19세기 말부터 다양한 차별금지 법안을 논의하고, 일부 주에서 시행해온 바 있다.

차별금지법은 한마디로 합리적 이유 없이 특정 개인 또는 집단을 불이익의 대상으로 삼는 모든 형태의 차별을 금지하는 인권 법안이다. 우리 정부도 유엔 인권이사회의 권고에 따라 2007년 이후 세 차례 법무부 주도로 법안을 발의했다. 그러나 매번 무산되었다. 주된 반대자들은 개신교계를 중심으로 한 보수 종교단체였다. 이는 국제사회의 인권 기준에 어긋나는 조치이자, 우리 사회의 보편 윤리 인식이 아직 갈 길이 멀다는 사실을 방증한다. 차별금지법은 특정 개인과 집단의 권리를 둘러싼 쟁점이 아니라, 차별을 더 이상 방치하지 않기 위한 국가의 기준을 묻는 문제다. 이를 정치적 유불리의 계산이나 혐오로 미루는 순간, 인권은 선언이 아니라 협상의 대상이 된다. 불편하다는 이유만으로 입법을 미루는 사회를 과연 성숙하다고 볼 수 있을까.

대한민국의 인권 보장을 상징하는 제도적 기구로는 국가인권위원회가 있다. 2001년 김대중 정부 시기에 출범한 이 기구는 오랜 정치적 박해를 겪은 김 대통령의 의지가 반영된 결과물이다. 세계인권선언과 각종 국제인권조약, 국가인권위원회법을 근거로 설립되었으며, 대통령으로부터 독립된 중앙행정기관으로 운영되고 있다. 인권위는 그간 차별금지법의 필요성을 일관되게 주장해왔다. 2006년 국무총리에게 입법을 권고한 것을 비롯해, 국회와 정부를 향해 수차례 성명을 발표했다. 2020년과 2021년에는 '평등법'이라는 명칭으로 국회에 공식 의견서를 제출하며 국제사회의 권고를 이행하는 차원에서 법 제정을 촉구하기도 했다.

그러나 2024년 윤석열에 의해 임명된 안창호 위원장 취임 이후 인권위의 행보는 정반대로 바뀌었다. 그는 "차별금지법이 공산주의 혁명에 이용될 수 있다"는 근거 없는 극단적인 주장까지 내놓았다. 이러한 발언은 인권위가 지켜야 할 정치적 중립성과 전문성을 명백히 위반한 것이었다. 실제로 인권위는 차별금지법 논의에서 한발 물러섰고, 존재의 이유마저 흐려지고 있다는 비판을 받았다. 일부 위원의 보수적 성향과 상당수 개신교계를 중심으로 한 사회적 반발을 과도하게 고려한 결과, 제도 개혁의 동력 또한 눈에 띄게 약화되었다. 개신교계를 중심으로 한 보수 종교단체의 조직적 반대 앞에서 인권위는 명확한 입장을 제때 밝히지 못하거나 스스로 입장을 거둬들이는 일이 반복되었다. 물론 차별금지법은 단일 기관의 의지만으로 제정될 수 있는 법은 아니다. 문제는 한국 사회가 왜 이토록 오랫동안 국제 인권 기준과 어긋난 상태에 머물러 있는가 하는 점이다.

유럽의 주요 종교 교단들(개신교단은 물론 보수적인 가톨릭교회까지도)은 이미 차별금지법에 상응하는 제도를 수용하고 있다. 미국의 보수적 기독교계 또한 내부의 갈등과 논쟁을 거치며 포용의 범위를 점차 확대하고 있다. 그러나 한국의 종교계는 여전히 인권 보장을 정체성에 대한 위협으로 여기는 인식에 머물러 있다. 사회 전반의 변화 역시 방향성과 속도 면에서 미진하다.

　이러한 인지 부조화는 종교 현장에서 더욱 선명하게 드러난다. 2024년 기독교대한감리회는 퀴어퍼레이드에서 성소수자에게 축복 기도를 한 이동환 목사에게 출교 처분을 확정했다. '성소수자 환대 목회'를 이유로 재판에 회부된 그를 목사직은 물론 교인 자격까지 박탈했다. 감리회 총회 재판위원회는 그의 상소를 기각하며 출교형을 확정지었다. 이 사건은 단지 한 개인의 징계를 넘어 한국 교회의 인권 인식과 신학적 포용의 수준을 드러낸다. 성소수자에게 축복 기도를 했다는 이유만으로 출교를 결정하는 일이 정당한 판단이라 할 수 있을지 의문이다. 이미 여러 나라의 교회들이 신앙적 포용의 한 형태로 받아들인 행동을 한국 교회가 형벌의 근거로 삼는다면, 그 간극은 더 벌어질 수밖에 없다.

　총회 재판위원회는 이동환 목사의 언론 인터뷰와 소셜미디어 발언이 '교회를 모함하고 악선전한 죄'에 해당한다고 판단했다. 교회에 대한 비판적 발언을 감정적 표현이라는 이유만으로 모함으로 단정하는 판단은 표현의 자유와 신학적 성찰의 여지를 과도하게 좁히는 결과를 낳는다. 앞서 1심인 경기연회 재판위원회 역시 "한국교회가 소수자를 혐오했다고 볼 만한 뚜렷한 증거가 없다"는 사유로 출교 처분을 결정했다.•

　세계 교회의 중심을 자처해온 한국 교회, 그중에서도 특히 예장(예수교장로회)보다 개방적이고 진보적으로 평가되어온 감리교회가 이러한 결정을 내린 것은 국제 감리교회 공동체의 신뢰와 연대 기반을 스스로 훼손하는 일이다.

• 2026년 1월 16일 이동환 목사 측은 출교 무효 소송 항소심에서 승소하였다.

윤리의 얼굴을 한 혐오는
멈춰야 한다

그런 면에서 역사적으로 보수적이라 여겨져온 가톨릭교회의 최근 인권 관련 태도는 한국 개신교와 비교해 오히려 전향적으로 읽힌다. 물론 가톨릭교회도 공식적으로 동성애를 인정하거나 혼인을 허용하지 않는다. 그러나 2025년 4월 선종한 프란치스코 교황은 생전 여러 차례 포용의 메시지를 밝혔다. 특히 2023년 12월 18일 발표된 교리 선언문 「간청하는 믿음」을 통해 동성 커플이 원할 경우 사제가 이들에게 축복을 베풀 수 있다는 점을 공식적으로 인정한 것이다. 이는 사목적(司牧的) 차원에서 의미 있는 변화로 평가된다. 완전한 수용은 아니더라도 교회의 방향 전환 의지를 드러낸 조처로 볼 수 있다. 이러한 흐름에 비추어 보면, 한국 개신교의 태도는 변화에 대한 응답이라기보다 기존 입장을 고수하려는 퇴행적 고집에 가깝다.

교회가 동성애에 반대하는 근거로 성서 구절을 제시하는 경우가 많다. 특히 바오로(바울) 사도가 「로마서(로마 I, 26~31)」에서 동성애를 비난한 대목은 신학적 정당화의 주요 근거로 인용된다. 그러나 그 구절의 역사적 맥락을 제대로 이해하는 이는 많지 않다. 로마 제국 시기 동성애는 황제나 귀족 등 상류 계층이 하층민을 대상으로 폭력적으로 행사한 권력형 성적 착취의 의미를 지녔다. 바오로가 문제 삼았던 것도 바로 이 지점이었다. 로마인들은 힘과 지위를 과시하기 위해 노예나 빈곤층 남성을 대상으로 남색을 행했으며, 당시 사회는 이를 일종의 특권처럼 여겼다.

이러한 문화적 배경은 고대 그리스와도 연결된다. 그리스·로마 사회에서 동성애가 널리 퍼진 배경은 여성이 이성적이고 정신적인 교감의 대상으로 간주되지 않았기 때문이다. 정신적 교감과 에로스의 결합을 여성보다 미소년과의 관계에서 찾으려 했으며, 이는 곧 여성 혐오와 맞닿아 있었다. 더 나아가 여성보다 남성과의 관계가 우월하다는 사회적 분위기로 이어지기도 했다. 바오로 사도가 비판한 것은 바로 이처럼 권력과 젠더 위계에 기초한 폭력적이고 불평등한 동성애 문화였다. 다시 말해, 오늘날 말하는 '성적 지향'이나 '개인의 성향' 차원에서 이해할 수 있는 문제가 아니었다. 그렇기에 신학이나 교리를 해석할 때에도 당시의 시대 상황과 문화적 맥락을 정밀하게 짚어야 한다. 종교적 신념에 따라 성서 구절을 인용하는 것은 가능하다. 그러나 그 구절이 등장한 배경과 의도를 충분히 이해하려는 노력은 종교 지도자라면 소홀히 해서는 안 될 책무다.

2017년 서울 퀴어퍼레이드가 열리던 날, 주한 미국 대사관에는 상징적인 무지개 깃발이 내걸렸다. 말 없는 메시지였다. 무지개 깃발은 성소수자의 존엄과 인권을 상징하고, LGBT(레즈비언, 게이, 양성애자, 트랜스젠더)의 정체성과 연대를 담는다. 최근에는 성 정체성을 탐색하는 퀘스처닝(Questioning), 성소수자 전반을 포괄하는 퀴어(Queer)를 뜻하는 Q가 더해져 'LGBTQ'라는 용어가 널리 사용된다. 무지개는 다양성을 상징하며 퀴어퍼레이드 현장의 대표적 상징이다. 개신교 일부 세력과 극우 정치 집단은 시위 때마다 태극기와 성조기를 나란히 흔들고, 때로는 이스라엘 국기까지 내건다. 유대교 국가인 이스라엘과 기독교가 엄연히 다른 종교적 전통임을 구분하지 못한 채, 미국을 절대적 우방이자 보호자로 신봉하는 태도다. 그런 이들이 과연 그날 미국 대사관에 걸린 무지개 깃발의 의미를 이해하고 있을까.

앨런 튜링은 그 폭력의 희생자였다. 조금만 늦게 태어났다면, 그는 자신의 정체성을 이유로 수모를 겪지도 스스로 생을 마감하지도 않았을 것이다. 튜링이 없었다면 연합군의 승리도 오늘날의 컴퓨터 문명도 지금과는 달라졌을지 모른다. 그런 인물을 범죄가 아니라 정체성을 기준으로 처벌했다는 사실은, 편견이 사회에 얼마나 치명적인 손실을 남기는지 여실히 드러낸다. 오늘날 영국은 그 과거를 반성하며 튜링에게 공식 사과했고, 그의 이름을 기억하는 방식으로 책임을 묻고 있다.

우리가 옳다고 믿는 신념은 언제나 역사적 검증의 대상이 되어왔다. 가치와 윤리의 기준 역시 시대마다 달라졌다. 그러나 이러한 변화의 역사 자체가 인간의 존엄과 권리를 기준으로 삼는 원칙을 미루거나 외면해도 된다는 뜻은 아니다. 불과 몇십 년 전만 해도 세계 대부분의 국가에서 동성애는 범죄로 규정되었지만, 이제 서구 사회는 그 편견에서 한발씩 벗어나고 있다. 그에 비해 지금 한국의 일부 보수주의자들과 종교 단체는 여전히 성소수자에 대한 차별과 탄압을 신앙처럼 붙들고 있다.

왜 대한민국의 개신교단은 이 문제에 이토록 집착할까. 이를 신학적 문제로 설명한다면, 서구 교회는 스스로 타락한 존재가 되고 만다. 이 물음 앞에서 가장 궁색해지는 쪽은 오히려 한국 개신교다. 극단적인 분열과 분파로 사회적 신뢰를 잃고 있는 상황 속에서 교회는 특정 사안을 중심으로 내부를 결속하고 이를 정치적 쟁점으로 확장해온 측면이 있다. 과거의 사학법 파동이 그러했고, 그 갈등의 초점이 이후 성소수자 이슈로 옮겨갔다. 정치권이 이들 교회에 속한 유권자들의 표를 의식한다는 사실을 교회 또한 잘 알고 있다. 그 과정에서 신앙의 언어가 동원되고, 정치적 거래가 암묵적으로 이루어진다. 교회의 계산과 정치인의 이해관계가 맞물린 이 구조를 단순한 신학적 확신으로 받아들일 수 있을까. 그러나 머지않아 그 믿음이 부당했음을 인정해야 하는 순간이 찾아올 것이다. 1960년대까지 흑인차별에 앞장서고 이를 정당화했던 이들이 느꼈던 승리감이 과연 얼마나 오래 지속되었던가. 이 같은 질문은 오늘날 우리의 맹목적 신념 앞에도 던져져야 한다.

차별금지법은 이미 대부분의 문명국에서 채택된 기본적 인권 입법이다. 그러나 한국은 국가인권위원회의 오랜 숙고, 법무부의 입법 예고, 일부 종교단체의 조직적 반발이라는 과정을 거치며 법 제정에 번번이 실패해왔다. 인권의 후퇴를 자초한 셈이다. 예상대로 유엔 인권이사회는 대한민국 정부에 다시 차별금지법 제정을 권고했다. 국회에서도 법안이 재차 발의되었지만, 한결같이 위원회 심사 단계에서 계류된 채 진전을 보지 못하고 있다.

차별금지법을 도입하지 않은 문명국은 일본과 한국, 두 나라뿐이다. 이 법에 반대하는 이들의 주장이 과연 타당하다면, 왜 다른 선진국 대부분이 이를 채택했는지 설명할 책임이 그들에게 있다. 그들은 영국에 가서 앨런 튜링의 얼굴이 새겨진 50파운드 지폐를 마주했을 때 무엇을 느낄까. 불편함일까, 아니면 부채감일까. 그 지폐가 불쾌하고 불편하게 느껴진다면, 문제는 지폐가 아니라 우리가 외면해온 시선이다.

진실은 어떻게 처벌되는가

드레퓌스 사건과 강기훈 유서대필 조작 사건

1894년 10월, 프랑스 육군 참모본부에서 근무하던 포병 대위 알프레드 드레퓌스(Alfred Dreyfus, 1859~1935)가 체포되었다. 독일 대사관에 군사정보를 넘겼다는 혐의였다. 재판은 이례적으로 신속하게 진행되었고, 현역 장교였던 그는 군법회의에서 유죄를 선고받아 종신형에 처해졌다. 자국의 장교가 적국에 기밀을 팔아넘겼다는 사실만으로 국민에게 커다란 충격이었다. 그것이 사실이라면 결코 용서할 수 없는 배신이었다.

그러나 결정적인 문제가 있었다. 드레퓌스를 유죄로 특정할 뚜렷한 증거가 없었다는 점이다. 독일 대사관에서 몰래 빼낸 문서의 필적이 그의 것과 '비슷하다'는 정황뿐이었다. 그것이 확실히 드레퓌스의 필적이라는 증거는 어디에도 없었고, 그 한 가지로 유죄를 선고하기는 무리한 일이었다. 그럼에도 군사재판부는 필적이 다르다는 점을 아예 무시했다. 언론 또한 사실을 규명하기보다 선정적인 기사만 쏟아냈다. 무엇보다 언론이 집중한 것은 드레퓌스가 유대인이라는 사실이었다. 반유대주의를 공공연히 내세우던 당시 언론은 그를 비난하는 기사로 지면을 가득 채웠다. 유대인으로서 현역 군인이자 참모본부의 장교라는 사실은 여론에 불을 붙이기에 충분했다. 날조와 억측, 과장과 선동은 아예 문제가 되지 않았다.

프랑스 육군 당국은 사건이 길어질수록 자신들에게 불리하다는 점을 잘 알고 있었다. 그런 탓에 재판은 가능한 한 신속하게 진행되었고, 그 과정에서 권력은 진실을 은폐하고 서류를 위조해 유죄의 증거로 제출하는 데 주저하지 않았다. 드레퓌스에게는 반론의 기회조차 제대로 주어지지 않았다. 재판은 마치 하나의 작전처럼 치밀하게 구성되었고, 여기에 정의가 끼어들 틈은 없었다.

몇몇 변호사들이 증거 공개를 요구하며 항의했으나, 군부의 대답은 한결같았다. "이 문서는 군사기밀이므로 공개한다면 독일과의 전쟁을 각오해야 한다." 협박과 다름없는 이 논리는 당시에도 낯설지 않은 방식이었다. 드레퓌스는 법정에서 "나는 결백합니다! 프랑스 만세! 군대 만세!"라고 외쳤지만, 그 목소리는 공허하게 흩어졌다. 그는 군복이 벗겨지고 계급을 박탈당한 채 '더러운 유대인'이라는 조롱과 야유 속에서 프랑스령 기아나의 악명 높은 '악마의 섬'으로 보내졌다. 그곳은 간수들 외에는 그 누구도 살지 않는 절해고도였고, 심지어 간수들조차 그와 말 한마디 섞지 말라는 지시를 받았다. 사건은 그렇게 종결되는 듯 보였다. 정부는 적어도 그렇게 믿고 싶어 했다.

가족들은 사방으로 무죄를 호소하며 석방을 요구했다. 그러나 가족의 힘만으로는 진실에 다가가기 어려웠다. 그 막다른 길 앞에 때마침 든든한 우군이 등장했다. 에밀 졸라(Émile Zola, 1840~1902)였다. 그 역시 특별한 해법을 가진 것은 아니었다. 다만 그는 불의 앞에서 물러서지 않는 신념과 용기를 지닌 인물이었다. 『나나(Nana)』, 『제르미날(Germinal)』,

드레퓌스 재판 풍자 삽화 (앙리 메이에르Henri Meyer, 1894, 『르 쁘띠 주르날Le Petit Journal』). 당시 언론은 재판 상황을 선정적으로 보도하며 앞다투어 사건을 과장함으로써 대중에게 왜곡된 인상을 심어주는 데 일조했다. (Wikimedia Commons, Public Domain)

『목로주점(L'Assommoir)』으로 당대 문단을 대표하던 그는 사회에 대한 예리한 비판 정신으로 깊은 존경을 받던 터였다. 그런 거장이 프랑스 사회 전체의 분노와 혐오의 대상이 된 드레퓌스를 옹호하고 나선 것은 어느 모로 보나 충격적인 선택이었다. 설령 그의 주장이 옳다 하더라도 돌아올 이득이 거의 없다는 사실을 모두가 알고 있었기 때문이었다. 졸라 자신도 그 점을 잘 알고 있었다.

드레퓌스 사건의 진실을 문제 삼은 인물이 졸라만은 아니었다. 저널리스트이자 작가였던 베르나르 라자르(Bernard Lazare), 사회주의 정치가 장 조레스(Jean Jaurès) 등 몇몇 소장 지식인들이 이미 의혹을 제기한 바 있었다. 그러나 여론의 벽은 단단했고, 그들의 목소리는 널리 퍼지지 못했다. 이런 상황에서 졸라의 등장은 이들에게 천군만마와도 같았다. 1898년 1월 13일, 졸라는 급진적 자유주의 성향의 일간지 『로로르(L'Aurore)』에 「나는 고발한다!(J'Accuse…!)」라는 공개서한을 기고했다.• 짧지만 단호한 이 글은 드레퓌스 사건을 정면으로 끌어올린 결정적 전환점이 되었다.

> "대통령 각하, 이 진실을 저는 한 사람의 정직한 인간으로서 품은 분노의 모든 힘을 다해 각하께 외칠 것입니다. 각하의 명예를 위해 이 모든 일을 각하께서 아직 모르고 계시리라 믿고 싶습니다. 그리고 이 나라의 최고 사법관이신 각하 외에, 이 악의 무리를 누구에게 고발할 수 있겠습니까."

졸라의 글은 대통령에게 진실을 알고도 침묵하지 말 것을 요구하며, 명예로운 결단을 촉구했다. 그는 가장 잔혹한 방식으로 희생된 무고한 이의 유령이 밤마다 사회를 배회하고 있으며, 그 존재가 침묵하는 모두를 도덕적 공범으로 만든다고 경고했다. 대작가의 이 같은 거침없는 발언은 프랑스를 다시 뒤흔들었다.

당시 드레퓌스를 비난하는 진영에는 가톨릭교회, 군부, 보수 왕당파가 결집해 있었다. 이들은 막강한 영향력을 행사하며 사실상 무소불

• 원래는 '대통령에게 보내는 편지'라는 제목으로 기고했으나, 당시 『로로르』의 주요 필자였던 정치가 조르주 클레망소(Georges Clemenceau)의 제안으로 제목이 '나는 고발한다!'로 바뀌었다는 설이 있다.

에밀 졸라의 격문 「나는 고발한다!」가 실린 1898년 1월 13일자 일간지 『로로르(L'Aurore)』 1면. 거대한 활자체의 "J'accuse…!" 제목은 프랑스 사회에 던진 졸라의 도전을 상징적으로 보여준다. (Wikimedia Commons, Public Domain)

위의 권력을 누리고 있었다. 혁명 이후 한때 권력을 잃었던 이들이 왕정복고 이래 안보와 국익, 기밀을 내세우며 공권력을 휘둘러온 결과였다. 그들에게 중요한 것은 국가가 아니라 기득권이었고, 이해관계로 얽힌 카르텔이었다. 그러나 졸라에게 중요한 것은 권력이 아니라 국가였으며, 더 나아가 진실과 정의였다. 그는 자신의 글이 몰고 올 파장을 누구보다 잘 알고 있었다.• 그럼에도 그는 물러서지 않았다. 그렇게 졸라는 자신의 모든 것을 걸고 공개적으로 진실을 고발한 것이다.

• 졸라는 드레퓌스 사건에 관한 글을 계속 발표했으며, 당대 대표적 신문인 『르 피가로』에도 실렸다. 그러나 보수 성향의 독자들이 구독 중단을 경고하자, 신문사는 압력에 못 이겨 그의 글 게재를 중단했다.

졸라의 이 격문이 실린 『로로르』는 하루 만에 30만 부가 팔려나갈 만큼 엄청난 반향을 불러일으켰다. 이를 계기로 아나톨 프랑스(Anatole France), 마르셀 프루스트(Marcel Proust), 에밀 뒤르켐(Émile Durkheim), 클로드 모네(Claude Monet) 등 당대의 지식인과 예술가들이 잇따라 재심 청원 운동에 동참했고, 수많은 시민들도 서명에 나섰다. 사회 전반에서 재심을 요구하는 목소리가 확산되자, 당국도 더는 사건을 덮어두기 어려운 상황으로 전개되었다.

드레퓌스를 둘러싼
프랑스의 분열

프랑스는 드레퓌스의 유죄를 고수하는 진영과 무죄를 믿으며 재심을 요구하는 진영으로 정확히 갈라졌다. 사적인 만찬 자리에서조차 이 사건이 언급되면 말다툼과 폭언이 오갔고, 때로는 물리적 충돌까지 벌어져 전쟁터를 방불케 했다. 이 대립은 1894년부터 1906년까지 12년에 걸쳐 이어졌다. 겉으로는 공화주의자와 왕당 보수파의 대립처럼 보였으나, 그 본질은 자유·평등·박애라는 혁명 정신에 대한 근본적 성찰을 요구하는 것이었다. 프랑스 사회는 그 과정에서 심각한 내분을 겪었고, 각 진영은 자기 확신에 갇혔으며, 언론은 이를 부추기며 편향된 정보와 날조된 사실을 쏟아냈다. 양측은 좀처럼 화해의 여지를 찾지 못했다.

그러던 1896년, 드레퓌스가 유배를 떠난 지 1년 반쯤 지난 시점이었다. 군 내부의 내사 과정에서 사건의 진실을 뒤흔드는 단서가 드러났다. 당시 참모본부 정보국장이었던 마리 조르주 피카르(Marie-Georges Picquart)* 중령이 내사를 통해 드레퓌스의 유죄를 입증할 만한 증거가 전혀 없다는 사실을 발견했다. 더 나아가 문제의 문서에 나타난 필적이 드레퓌스가 아니라 보병 대대장 페르디낭 발생 에스테라지(Ferdinand Walsin Esterhazy) 소령의 것과 일치한다는 사실도 밝혀냈다. 그것이 사실이라면, 처음부터 드레퓌스는 무죄였으며 타인의 범죄를 뒤집어쓴 채 처벌을 받은 것이었다. 이를 보고한 피카르는 상부에 잘못된 판결을 바로잡아야 한다고 강력히 요청했다. 만약 그 시점에서라도 군이 그의 보고를 받아들여 반역자 에스테라지를 처벌했다면, 그것은 치욕이 아니라 정의를 회복하려는 용기로 남았을 것이다. 하지만 이러한 내부 보고는 곧 프랑스 육군이 중대한 오판을 저질렀음을 스스로 인정하는 일이었다. 그런 탓에 더 잘못된 길로 들어섰다. 전쟁부 장관 장 바티스트 비요(Jean-Baptiste Billot)는 피카르를 동부전선으로 전출시킨 뒤, 다시 튀니지로 전보 조치했다. 피카르를 먼 곳으로 보내 아예 사건에서 격리하고자 했다.

피카르는 보수적인 가톨릭 신자였지만, 불의를 외면하는 인물은 아니었다. 그는 이듬해 휴가를 내어 잠시 파리로 돌아와 오랜 친구였던 루이 르블르와(Louis Leblois)에게 사건의 전말을 털어놓았다. 르블르와는 파리에서 활동하던 변호사로, 이 내용을 알자스 출신 상원의원 오귀스트 케스트네르(Auguste Scheurer-Kestner)에게 전달했다. 케스트네르

---

* 피카르가 고등군사학교 교수로 재직할 때 드레퓌스는 그의 제자였다.

또한 드레퓌스의 무죄를 확신하며 재심 운동에 나섰다. 결국 이들의 지속적인 노력 끝에 에스테라지 소령은 공식적으로 기소되기에 이르렀다.

사실 독일 대사관은 문제의 문서가 에스테라지 소령의 것임을 이미 알고 있었다. 프랑스 정보국이 그 문서를 불법 입수한 뒤, 필체가 드레퓌스와 유사하다는 이유만으로 무리하게 기소했다는 사실 역시 처음부터 파악하고 있었다. 그러나 독일 측 무관 막시밀리안 폰 슈바르츠코펜(Maximilian von Schwartzkoppen) 대령은 자국 간첩의 존재를 인정하게 되는 위험 때문에 침묵을 택했다.• 독일의 입장에서 보면 스파이는 보호되고 프랑스는 내부 갈등에 빠져 있었으니 결과적으로 이중의 이익을 얻은 셈이었다.

이후에도 군부에 비교적 우호적이던 신문 『르 마탱(Le Matin)』이 서류 사본을 입수해 보도하는 등 사건을 둘러싼 진실은 점차 수면 위로 드러나기 시작했다. 그러나 사건의 전모를 밝히는 일은 여전히 쉽지 않았다. 변호사나 정치인조차 '유대인과 결탁했다'는 비방에 휘말릴 위험이 있었고, 정의를 말하는 행위 자체가 부담스러운 분위기였다. 『르 마탱』의 특종에도 불구하고 대부분의 언론은 참모본부를 옹호하거나 침묵을 지켰다. 다만 『르 피가로』 같은 주류 언론 일부가 드레퓌스의 결백과 에스테라지의 범행 가능성을 보도하며 진실에 다가섰다. 그러나 반드레퓌스 진영은 재심 요구 자체를 군에 대한 모욕으로 규정했다. 나아가 이를 "프랑스를 무너뜨리려는 유대인들의 국제적 음모"라고 몰아붙이며, 급

• 슈바르츠코펜은 1917년 사망 직전 "드레퓌스는 죄가 없다"는 말을 남겼고, 자신의 회고록에서도 드레퓌스를 알지 못했다고 기록했다.

기야 모든 유대인을 군과 공직에서 배제해야 한다는 주장까지 서슴지
않았다.

그 와중에 에스트라지는 언론사에 드나들며 허위 정보를 흘려 여
론을 교란하는 데 여념이 없었다. 간첩으로 활동하는 한편, 부유한 과
부를 속여 금전을 빼앗아 사치를 일삼기도 했다. 군부는 그의 행적을
알고도 그를 비호하면 자신들의 과오를 가릴 수 있다고 여겼다. 체포는
커녕 참모본부는 오히려 그와 손잡는 편이 유리하다고 판단했다. 말하
자면 들러리를 자처한 셈이었다. 에스테라지는 그 점을 정확히 알고 있
었다. 진실이 드러나더라도 자신은 개인적 처벌에 그치겠지만, 참모본
부는 그 권위까지 치명적인 타격을 입게 되리라는 점을 간파하고 군부
를 협박했다. 필적 감정인들에게 압력을 가해 허위 감정을 끌어낸 것도
결국 그러한 공갈에서 비롯된 일이었다.

여기에 하원은 군에 대한 국민의 신뢰를 흔드는 선동 행위를 근절
해야 한다는 결의안까지 채택했다. 에스테라지는 재판에 회부되었지만
간첩 혐의에 대해 만장일치로 무죄를 선고받았다. 사실상 사전에 짜인
각본에 따른 재판이었다. 더 충격적인 것은 재판부가 오히려 피카르 중
령을 '군사기밀 누설' 혐의로 체포했다는 사실이다. 정의는 철저히 외
면당했고, 권력은 그 무엇에도 개의치 않는 듯했다. 무죄 판결 직후, 에
스테라지 소령은 정부(情婦)와 팔짱을 낀 채 법정을 빠져나갔고 일부 군
중은 그에게 환호했다. 이에 에밀 졸라는 분노를 감추지 않았다. 특히
피카르 중령의 투옥은 그에게 다시 펜을 들게 한 결정적 계기였다. 그
의 글은 곧 외신에 인용되어 유럽 전역으로 확산되었고, 주요 매체들이
프랑스를 강하게 비판했다. 『로로르』 지면에 그의 글을 실을 수 있도록

도왔던 클레망소는 그런 보도를 접하며 깊은 좌절을 느꼈다. 혁명과 인권선언의 전통을 자랑해온 나라의 시민으로서 깊은 수치심을 느꼈다.

군부와 왕당파를 비롯한 반공화주의 세력은 에스테라지의 무죄 선고에 고무되어 드레퓌스 재심 청원을 격렬히 반대했다. 그 배후에는 반유대주의 성향의 가톨릭 교단, 보수 정치인, 그리고 자본가 세력이 있었다. '국가의 안정'을 절대 명제로 내세운 이들은 개인의 자유와 권리가 그 앞에서 희생될 수 있다고 믿었다. 특히 대자본가와 대농장 소유자들은 사회적 갈등의 격화가 곧 자신들의 이익을 위협할 것이라 판단해 군부를 적극적으로 지원했다. 그들은 언론을 움직였고, 자본의 후원 없이 생존할 수 없던 언론은 이에 순순히 호응했다. 자유로운 개인이나 사회적 정의 같은 고결한 가치는 이들에게 더는 고려할 만한 대상이 아니었다.

그러나 수적으로 여전히 열세였지만, 왕정복고에 반대하는 공화주의자들, 양심적 지식인들, 인권과 정의를 지켜야 한다고 믿은 법률가들이 드레퓌스의 재심을 집요하게 요구했다. 국외 언론 역시 사건을 본격적으로 보도하기 시작했다. 졸라에게는 전 세계에서 3만 통이 넘는 편지와 전보가 쇄도했다. 미국의 작가 마크 트웨인(Mark Twain)도 『뉴욕 헤럴드(New York Herald)』에 기고한 글에서 이렇게 밝혔다. "나는 졸라를 향한 존경과 무한한 찬사에 사무쳐 있다. 군인이나 성직자 같은 겁쟁이, 위선자, 아첨꾼은 한 해에도 백만 명씩 태어나지만, 잔 다르크나 졸라 같은 인물이 나오려면 오백 년이 걸린다." 졸라를 향한 이러한 국제적 지지는 점차 프랑스 사회 내부의 인식에도 변화를 일으키기 시작했다.

졸라의 죽음,
그리고 진실을 향한 전진

반드레퓌스 진영은 졸라가 이 사건을 외국에까지 퍼뜨려 프랑스의 명예를 실추시켰다며 비난했다. 이들 중 격분한 일부 군중은 그의 집 앞에 몰려들어 "졸라를 죽여라!"고 외쳤다. 졸라는 법정에 서게 되었지만, 그조차 감수하겠다고 밝혔다. 더 나아가 그는 모든 심문을 국민 모두에게 공개하라고 요구했다. 결국 에밀 졸라는 군법회의를 중상했다는 혐의로 기소되었다. 베르사유 중죄재판소는 기다렸다는 듯이 징역 1년과 벌금 3,000프랑을 선고했다. 며칠 뒤 정부는 그에게 수여되었던 레지옹 도뇌르 훈장마저 박탈했다. 광기가 더욱 거세지자, 신변의 위협을 느낀 졸라는 형이 확정되기 전 영국으로 망명길에 올랐다. 그는 프랑스를 떠나면서도 진실이 반드시 밝혀질 것이라 단언했다. 그리고 법정에서 이렇게 최후 진술했다.

"상원과 하원, 문민 권력, 군부 권력, 거대 신문이 중독시킨 여론 등 모든 것이 저에게 적대적입니다. 제 편으로는 오직 하나의 관념, 즉 진실과 정의만이 있을 뿐입니다. 그렇지만 제 마음은 너무나 평온합니다. 저는 승리할 것입니다. 저는 정녕 우리나라가 거짓과 불의 속에 머무르기를 원치 않습니다. 오늘 여기서 저는 유죄 선고를 받을지도 모르겠습니다. 하지만 언젠가 프랑스가 자신의 명예를 구해준 데 대해 제게 감사할 날이 반드시 올 것입니다."

졸라뿐 아니라 드레퓌스의 재심을 요구했던 교수들도 대학에서 쫓겨났고, 이에 동조한 정치인들 또한 선거에서 낙선의 쓴맛을 봐야 했다. 정의의 편에 섰던 이들은 하나둘씩 사라졌고, 진실은 더욱 멀게만 보였다. 그러나 1898년 8월 30일 뜻밖의 사건이 일어났다. 참모본부의 앙리(Hubert-Joseph Henry) 중령이 자살한 것이다. 그는 일찍이 피카르 중령을 모함하고 에스테라지와 결탁해 문서를 날조했던 인물이었다. 내부 조사를 통해 피카르 중령을 모함하기 위해 조작한 문건이 증거로 드러나자, 면도날로 목을 그어 생을 마감했던 것이다.

이 일은 진실을 밝히려 했던 이들에게 결정적인 전환점이 되었다. 군부가 그간 내세워온 논리 기반이 허위였음을 드러낸 결정적 증거였기 때문이다. 여론 역시 빠르게 재심 쪽으로 기울기 시작했다. 분위기를 눈치챈 에스테라지는 재빨리 영국으로 도주했다.* 법원도 더 이상 재심 요구를 거부할 명분을 찾기 어려웠다. 1899년 6월 3일 고등법원은 1894년의 재판에 대해 무효를 선언하고 재심을 명령했다. '군사기밀누설죄'로 억울하게 투옥되어 있던 피카르 중령도 이때 석방되었다.

진실이 밝혀졌으니 정의가 회복되었을까. 유감스럽게 그렇지 않았다. 광기가 가라앉기는커녕 오히려 더욱 격렬해졌다. 백색 테러가 잇따랐고 군부는 반성 대신 왜곡과 거짓을 퍼뜨리는 데 몰두했다. 에스테라지가 자신의 죄를 자백했음에도 법원은 '정상참작'을 이유로 겨우 금고 10년형을 선고했다. 일부 대중은 진실이 드러났다는 사실에 안도했지만, 졸라는 고등법원의 판결에 다시 분노했다. 그는 "이것이 정상참작

---

* 그는 뻔뻔하게도 자신은 이중첩자이며 상부의 명령으로 독일대사관 무관에게 접근했다고 주장하는 책을 내고 돈까지 벌었다. 파렴치의 극치였다.

이란 말인가. 이것은 피고에 대한 참작이 아니라 심판관들 자신에 대한 참작이다. 그들은 자신들을 위해 정상참작을 한 것이다. 이 결정은 규율과 양심 사이에서 타협했음을 스스로 고백한 것에 불과하다”라고 일갈했다. 세계 언론 역시 일제히 프랑스 당국을 비판했다. “범죄자는 드레퓌스가 아니라 프랑스다”라는 사설이 실렸고, 재심에서도 10년형 유죄 판결이 내려지자 그 부당함을 지적하는 목소리가 이어졌다.

　프랑스 정부는 이 정도 선에서 사건을 빠르고 조용히 마무리하고 싶어 했다. 이듬해 파리에서 세계박람회가 예정되어 있었던 탓에 그 바람은 더욱 컸다. 그러나 유럽 각국의 시민들이 프랑스 대사관 앞에서 항의 시위를 벌였고, 일부 국가는 박람회 불참을 선언했다. 결국 궁지에 몰린 프랑스 정부는 결단을 내렸다. 1899년 9월 19일, 대통령 에밀 루베(Émile Loubet)가 드레퓌스를 특별사면한 것이다. 그러나 이는 꼼수에 가까웠다. 사면은 어디까지나 유죄를 전제로 한 조치였으므로 드레퓌스에 대한 판결은 그대로 유지되었다. 다수는 더 이상의 논쟁 없이 사건이 종결되기를 바랐지만, 에밀 졸라의 생각은 달랐다. 망명지 영국에서 돌아온 그는 의회가 사면법을 통과시키자 ‘공화국 대통령 에밀 루베 씨에게 보내는 편지’를 통해 역사의 정의에 앞서 당면한 현실의 정의부터 구현하라고 촉구했다. 드레퓌스의 무죄를 공식적으로 선언하는 것만이 최소한의 정의라는 믿음이었다. 그러나 1902년 9월 30일 ‘위대한 양심’이라 불리던 졸라가 돌연 가스 중독 사고로 세상을 떠나면서 이 일은 다시 유야무야되는 듯했다.

　사고의 원인은 끝내 명확히 밝혀지지 않았지만, 반드레퓌스주의자들이 고의로 굴뚝을 막아 졸라를 해쳤다는 의혹이 제기되기도 했다. 졸라의 장례식에는 수만 명의 군중들이 몰렸다. 특히 광부 대표단이 세 시간 넘게 졸라의 무덤 앞을 돌면서 이 위대한 리얼리스트에게 경의를 표하면서 "제르미날!"을 연호했다.● 그의 장례식 조사는 드레퓌스 사건 당시 졸라와 입장을 같이했던 아나톨 프랑스가 맡았다. 그는 조사에서 이렇게 말했다.

> "그를 부러워합시다. 그는 어리석음과 무지, 증오가 끝없이 쌓인 거대한 더미 위에 모든 시선이 향하는 높다란 영광의 탑을 세워 올렸습니다. 그를 부러워합시다. 방대한 작품과 너그러운 실천을 통해 그는 조국과 세상을 명예롭게 했습니다. 그를 부러워합시다. 그의 운명과 그의 용기는 그를 가장 위대한 인물들 가운데 하나로 만들었습니다. 그는 인간적 양심의 위대한 한 순간이었습니다."

마침내 1906년 7월 12일, 프랑스 최고재판소가 드레퓌스에게 무죄를 선고하면서 사건은 종결되었다. 에밀 졸라가 세상을 떠난 지 4년 뒤였다. 1899년에 석방된 피카르 역시 재심을 통해 복권되었고, 군에 복귀한 뒤 대령을 건너뛰고 곧바로 준장으로 승진했다. 이어 조르주 클레망소 내각에 입각해 전쟁부 장관을 맡았다. 사건의 전모가 드러나자 군부가 그토록 감추려 했던 '중대한 기밀문서'란 처음부터 존재하지 않

● 『제르미날』로 탄광 노동자의 현실을 사실적으로 묘사한 졸라는 노동자들의 깊은 공감을 얻었고, 광부 연합은 그를 자신들의 대변자로 기억했다.

앞음이 밝혀졌다. 남은 것은 날조된 증거와 조작된 문서뿐이었다. 드레퓌스는 군에 복직했고, 1908년에는 에밀 졸라의 유해가 프랑스의 위대한 인물들이 잠든 파리 팡테옹으로 이장되었다. 진실과 정의가 마침내 승리한 순간이었다.

드레퓌스 사건은 그 자체로 상처투성이였으나 이후 프랑스를 근본적으로 변화시켰다. 시민들은 군부와 군국주의자들이 자신의 이익을 지키기 위해 국가의 안보와 정의를 훼손했다는 사실을 꿰뚫어 보게 되었고, 그들을 굴복시킴으로써 정치에서 민간이 군을 통제하는 공화주의적 전통을 확립했다. "행동하지 않는 지성은 참다운 지성이 아니다." 졸라의 이 선언은 프랑스가 인권과 정의의 정신을 다시 세우는 데 중요한 이정표가 되었다.

에밀 졸라는 자신의 명예와 이익, 어쩌면 목숨마저 위협받는 상황에서도 생면부지였던 드레퓌스의 사건에 분노했고, 진실을 밝히고 정의를 세우기 위해 모든 것을 걸고 싸웠다. 그는 드레퓌스가 사면령을 받아들인 데에는 다소 실망했지만, 그가 겪었을 고통을 충분히 이해했고 원망하지 않았다. 오히려 그는 드레퓌스의 아내에게 "이제 부인께서는 무고한 사람, 순교자를 되돌려 받으셨습니다"라고 위로하며, 마침내 재회한 가족을 향한 축하의 인사를 잊지 않았다. 그러나 그는 거기서 멈추지 않았다. 졸라는 1899년 9월 22일 『로로르』에 실린 「알프레드 드레퓌스 부인에게 보내는 편지」에서 이렇게 밝혔다. "그러나 부인, 우리들은 싸움을 계속할 것입니다. 내일도 어제처럼 가혹하게 정의를 위해 싸울 것입니다. 무고한 이를 복권시켜야 합니다. 그를 복권시키기 위해서라기보다, 불의의 과잉으로 인해 틀림없이 죽어 갈 프랑스를 복권시키기 위해서입니다."

　당시 프랑스 정부와 군부, 그리고 국민들이 드레퓌스 사건이라는 허술한 사기극에 빠져든 데에는 '강한 프랑스'에 대한 집착과 비이성적 위기의식이 자리하고 있었다. 영원한 라이벌 영국에 산업화에서 뒤처지고 있었고, 식민지 쟁탈전에 늦게 뛰어든 프랑스는 근본적인 불안에 시달리고 있었다. 여기에 얕잡아 보던 독일과의 전쟁(프랑스-프로이센 전쟁)에서 패배가 더해지면서 절망과 수치심, 복수심이 사회 전반을 뒤덮었다. 전쟁의 패배와 제국주의 경쟁 속에서 프랑스 국민은 국가안보와 국익을 지킬 최후의 버팀목으로 군부를 바라보게 된 것이다. 더구나 19세기 말의 경제공황은 이러한 불안을 더욱 자극했고, 배타적 민족주의의 불길에 기름을 부었다. 가톨릭교회 역시 공화정 체제에 대한 불신과 적의를 공공연히 드러내고 있었다. 프랑스 대혁명 시절 혹독한 탄압을 겪었던 교회는 공화주의자들의 반교회 정책을 신교도와 유대인의 음모로 규정하며 왕당파와 결탁했고, 자연스럽게 반유대주의 세력과 손을 잡게 되었다.

　언제나 그렇듯이 악은 사회가 위기에 처했을 때 가장 집요하게 고개를 든다. 그리고 그 악이 극에 달했을 때, 사회가 끝내 양심과 정의의 가치를 외면하지 않는다면 그것은 반드시 무너질 수밖에 없다. 그 과정에서 고통과 희생이 피할 수 없을지라도 말이다. 드레퓌스 사건은 바로 그 사실을 다시금 우리에게 상기시켜준다. 에밀 졸라가 던진 질문은 오늘의 대한민국에서도 여전히 유효하다. 정의를 향한 싸움은 과거의 한 사건이 아니라 지금도 진행 중인 현실이기 때문이다.

불온해진 진실,
조작하는 권력과 침묵하는 언론

2022년 2월 22일, 한 정치인이 대장동 개발 사업 논란과 관련하여 알선수재, 뇌물수수, 정치자금법 위반으로 구속 기소되었다. 이른바 '대장동 50억 클럽'의 멤버로 지칭된 인물이었다. 그의 아들이 퇴직하면서 무려 50억 원을 퇴직금으로 받은 것이 드러나며 국민적 공분을 일으켰다. 주인공은 국민의힘 소속 의원 곽상도였다.* 그런데 그는 이 사건과 별개로 오래전부터 악명 높은 인물이었다. 1991년 5월, 이른바 '강기훈 유서대필 조작 사건'**과 무관치 않은 전력 때문이다.

1991년 4월 26일, 명지대학교 학생 강경대 군이 무술 유단자로 구성된 이른바 '백골단'에게 쇠파이프로 구타당해 숨지는 사건이 발생했다. 쓰러져 있던 그를 동료 학생이 발견해 신촌 세브란스병원으로 옮겼으나 한 시간 만에 숨을 거두었다. 강경대 군의 사망에 분노한 학생과 시민들은 노태우 정권을 '살인정권'이라 규탄하며 거리로 쏟아져 나왔다. 위기감을 느낀 대통령 노태우는 사건 발생 이튿날 내무부장관 안응모를 경질하고 이상연***을 후임으로 임명했으나 사태가 쉽게 수습되지 않았다. 분노는 확산했고, 민주주의 회복을 요구하며 노동자와 학

• 2023년 곽상도 전 의원이 뇌물 혐의에 대해 1심에서 무죄를 선고받자 검찰은 범죄수익은닉 규제법 위반 혐의로 추가 기소했다. 그러나 서울중앙지법 형사23부는 곽 전 의원에 대해 공소기각을, 아들에 대해서는 무죄를 선고했다. 시민들은 6년 차 대리에게 지급된 퇴직금 50억 원의 대가성을 인정하지 않은 이 판결에 분노했다.

•• 재심을 통한 대법원 무죄 판결 이전까지는 '강기훈 유서대필 사건'으로 불렸다. 그러나 최종 무죄가 나온 시점부터는 '강기훈 유서대필 조작 사건'으로 부르게 되었다. '작명권'을 누가 쥐느냐가 얼마나 중요한 것인지 보여주는 하나의 사례다.

생, 재야인사 등 13명이 잇따라 분신하는 비극이 이어졌다. 그리고 5월 8일 전민련 사회부장이던 김기설이 서강대학교 본관에서 분신 뒤 투신했다. 검찰은 자칫 사태가 통제 불능으로 빠질 수 있다는 판단 아래 사건의 방향을 무리하게 틀었다. 김기설이 반정부 여론을 확산시키기 위해 분신을 계획했으며, 이를 미리 알았던 전민련 동료 강기훈이 유서를 대신 작성해 자살을 방조했다는 수사 결과를 발표한 것이다.

당시 검찰총장은 정구영이었다. 그는 서울지검장 시절 박종철 고문치사 사건의 축소와 은폐를 시도해, 이미 오명의 상징이 된 인물이었다. 그런 그의 지휘 아래 검찰은 김기설 사건을 공안정국으로 몰아갔고, 언론도 이를 앞다투어 대서특필했다. 김기설이 왜 죽음을 택했는지, 유서에 어떤 내용이 담겨 있었는지는 뒷전이었다. 강기훈이 타인의 유서를 써주었다는 검찰의 주장은 상식적으로 납득하기 어려웠으나 여론은 이미 검찰과 공안 당국이 의도한 방향으로 움직였다. 정부와 검찰은 이른바 '민주 세력을 자처하는 이들'이 타인의 생명까지 도구로 삼아 목적을 이루려 했다는 식으로 몰아세웠다. 아무리 민주화가 중요하다 해도 남의 죽음을 이용하는 행위라면 누구도 동의하거나 지지할 수 없다는 논리였다. 그러나 정작 왜곡과 조작이 어떻게 이루어졌는지 묻는 언론은 거의 없었다. 프랑스의 드레퓌스 사건 당시 다수 언론이 보여준 태도처럼, 한국 언론 역시 검찰 발표를 받아쓰는 데 그쳤다. 이 충격적인 사건은 민주화 세력에 대한 시민들의 신뢰를 무너뜨렸다. 동

●●● 학군단 출신 예비역 대령으로 하나회 소속은 아니었으나, 10·26 사건과 12·12 군사반란 당시 국군보안사령부 감찰실장, 보안사 사령관 특별보좌관 등을 지냈으며, 내무부장관 임명 이듬해 안기부장으로 자리를 옮겼다.

시에 사건은 오직 권력의 입을 통해서만 전해졌다.

우리에게는 에밀 졸라가 없었다. 대신 『조선일보』(1991년 5월 5일)에 「죽음의 굿판을 당장 걷어치워라」는 글을 기고한 김지하가 있었을 뿐이다. 그는 이 글에서 "살 길을 찾으면서 죽음을 부추기는 이른바 진보적 지식인들"을 겨냥하며, 이들이 선비인지 악당인지 묻고는 죽음을 선동하는 '악령'이라 단정했다. 김지하가 누구였던가. 1970년 『사상계』에 풍자시 「오적」을 발표해 군부 정권의 분노를 샀고, 고문과 구속, 잡지 강제 폐간으로 이어진 그 시절 민주화의 상징이었다. 이후 50대에 접어들며 그는 '생명'과 '밥', '율여(律呂)' 같은 화두에 천착하며 자살이라는 행위에 본능적인 거부감을 지닌 듯하다. 그러나 강기훈 사건에 감춰진 권력의 조작과 왜곡, 공안 통치의 민낯에는 전혀 관심이 없었다. 오히려 정부에 저항하던 종교인들까지 자살을 부추긴다며 싸잡아 비난했을 뿐 아니라, 결과적으로 사건의 본질을 흐리는 데 역할을 했다. 그의 글에는 사실을 직시하려는 진지한 성찰도 충분한 판단의 근거도 없었다. 만약 그가 강기훈의 유서대필이 조작이라는 점을 직시해 고발했다면, 그는 한국의 에밀 졸라가 될 수 있었을지 모른다. 그러나 그는 정반대의 선택을 했다.

여기에 호응하듯 당시 서강대학교 총장이자 예수회 신부였던 박홍도 발언 수위를 높였다. 그는 "죽음의 블랙리스트가 있다. 구체적으로는 모르겠지만, 우리 사회에는 죽음을 선동하고 이용하려는 반생명적 세력, 어둠의 세력이 존재한다"고 주장했다. 기자회견 자리에서 성경 위에 손을 얹고 맹세하듯 말했으니, 그 장면은 쉽게 신뢰를 얻기에 충분했다. 그러나 박홍 역시 아무런 증거를 제시하지 못했다는 점에서 김지하와 다르지 않았다.[*] 그의 발언은 양심의 호소라기보다 사제로서 무책임하고 경솔한 행동이었다. 보수언론은 이를 기다렸다는 듯이 대서특필했고, 김기설의 유서는 강기훈의 필체로 쓰였다는 보도를 쏟아냈다. 민주화 세력이 사악한 집단임을 알리는 것이 언론의 사명이라도 되는 듯했다.

'유서 대필 사건'이라는 희대의 사건은 당시 코너에 몰렸던 노태우 정권에게는 생명의 동아줄이었다. 김지하와 박홍의 발언이 잇달아 파장을 일으키자, 정부와 검찰은 분신자살 사건에 조직적 배후가 있다는 의혹을 공식화했다. 정권은 이를 본격적인 수사 명분으로 삼았다. 불리하던 정국은 단숨에 반전되었고, 눈엣가시 같던 민주화 진영은 한걸음 물러설 수밖에 없었다. 이 사건을 계기로 정권은 민주화 세력을 부도덕한 집단으로 낙인찍었다. 향후 전개될 비판과 저항을 무시하거나 억압할 수 있는 정치적 명분을 쥐게 되었다. 명백한 적반하장이자 파렴치한 정치 공작이었다.[**]

검찰은 곧바로 강기훈을 자살방조 혐의 피의자로 특정하고, 압수수색 영장을 발부받아 필적을 확보하며 수사에 착수했다. 이례적으로 국립과학수사연구소를 직접 찾아가 필적 감정과 관련한 자료를 설명했고,

---

[*] 박홍은 1994년 7월 김일성 사망 이후에도 "주사파 뒤에는 사노맹이 있고, 사노맹 뒤에는 사로청, 사로청 뒤에는 김정일이 있다"는 발언으로 또다시 공안 정국 조성에 앞장섰다. 근거 없는 주장으로 '마녀사냥을 부추긴다'는 비판을 자초한 것이다.

[**] 1991년 6월 3일 저녁, 문교부장관직에서 물러난 직후 국무총리 서리로 임명된 정원식은 마지막 강의를 위해 한국외국어대학교를 찾았다가 학생들에게 멱살을 잡히고, 계란과 밀가루 세례를 받는 봉변을 당했다. 이 사건은 '제자'에게 폭행당하는 국무총리라는 충격적 장면으로 언론을 통해 전 세계에 알려졌고, 운동권의 도덕성에 치명타를 입히는 계기가 되었다. 정부는 이를 여론 반전을 위한 결정적 전환점으로 활용했다.

심지어 국과수 직원이 "어떤 방향의 감정을 원하느냐"고 전화로 묻기까지 했다는 증언도 나왔다. 결국 강기훈은 구속되었다. 이에 맞서 전민련은 김기설의 수첩을 대책회의 자료함에서 발견해 공개·제출했다. 숭의여전의 한 학생은 김기설이 직접 쓴 자필 메모를 내놓으며 유서의 필적이 김기설의 것과 같고 강기훈의 필체와는 다르다고 주장했다.

그에 앞서 6월 7일, 강기훈은 결백을 호소하는 편지를 명동성당의 김수환 추기경에게 보냈다. 12일 천주교 서울대교구 정의평화위원회는 그에게 자진 출두를 권고했고, 김 추기경은 "경찰은 명동성당에 들어와서는 안 된다"는 입장을 분명히 했다. 같은 날 한국기독교교회협의회 인권위원회는 강기훈의 무죄를 뒷받침하는 1차 조사 결과를 발표했다. 결국 6월 24일 강기훈은 "피고인이 아니라 검찰의 부도덕함과 타락을 증언하는 증인으로 법정에 서겠다"며 자진 출두했고, 7월 12일 정식으로 기소되었다. 이 사건을 담당한 검사 강신욱은 수사 공로를 인정받아 형사1부장으로 승진했다.[•]

검찰의 사냥은 강기훈 한 사람으로 끝나지 않았다. 그의 결백을 주장한 서준식 전민련 인권위원장을 집시법 위반 혐의로 구속했고, 유서 대필 사건 관련 참고인 14명에게도 수배령을 내렸다. 같은 시기 검찰은 업무일지를 세 사람이 나눠 쓴 것을 빌미로 임무영 전민련 사회부장을 또 다른 대필 혐의자로 지목해 연행했다. 그러나 혐의가 성립되지 않자 엉뚱하게 집시법 위반 혐의를 씌워 구속했다. 검찰 수사는 말 그대로 '마음먹은 대로, 닥치는 대로'였다.

• 강신욱은 이후 2000년부터 2007년까지 대법관을 지냈다.

7월 14일 '강기훈 후원회'가 결성되었고, 변호인단의 보석 신청은 기각되었다. 검찰은 국가보안법 위반 혐의까지 추가하며 공세를 이어 갔다. 7월 28일 제1차 공판에서 변호인단은 형사소송법의 기본 원칙이 무시되었다고 주장했고, 강기훈은 자신이 정치적 희생양이라고 맞섰다. 이후 공판은 필적 감정을 둘러싼 공방으로 이어졌다. 국립과학수사연구소 김형영 실장이 증인으로 나섰고, 11월에는 일본 감정인 오니시 요시오(大西芳雄, 당시 73세)가 유서의 필체가 강기훈과 다르다고 증언했다. 그러나 검찰은 '한글도 모르는 외국인'의 감정 신빙성을 문제 삼으며 강기훈에게 징역 7년과 자격정지 3년을 구형했다. 결국 1심 재판부는 징역 3년과 자격정지 1년 6개월을 선고했다.

그러나 이후 검찰의 신뢰가 무너지는 결정적 사건이 터졌다. 1992년 2월 9일, 항소심을 앞두고 MBC 뉴스가 김형영 국립과학수사연구소 문서분석실장의 뇌물수수 및 허위 감정 의혹을 폭로한 것이다. 이에 김형영 측은 MBC 사장과 보도국장, 기자 등을 명예훼손 혐의로 고소했지만, 정작 김형영 본인이 검찰에 구속되었다. 국과수 감정의 신뢰성에 근본적인 의문이 제기된 셈이었다. 그럼에도 검찰은 "허위 감정은 없었다"며 기존 입장을 고수하며 납득하기 어려운 기소를 밀어붙였다.

비슷한 시기 서울형사지방법원은 다른 사건에서 국과수 감정을 배척하며 신뢰성에 의문을 제기했다. 이로써 강기훈 사건에도 영향을 줄 수 있을 것이라는 기대가 커졌다. 이에 고무된 재야단체와 종교계, 각계 인사들은 무죄 석방 운동에 나섰고, 명동성당 앞 집회와 '400인 선언'까지 이어졌다. 그러나 항소심 재판부는 4월 20일 검찰의 요구를 받아들여 1심과 동일한 형을 선고했다.

강기훈은 판결에 불복해 상고했으나, 대법원은 징역 3년과 자격정지 1년 6개월의 원심을 확정했다. 진실을 외치는 목소리는 소수에 불과했고, 그마저도 언로가 차단된 채 고립되었다. 조작과 왜곡 여부도 관심으로부터 멀어졌다. 항소심의 유죄 판결이 확정되면서 대중들도 굳이 진실을 따져 묻지 않았다. 이렇게 이 사건은 운동권 전체에 깊은 상처를 남겼다. 국민적 신뢰가 무너진 운동권은 시민들의 지지를 잃으며 위상이 추락했다. 강기훈의 삶 역시 돌이킬 수 없이 무너졌다. 더욱이 그는 간암 진단을 받고 오랜 세월 병마와 싸워야 했다.

이 사건이 다시 조명되기 시작한 것은 김대중 정부가 들어선 이후 2000년대부터였다. 2002년 MBC 교양 프로그램 《이제는 말할 수 있다》는 〈91년 5월, 죽음의 배후〉(4월 28일 방송) 편에서 그간 침묵을 지켜 온 김기설의 부친이 문제의 유서가 아들의 자필이 맞다는 증언을 보도했다. 방송은 또한 한국, 일본, 미국의 민간 필적 감정인들에게 의뢰해 유서의 필체가 김기설의 것이라는 감정을 받았다고 밝혔다. 진실은 결코 사라지지 않는다는 사실이 입증되기 시작한 순간이었다. 그러다 마침내 2004년 대통령 소속 의문사진상규명위원회가 이 사건을 공식 조사 대상으로 선정했고, 이듬해인 2005년 '강기훈 유서대필 조작 사건 진상규명위원회'가 결성되며 진상 규명을 촉구하는 운동이 본격적으로 전개되었다.

2007년 진실·화해를 위한 과거사정리위원회는 이 사건을 다시 조사하며 국과수에 필적 재감정을 의뢰했다. 다섯 명의 감정인 모두 "필체가 다르다"는 결론을 내리면서 1991년의 국과수 판정은 뒤집혔다. 사건 당시 감정인이었던 김형영은 위원회에 출석해 "감정인에 따라 판단이 달라질 수 있다"며 사실상 자신의 오류를 인정했다. 위원회는 무죄를 다툴 충분한 근거가 있다고 결론 내렸고, 서울고법 형사10부는 재심 청구를 받아들였다. 검찰은 즉각 항고했지만 2012년 대법원이 재심 개시를 확정했다. 그리고 마침내 2015년 5월 14일 대법원이 무죄 판결을 내림으로써 24년 만에 강기훈의 혐의는 벗겨졌다.

정의 없는 권력,
기억 없는 공화국

유서대필 조작 사건이 벌어지던 시기, 강경대 군 사망을 규탄하고 노태우 정권의 퇴진을 요구하는 시위가 전국적으로 확산되고 있었다. 광주에서는 전남대생 박승희 양이 5·18 광장에서 분신해 숨졌고, 서울에서는 성균관대생 김귀정 양이 경찰의 강제 해산 과정에서 목숨을 잃었다. 이 일로 수많은 학생과 시민이 거리로 쏟아져 나왔다. 정권은 중대한 위기에 몰려 있었고, 노태우는 공안검사 출신 김기춘을 법무부 장관으로 앉히며 국면 전환을 꾀했다. 그에게 맡겨진 임무가 바로 유서대필 사건의 총괄 지휘였다. 검찰이 사건의 실체를 몰랐을 리 없다. 실상은 정권에 충성하고 자신들의 안위를 지키기 위해 의도적으로 조작한 것이었다. 범인은 강기훈이 아니라 검찰이었으며, 법원은 그들의 조력자였다. 그렇게 만들어진 거짓은 20여 년이 지난 뒤에서야 드러났으나, 국민의 기억 속에서는 이미 희미해진 이후였다.

우리에게 드레퓌스 사건의 졸라처럼 홀로 앞장서 싸운 단 한 명의 상징적 인물이 없었던 것은 아쉽다. 그러나 이 땅에서도 지식인과 종교인, 정치인들이 함께 목소리를 보태며 진실을 밝히려 했던 시간은 분명히 존재했다. 그럼에도 이 사건에서 마땅히 책임을 져야 할 사람들은 책임을 지지 않은 채 사회의 중심부에 남아 있다. 사건의 진상이 드러나고 대법원의 무죄 판결이 확정된 이후에도 이들은 책임을 인정하기는커녕 모르쇠로 일관해왔다.[*] 상당수는 이후에도 요직을 거치며 별다른 불이익 없이 살아가고 있다. 그러나 조작에 가담해 진실을 은폐한 사실까지 지울 수는 없다.

아래에 소개하는 명단은 이 사건에 관여했던 당시 수사 검사와 판사들이다. 우리는 이 이름들을 기억해야 한다. 그래야만 비슷한 일이 다시 반복되려 할 때, 누군가는 적어도 양심 앞에서 멈춰 설 수 있을 것이다.

법무부

김기춘(金淇春, 1939~) 법무부 장관: 검찰총장, 법무부 장관, 3선
국회의원을 거치며 요직을 두루 역임했고, 박근혜 정부에서는
대통령 비서실장으로 실질적 권력을 행사했다.

검사

정구영(鄭銶永, 1938~) 검찰총장: 한나라당 대표 법률특보를 지냈

---

[*] 김진태 검사(현 강원특별자치도지사)는 자신의 책에서 강기훈 유서대필 조작 사건과 관련해 전원위원회 회의 당시 "강기훈 씨가 유서를 대필한 것이 맞다"고 주장하다 외부 위원들과 충돌했다고 자랑스럽게 밝히기도 했다

고, 대선 당시 법조인 244명과 함께 박근혜 후보를 공개 지지
했다.

전재기(全在琪, 1939~) 서울지검장: 수사 지휘 책임자로서 강기훈
을 ‘교활한 인물’이라 지목하며 강도 높은 공세를 펼쳤다. 이
후 대구고검장, 법무연수원장을 역임했다.

강신욱(姜信旭, 1944~) 서울지검 공안1부 부장검사: 수사를 주도
했으며, 1999년 김대중 정부에서 최종영 대법원장(1993년 김영
삼 정부 임명)의 제청으로 대법관에 임명되었다. 퇴임 후 2007
년 박근혜 캠프 법률지원 특보단장을 맡았다.

신상규(申相圭, 1949~) 서울지검 공안1부 주임검사: 사건을 실무
지휘했으며, 재심 무죄 판결이 진행 중이던 시기 대검 사건평
정위원회 위원장을 맡아 비판을 받았다. 이후 동덕여대 이사
장에 선임되었다.

송명석(宋明錫) 서울지검 공안1부 검사: 수사 실무에 참여했으며,
2004년 서울고검 재직 중 사망했다.

안종택(安鍾澤, 1955~) 서울지검 공안부 수석검사: 본건 수사에는
관여하지 않았으나 국가보안법 위반 혐의로 강기훈을 별도
기소했다. 퇴임 후 로펌 변호사로 활동했다.

남기춘(南基春, 1960~) 서울지검 공안1부 검사: 이후 울산지검장,
서울서부지검장을 지냈으며, 새누리당 정치쇄신특위 클린검
증소위 위원장으로 활동했다.

임철(林哲, 1954~) 서울지검 강력부 검사: 참고인 조사 등 사건 일
부에 관여했으며, 이후 2008년 한나라당 공천을 신청했으나

낙천했다.

곽상도(郭尚道, 1959~) 서울지검 공안1부 검사: 이후 대한법률구
조공단 이사장, 박근혜 정부 초대 민정수석, 제20대 국회의원
을 역임했다.

윤석만(尹錫萬, 1957~) 서울지검 공안1부 검사: 이후 부장검사, 한
나라당 대전시당 위원장, 대전희망포럼 공동대표로 활동했다.
재심 무죄 판결에 "사과할 성질이 아니다"라는 발언으로 논란
을 빚었다.

박경순(朴環淳, 1953~) 서울지검 강력부 검사: 수사팀 일원으로 참
여했다. 이후 행적은 언론에 잘 알려지지 않았다.

판사

노원욱(盧元旭, 1936~) 서울지법 부장판사: 1심 재판장으로서 강
기훈에게 징역형을 선고한 뒤 사직하고 변호사로 개업했다.

정일성(鄭一晟, 1958~) 서울지법 판사: 1심 배석판사로 참여했으
며, 재심 무죄 확정 후 "기억이 잘 나지 않는다"고 밝혔다.

이영대(李永大, 1962~) 서울지법 판사: 1심 배석판사로 참여했으
며, 이후 행적은 알려지지 않았다.

임대화(任大和, 1942~) 서울고법 부장판사: 항소심 재판장으로서
1심 판결을 확정했고, 이후 특허법원장을 지냈다.

윤석종(尹錫鐘, 1954~) 서울고법 판사: 항소심 배석판사로 참여했
으며, 재심 후 "오류는 없었다"고 말했다.

부구욱(夫久旭, 1952~) 서울고법 판사: 항소심 배석판사로 참여했

으며, 이후 영산대 총장과 새누리당 중앙윤리위원장으로 활동
했다.

박우동(朴禹東, 1934~) 대법관: 상고심 판결에서 유죄를 확정한 재
판부에 참여했다.

김상원(金祥源, 1933~2024) 대법관: 상고심 재판에 참여해 유죄를
확정했다.

박만호(朴萬浩, 1936~) 대법관: 상고심 재판에 참여했으며, 이후
공직자윤리위원회 위원장을 지냈다.

윤영철(尹永哲, 1937~) 대법관: 상고심에서 유죄 판결에 참여했으
며, 이후 제3대 헌법재판소장을 역임했다.

2022년 11월 30일 대법원(주심 오경미 대법관)은 강기훈이 국가를 상
대로 제기한 손해배상 청구 소송에서 국가의 배상 책임을 인정한 원심
을 파기하고 사건을 서울고등법원으로 돌려보냈다. 한편, 강기훈이 사
건에 관여한 강신욱(당시 서울지검 강력부 부장검사), 신상규(당시 강력부 수석
검사), 김형영(당시 국과수 감정인)을 상대로 제기한 별도의 손해배상 소송
에서도 법원이 피고 측의 장기 소멸시효(10년) 주장을 받아들여 청구권
이 이미 소멸했다고 판단했다. 두 소송 모두에서 강기훈 측은 애초 기
소 자체가 위법한 공소권 남용이었으므로 국가가 책임을 져야 한다고
주장했으나, 법원은 이를 인정하지 않았다. 이에 대해 공소권 남용을
인정할 경우 검찰의 무리한 기소뿐 아니라 사법부의 판단 오류까지 함
께 인정하는 결과가 되기 때문에 이를 회피한 것 아니냐는 비판이 제
기되었다. 이로 인해 당시 노태우 정부가 정권 차원에서 사건을 왜곡·

조작했는지 여부를 사법적으로 따져볼 기회가 원천적으로 사라졌다는 지적이 뒤따랐다. 대법원이 수사 과정과 기소의 불법성을 끝내 인정하지 않은 것이다. 이로써 검찰을 비롯한 국가기관이 한 젊은이를 유서대필범으로 몰아간 책임이 사법적으로 단죄되지 못했고, 이 사건의 본질이 '국가 권력에 의한 조작'이라는 점 역시 법적 판단의 영역 밖에 남게 되었다.

특히 검찰이 사건 처리 과정에서 소멸시효의 완성을 사실상 방치하거나 지연 전략으로 활용했다는 지적은 가볍게 넘길 수 없는 대목이다. 이러한 개선의 여지없는 행태는 김학의 전 법무부 차관 사건에서 제기된 책임 회피 논란이나, 접대를 받은 검사들이 이른바 '쪼개기' 방식으로 금액을 분산해 기소를 면한 사례와도 맞닿아 있다. 법 집행 기관이 자신에게 엄격하지 못하다는 의심이 반복될수록, 사법 제도에 대한 신뢰는 흔들릴 수밖에 없다. 법의 엄정함을 조롱하는 일이 지금까지도 반복되고 있다는 사실은 검찰과 권력이 시민들이 곧 잊어버릴 것이라 믿기 때문일까. 아니면 자신들이 그보다 더 강하다고 확신하기 때문일까.

우리는 반드시 기억해야 한다. 무고하게 옥살이를 하고도 국가로부터 제대로 된 배상조차 받지 못한 강기훈과 달리, 조작에 직간접적으로 관여한 검사들, 그리고 기울어진 법정에서 판결을 내린 판사들 가운데 누구도 사죄하지 않았다. 오히려 권력의 중심부를 넘나들며 요직을 거쳐 갔다. 법이 그들을 심판하지 못하더라도 시민들은 잊지 말아야 한다. 그 냉철한 기억과 시선이야말로 이 같은 국가적 범죄가 반복되는 것을 막는 최소한의 방어선이다.

　　2025년 검찰청 폐지 법안이 통과되면서, 수사를 전담하는 중대범죄수사청(행정안전부 소속)과 기소를 전담하는 기소청(법무부 소속)으로의 분리가 2026년 10월부터 시행되는 것으로 확정되었다. 이는 사법 권한의 과도한 집중을 제도적으로 완화할 가능성을 처음으로 열었다는 점에서 의미가 크다. 그동안 대한민국 검찰은 세계적으로도 유례없는 수준의 기소독점권을 유지해왔다. 검사는 자신이 기소한 사건의 결과에 따라 인사 평가를 받았고, 무죄 판결은 불리한 평가의 근거가 되었다. 이 구조는 무리한 기소를 자제하게 만드는 내부적 견제 장치로 설계되었으나, 정치적 사건 앞에서는 거의 작동하지 않았다. 판단의 기준은 법리가 아니라 권력이었고, 무리한 기소조차 출세를 위한 가교로 기능해왔다. 기소 행위 자체가 충성의 증표로 소비되면서, 권력 남용이 구조적으로 반복된 것이다.

　　게다가 기소독점권의 문제는 흔히 '기소할 권한'에만 초점이 맞춰지지만, 더 본질적인 위험은 '기소하지 않을 권한'의 비대함에 있었다. 범죄 사실을 인지하고도 덮거나, 권력과 가까운 인물에게 사실상 면죄부를 부여하는 방식으로 법 집행의 공정성이 지속적으로 의심받아왔다. 공익의 대표자를 자임하면서도 실제로는 권력의 이해를 보호하는 역할에 머물렀다는 비판이 제기된 이유다. '견찰(犬察)', '개검' 같은 세간의 조롱이 터무니없게 느껴지지 않았던 것도 그 때문이다. 이제는 이 오래된 구조에서 벗어날 때다.

　　아우구스티누스(Augustine of Hippo)는 『신국론(De Civitate Dei)』에서 "정의가 없는 왕국이 도둑 집단이 아니면, 도대체 무엇이란 말인가?"라고 물었다. 공화국의 시대라 해서 그 질문이 달라질 이유는 없다. 존 로

크(John Locke) 또한 "정당한 권리 없이 무력을 행사하는 자는 누구든, 법적 근거 없는 폭력을 휘두르는 사회의 모든 성원과 마찬가지로 상대방에게 전쟁을 도발하는 셈"이라고 경고했다. 에밀 졸라의 「나는 고발한다!」는 바로 이러한 질문에 대한 한 시대의 응답이었다. 이 글은 책은 아니기에 흔히 말하는 '고전'의 목록에는 빠져 있지만, 이 기고문만큼 정의의 본질을 강하게 환기시키며 인류가 오래도록 기억해야 할 고전이 또 있을까.

차별을 수치로 여기는 사회

로드니 킹 사건은 끝나지 않았다

차별은 타인의 기회를 제한함으로써 자신이나 혹은 자신이 속한 집단의 이익을 유지하거나 극대화하는 도구로 활용된다. 그 배경에는 무지와 편견 외에도 권리를 나누는 순간 자신의 몫이 줄어들 것이라는 제로섬 사고가 자리 잡고 있다. 인간은 역사 내내 이러한 이유를 앞세워 타인을 차별해왔다. 차별은 언제나 그럴듯한 명분을 내세웠지만, 그 논리는 처음부터 취약했다. 이러한 차별은 서로 다른 방식으로 제도와 관습 속에 자리 잡아왔다. 여성에 대한 차별이 가족과 재산, 재생산 질서와 결합된 가장 오래된 형태라면, 인종차별은 근대 국가의 형성과 함께 법과 제도 속에 조직적으로 자리 잡은 차별이었다. 종교에 따른 차별 역시 여전히 광범위하지만, 근대 국가의 분류 체계 안에서는 앞의 두 경우만큼 구조화되지는 않았다.

1992년 로드니 킹(Rodney King) 사건과 2020년 조지 플로이드(George Floyd) 사건은 이러한 구조를 단적으로 보여준다. 두 사건은 모두 백인 경찰의 폭력과 그에 대한 사법적 무책임을 계기로 전국적 항의 시위로 확산되었고, 미국 사회에 구조화된 인종차별의 민낯을 적나라하게 드러냈다.

인종차별에 맞선 저항이 가장 격렬하게 분출된 시기는 1960년대였다. 그 단초는 1955년 3월 앨라배마주 몽고메리에서 벌어진 사건이었다. 당시 15세 흑인 소녀 클로데트 콜빈(Claudette Colvin)은 백인 남성에게 자리를 양보하지 않았다는 이유로 수갑이 채워진 채 버스에서 끌려나와 체포되었다. 몽고메리시 버스 좌석은 앞쪽 네 줄이 백인 전용이었던 탓에 흑인은 뒷좌석의 '유색인종 칸'에만 앉을 수 있었다. 더욱이 흑인이 버스 이용객의 약 75퍼센트를 차지하고 있었음에도 백인이 타면 언제든 자리를 양보해야 했다.

그러나 더 결정적인 사건은 그해 12월, 같은 몽고메리에서 일어났다. 백화점 근무를 마친 로자 파크스(Rosa Parks, 1913~2005)는 버스의 유색인종 칸 맨 앞자리에 앉아 있었다. 백인 승객들이 오르자 버스 기사는 백인 좌석 표지판을 뒤로 옮기며 네 명의 흑인 승객에게 자리를 비우라고 요구했다. 묵묵히 자리를 비켜준 세 명과 달리, 파크스는 "일어나야 할 이유가 없다"고 말하며 자리에 남았다. 단지 그 일로 파크스는 체포되었다. 곧 풀려나기는 했으나, 나흘 뒤 공공질서 위반 혐의로 유죄 판결을 받아 벌금 10달러와 법정 비용 4달러를 선고받았다.

이에 파크스는 항소를 제기하며 차별에 맞선 법적 싸움을 시작했다. 그녀의 용기는 그동안 불만을 억눌러온 몽고메리 흑인 사회에 불씨가 되었다. 교회 지도자와 시민들은 자발적으로 조직을 꾸려 버스 이용 거부 운동에 나섰다. 흑인 승객이 버스 이용자의 다수를 차지했던 만큼 이 보이콧은 도시 교통망을 마비시키며 전국적인 주목을 받았다. 이른바 '몽고메리 버스 보이콧(Montgomery Bus Boycott)'이었다. 그러나 이로

1956년 2월 22일, 몽고메리 버스 보이콧 기간에 체포된 뒤 지문을 찍는 로자 파크스. 그녀의 항소는 몽고메리 흑인 사회의 집단적 저항을 이끌어내며, 전국적인 흑인 민권운동의 도화선이 되었다. (National Archives and Records Administration / Public Domain)

인해 파크스 부부는 직장을 잃었고, 험악해진 여론 속에서 고향을 떠나 미시건주 디트로이트로 이주해야 했다.

집단 린치와 폭력,
그리고 법의 침묵

이 사건을 흑인 민권운동의 기폭제로 삼은 이가 마틴 루서 킹 주니어(Martin Luther King Jr., 1929~1968) 목사였다. 킹 목사는 로자 파크

스 사건으로 촉발된 몽고메리 버스 보이콧을 주도하면서 그릇된 인종
차별에 저항하고 흑인 인권을 위해 싸우는 지도자로 우뚝 섰다. 그렇게
시작된 흑인 민권운동은 1963년 8월 23일 열린 워싱턴 행진에서 절정
에 이르렀다. 이 자리에서 마틴 루터 킹 주니어는 '나는 꿈이 있습니다
(I have a dream)'라는 명연설로 많은 이들을 감동시켰다.

　　한 가지 기억해야 할 점은 워싱턴 행진에 적지 않은 백인들이 함
께했다는 사실이다. 그들은 인종차별이 반헌법적이며 반기독교적일 뿐
아니라 반인류적이라는 보편적 가치에 눈을 뜬 이들이었다. 아직은 미
미했지만, 이는 미국 인종차별 문제에서 매우 의미 있는 변화였다. 동
료 백인들로부터 숱한 비난과 위협을 감수하면서까지 그들은 흑인 민
권운동에 힘을 보탰다. 그러나 1950~60년대에 이르러서야 비로소 이
러한 대규모 저항이 가시화되었다는 사실은 그 이전의 차별이 얼마나
오랫동안 사회 전반에 깊게 뿌리내리고 있었는지 오히려 선명하게 보
여준다.

　　1930년 인디애나주 매리언에서 벌어진 린치 사건은 그 깊은 잔
혹함을 상징적으로 보여준 장면이었다. 흑인 청년 토머스 십(Thomas
Shipp)과 에이브럼 스미스(Abram S. Smith)는 백인 여성에 대한 강간과
살인 혐의로 체포된 뒤, 재판도 받지 못한 채 백인 폭도들에게 끌려와
나무에 목매달려 살해당했다. 당시 수백 명이 지켜보았지만 경찰은 물
론 누구도 이를 막지 않았다. 게다가 가해자는 끝내 처벌받지 않았고,
강간 혐의 또한 입증되지 않은 채 종결되었다. 세 명의 흑인 중 유일하
게 살아남은 제임스 캐머런(James Cameron)은 훗날 린치 사건의 참상을
증언하며, 미국 사회의 인종차별을 고발하는 데 평생을 바쳤다.

하퍼 리(Harper Lee)의 소설 『앵무새 죽이기(To Kill a Mockingbird)』 (1960)는 매리언에서 벌어진 린치 사건과 놀라울 만큼 닮아 있다.● 소설 속 흑인 청년 톰 로빈슨은 백인 여성과 그 아버지의 거짓 증언으로 기소되고, 변호사 애티커스 핀치는 백인 사회의 압력 속에서도 끝까지 그의 결백을 변호한다. 그러나 배심원단은 유죄 평결을 내리며, 톰은 결국 감옥을 탈출하려다 수차례 총격을 받고 숨진다.

매리언에서의 린치 사건은 소설보다 훨씬 참혹했다. 백인 폭도들에게 법적 절차는 없었다. 처음부터 진실 여부가 중요하지 않았기 때문이다. 오직 흑인에 대한 분노만이 폭력을 정당화하는 힘이었다. 미국의 공권력조차도 흑인에게 일방적으로 적대적이었다. 비슷한 사건은 이곳 말고도 정도만 달리했을 뿐 미국 내에서 흔하게 일어나고 있었다. 린치 현장에 몰려든 백인들은 환호하며 나무에 매달린 두 청년의 시신을 배경으로 기념사진을 찍었다. 이 장면을 기록한 이는 매리언에서 사진관을 운영하던 로렌스 베이틀러(Lawrence H. Beitler)였다. 실제로 그가 찍은 사진은 장당 50센트에 팔려 수만 장이 판매되었다고 전해진다. 베이틀러는 밀려드는 주문 때문에 열흘 가까이 밤낮으로 인화를 멈출 수 없었다고 증언하기도 했다.

많은 이들이 충격을 받았지만, 특히 한 사람에게는 이 사건이 더 깊은 상처로 와닿았다. '루이스 앨런(Lewis Allan)'이라는 필명으로 활동하던 유대계 백인 교사 에이블 미어로폴(Abel Meeropol)이었다. 그는 두

● 『앵무새 죽이기』는 출간 이후 많은 백인 독자들에게 인종차별에 대한 반성적 시선을 갖게 했고, 또한 이들이 차별철폐 운동에 참여하게 함으로써 인종 문제 해결에 중요한 전환점이 되었다.

아이를 사산으로 잃고 고통의 나날을 보내고 있었다. 우연히 접한 그 사진을 보고 그는 며칠 동안 아무 일도 할 수 없을 만큼 충격을 받았다고 회고했다. 그러고는 1937년 시「쓰디쓴 열매(Bitter Fruit)」를 발표한 뒤 직접 곡을 붙여 〈이상한 열매(Strange Fruit)〉라는 노래를 발표했다. 이 노래는 빌리 홀리데이(Billie Holiday, 1915~1959)의 목소리를 통해 널리 알려지며 흑인 민권운동의 상징적 노래가 되었다. 훗날 미어러폴은 작곡의 이유를 이렇게 밝혔다. "흑인에 대한 린치와 불의, 그리고 그것을 가능하게 한 사람들에 대한 증오 때문이었다."

남부의 나무에는 이상한 열매가 맺히죠
잎사귀와 뿌리에는 피가 흥건하고

1930년 로렌스 베이틀러가 촬영한 인디애나주 매리언의 린치 사건 현장. 흑인 청년 토머스 십과 에이브럼 스미스가 백인 폭도들에게 목숨을 잃은 이 장면은 이후 미국 사회의 인종차별 현실을 상징하는 대표적인 기록이다. (Lawrence Beitler / Public Domain, 미국)

남부의 따뜻한 산들바람에 검은 몸뚱이들이 매달린 채 흔들리
지요
포플러나무에 이상한 열매가 걸려 있어요

Southern trees bear strange fruit
Blood on the leaves and blood at the root
Black bodies swinging in the southern breeze
Strange fruit hanging from the poplar trees

처음 빌리 홀리데이는 이 노래를 부르는 데 주저했다. 백인 사회의
반발로 어떤 불이익을 당할지 두려웠기 때문이다. 그 두려움은 그녀가
열 살 무렵 겪은 상처에서 비롯되었다. 백인 남성에게 성폭행을 당했으
나, 오히려 경찰은 흑인인 그녀를 '남성을 유혹했다'는 혐의로 감호소
에 가둔 일이었다. 성인이 된 뒤에도 지워지지 않은 트라우마였다. 그
러나 두려움을 떨치고 노래를 부르는 걸 결심한 데에는 또 다른 이유
가 있었다. 그녀의 아버지 클라렌스 홀리데이(Clarence Holiday)는 유명
한 밴드에서 활동하던 연주자로, 대중에게도 잘 알려진 인물이었다. 그
러나 1937년 텍사스 댈러스에서 급성 폐렴에 걸렸을 때 백인 전용 병
원이 그를 받아주지 않았다. 이후 흑인 전용 병원으로 보내졌으나 제때
치료를 받지 못하고 세상을 떠났다. 빌리 홀리데이는 이때의 부당한 차
별을 떠올리며 노래를 부르기로 결심한 것이다.

예상대로 백인들의 비난과 함께 살해 협박이 쏟아졌다. 경찰과 당
국의 감시도 뒤따랐다. 그러나 그녀는 무고하게 희생된 이들을 기리고

자 꿋꿋이 노래했고, 공연 레퍼토리에서 빼지도 않았다. 대가는 혹독했다. FBI는 그녀를 집요하게 감시하며 공연과 녹음을 노골적으로 방해했다. 그러다 1959년 흑인이라는 이유와 '불온한 노래'를 불렀다는 이유로 협박에 시달리다 마흔넷의 나이로 가난과 외로움 속에서 생을 마감했다. 훗날 『타임(TIME)』이 〈이상한 열매〉를 20세기 최고의 노래로 선정했지만, 그녀를 위로하기에는 너무 늦었다.

이러한 사회적 긴장이 고조되는 가운데 1960년대 흑인 민권운동이 본격화되었다. 이 과정에서 맬컴 엑스와 마틴 루터 킹 주니어가 차례로 암살되며 미국 사회는 극심한 혼란에 빠졌다. 존 F. 케네디 대통령의 민권법 제정도 이 무렵 추진되었다. 이 법은 불평등한 투표자 등록 제도와 학교, 직장, 공공시설 전반에 걸친 인종 분리를 금지하는 내용을 담고 있었다. 보수 정치인들은 이 법안 처리를 최대한 지연하면서 사문화시키거나 그 영향력을 최소화하기 위해 온갖 수단을 동원했다. 민권법은 케네디 대통령이 암살되며 좌절되는 듯했으나, 1964년 린든 B. 존슨 대통령 시절 가까스로 통과되었다. 링컨의 노예해방 선언이 발표된 지 무려 100년 만에 이루어진 법적 차별 철폐였다.

'우리는 차별하지 않는다'고
믿는 착각

2022년 10월 25일, 민주노총 제주본부와 천주교 제주교구는 공동 기자회견을 열었다. 제주도의 한 공연장에서 외국인 노동자를 대상으로 한 산업재해 은폐, 근로계약 미준수 등 인권 침해 사례가 발생했다는 것이 요지였다. 발단은 우크라이나 출신 공연예술 노동자 크라조프 파블로(Krasov Pavlo, 당시 33세) 씨의 부상이었다. 공연 연습 중 왼쪽 팔 인대가 파열되는 부상을 입은 뒤 병원에 가려고 했으나, 그를 고용한 공연장 측이 이를 엄살로 단정해 불허하면서 일이 커졌다. 더 황당한 일은 파블로 씨가 수술 일정까지 잡았음에도 공연장 측이 그를 '사업장 무단 이탈' 명목으로 제주출입국외국인청에 고발한 것이었다. 공연장 측은 "그가 스스로 원해서 연습했으니 산재로 볼 수 없다"는 주장을 폈으나 누가 봐도 설득력이 떨어졌다. 고용노동부 조사를 통해 산업재해가 인정되면서 사건이 마무리되는 듯했다. 그런데 문제는 여기서 그치지 않았다.

파블로 씨와의 상담 과정에서 그를 비롯한 이주노동자들의 열악한 현실이 드러났다. 그는 동료들과 휴일 없이 일하며 월 1,000달러(당시 환율로 약 130만 원)에 불과한 임금을 받았다. 생활 공간은 관람석 하부에 마련된 불법 숙소였다는 사실도 확인되어 충격을 주었다. 게다가 팔 인대가 파열돼 수술이 시급했음에도, 사용주는 며칠 뒤 비자가 만료되면 본국으로 돌아가야 한다는 점을 악용해 치료를 미뤘다. 공연장 측은 "병원에 가기로 한 날 새벽, 팔이 아프다며 캐리어를 끌고 공연장을 나가는 장면이 CCTV에 찍혔고 이후 연락이 끊겨 출입국청에 신고할 수밖에 없었다"고 해명했다. 그러나 이러한 해명은 사실을 밝히기는커녕 오히려 반인권적 태도를 드러내는 발언으로 공분을 일으켰다.

이 같은 사건은 처음이 아니었다. 2014년 민주노총과 외국인이주노동운동협의회는 외국인 노동자에게 최저임금 이하의 임금을 지급한 혐의로 당시 새누리당 사무총장이자 국회의원이던 홍문종과 포천아프리카예술박물관 박상관 관장을 고발했다. 현직 국회의원이 이사장으로 있던 박물관에서, 그것도 외국인 노동자들에게 수년간 최저임금 이하의 계약과 불법적 장시간 노동을 강요한 사실은 사회적 충격을 불러일으켰다.● 고발인들은 이를 "노동의 가치를 경시하고 인간의 존엄을 외면하는 구조적 차별"이라 규정했다.

이주노동자에 대한 차별과 인권 침해는 특정한 영역에 국한되지 않는다. 연장근로수당 미지급, 숙박비 등의 명목으로 과도한 비용을 부과하는 행위, 퇴직금 미지급, 여권을 압수한 채 노동을 강요하는 관행, 여성 노동자에 대한 성희롱과 성폭력, 안전장비 없이 위험한 작업에 투입하는 일, 과도한 알선 수수료 요구, 잦은 언어폭력과 실수에 따른 임금 삭감 등 그 양상은 실로 다양하다. 이러한 일은 지역이나 업종, 지위고하를 가리지 않고 되풀이되고 있다는 점에서 더욱 심각하다.

미국 사회의 인종차별은 노예제와 인종 분리 정책에서 비롯된 제도적 폭력이었고, 린치와 같은 노골적 폭력으로 드러났다. 반면 한국에서 이주노동자에 대한 차별은 법과 제도의 외피 속에 은폐된 채 작동한다. 계약서의 불법 조항, 임금 체불, 여권 압수, 언어 속 위계와 같은 방식이 그것이다. 겉으로 드러나지 않는다는 점에서 어떤 면에서는 더 악질적이다. 대상은 대체로 법망의 사각지대에 놓인 이주노동자와 결혼 이주여성들이다. 이때 '이주노동자'란 대체로 유럽이나 북미 출신이

● 아프리카예술박물관은 월 650달러(당시 환율로 약 70만 원)의 임금을 지급하며 여권 압수, 강제 적금, 열악한 기숙사 생활 등 위법 행위를 반복한 것으로 밝혀졌다. 홍문종 의원은 "관여하지 않았다"고 해명했으나 근로계약서에 직접 서명한 사실이 확인되었다.

아니라 동남아시아, 중앙아시아, 중국, 아프리카 출신을 특정한다. 차별은 언어에서도 은밀하게 드러난다. 욕설만이 폭력은 아니다. 중립적이거나 세련되어 보이는 말 속에 편견이 스며들 때, 언어는 차별을 제도화하는 도구로 작동한다.•

오늘날 대한민국은 인구 감소를 넘어 인구 소멸을 걱정해야 할 상황에 놓여 있다. 거칠고 힘든 일은 기피되고, 그 자리를 이주노동자들이 대신 채운다. 그러나 정작 우리 사회는 이들의 노동력을 충분히 활용하면서도, 개인으로서 그들의 삶과 존엄은 제도권 안에 두려 하지 않는다. 우리 또한 한때 타국에서 값싼 노동력 공급처로 취급받던 처지에 있었다는 사실을 기억하지 못해서일까. 우리가 있던 그 자리에 지금 이주노동자들이 서 있다. 1960년대 파독 간호사와 광부, 그리고 1970~80년대 중동 건설 노동자의 기억은 우리가 국내 이주노동자를 대할 때 한번쯤은 기억해야 할 경험들이다.

서독 병원들은 언어가 통하지 않는다는 이유로 중환자실, 감염병 병동, 야간 근무 등 독일 간호사들이 기피하던 부서에 한국 간호사를 배치했다. 광부들 역시 지하 수백 미터의 깊은 탄광에서 고온과 위험을 무릅쓰고 일했다. 고국에 가족을 두고 생계와 꿈을 위해 낯선 땅에 몸을 던진 이들이 감내했을 삶의 무게는 짐작조차 어렵다. 보이지 않는 멸시와 언어 차별, 인종적 편견 또한 분명 그들을 힘들게 했을 것이다. 그럼에도 서독 사회는 사회보장제도만큼은 비교적 충실히 적용했고,

• 동남아시아, 중앙아시아, 중국, 아프리카 출신 배우자와 결혼한 가정은 '다문화가정'이라 부르면서 백인이나 서양인 배우자와 결혼한 가정은 글로벌 패밀리나 국제화 가족이라 부르는 언어 관행 역시 일종의 언어폭력이다.

제도적 테두리 안에서 일정한 보호를 제공하려 노력했다. 모든 이가 기회를 얻은 것은 아니었지만, 일부는 그 기회를 발판 삼아 독일 사회의 구성원으로 뿌리내릴 수도 있었다. 완전하지는 않았지만, 제도의 개선과 인권 감수성이 그들을 향한 최소한의 방패 역할을 한 셈이다.

1970~80년대 한국 노동자들의 중동 진출은 간호사와 광부가 파독되던 시기에 비해 임금과 생활 조건이 일부 개선되었다. 사막의 고온과 열악한 숙소, 장시간 노동 등 쉽지 않은 조건이었지만, 국내보다 높은 임금을 받을 수 있었기에 많은 이들이 귀국 후 자립의 기반을 마련할 수 있었다. 현지에서 노골적인 인종차별을 겪은 사례는 많지 않았다. 그러나 대부분의 한국 건설업체들이 서구 대형 기업의 하청을 맡는 구조였기에 불리한 계약 조건을 감수해야 했고, 그 결과 노동자들이 그 부담을 고스란히 짊어져야 했다.

오늘날 우리나라는 경제적으로 성장해 선진국 반열에 들어섰고, 산업 전반에서 이주노동자에 대한 의존도 또한 높아졌다. 농촌이나 중소도시에서는 외국인 배우자와 가정을 이루는 경우가 늘었으며, 이에 대응하는 다양한 정책도 마련되었다. 그러나 이들이 실제로 '평등하고 대등한' 관계 속에서 살아가고 있다고 보기는 어렵다. 지원 제도는 존재하지만, 현실의 삶 속에서 그것이 온전히 작동하는지, 우리 사회가 진정한 인식의 전환을 이룬 것인지 돌아볼 필요가 있다.

1930년 인디애나주 매리언에서 두 흑인 청년에게 가해진 무자비한 린치와 그 불법을 자행한 이들이 죄책감을 느꼈을까. 그들은 스스로 정의의 집행자라 믿었고, 자부심마저 가졌을 것이다. 시간이 흘러 차별과 폭력에 대한 반성의 순간이 찾아왔을 때조차 끝내 외면한 이들이 있었다. 죽는 순간까지 '하늘 우러러 한 점 부끄러움 없다'는 자기기만 속에 머문 채로. 어쩌면 그들이 끝내 반성했는지 여부는 본질이 아닐 수 있다. 그보다 중요한 것은 오늘을 사는 우리가 그 잘못을 반복하지 않는 것이다. 많은 백인들이 린치 사진을 50센트씩 사들였던 것은 단순한 기념이 아니라, 타인의 고통을 소비하며 느낀 우월감의 표현이었다. 그 장면은 지금 우리에게도 같은 질문을 던진다. 차별과 폭력이 타인의 존엄을 짓밟는 행위일 뿐 아니라, 그것을 즐기거나 외면하는 태도 자체도 또 다른 폭력임을 잊지 말아야 한다. 이미 저질러진 일일지라도, 그것을 기억하고 반성하려는 최소한의 양심은 남아 있어야 한다.

오늘날 차별은 노골적인 혐오 대신 합리성과 상식의 언어를 빌려 이뤄진다. 겉으로는 문명화된 태도를 취하기도 한다. 그러나 약자를 향한 의식적인 선 긋기는 여전히 견고하다. 과거 서독 사회는 튀르키예나 한국 출신 노동자들이 기피되던 일을 대신할 때는 환영했지만, 경제 상황이 악화되자 가장 먼저 그들을 비난의 대상으로 지목했다. 오늘 우리가 이주노동자에게 "당신들 때문에 일자리가 줄었다"고 말한다면, 그것은 과연 정당한가. 표현만 달리했을 뿐, 약자를 희생양으로 삼는 태도가 반복되고 있는 것이다.

우리는 아직도 『앵무새 죽이기』의 시대를 완전히 벗어나지 못했다. 타인의 피부색과 종교, 국적, 그리고 '나보다 가난한 나라에서 왔다'는 이유가 여전히 차별의 근거로 작동한다. 역사가 무엇이 잘못이었는지 보여준다면, 그 사실을 외면하지 않는 태도만큼은 남아 있어야 한다. 부끄러움을 아는 감수성, 그것이 지금 우리에게 요구되는 시민의 품격이다.

문화와 권력

III부

문화와 권력

"감시자는 누가 감시하는가?(Quis custodiet ipsos custodes?)"
—
유베날리스

"문화는 우리가 누구인지, 무엇을 믿는지 정의하는 것이다."
—

클리프턴 카터
Clifton C. Carter, 1918~1971

'한 도시 한 책', 책이 도시를 바꾼다
도서관, 시민, 그리고 독서 운동의 재구성

워싱턴 북센터는 '시애틀 시민 모두가 함께 같은 책을 읽는다면(If All of Seattle Read the Same Book)'이라는 이채로운 독서 운동으로 잘 알려져 있다. 이 운동은 도서관 사서 낸시 펄(Nancy Pearl)의 제안으로 1998년 5월 처음 시작되었다. 그녀는 어린 시절 도서관 사서에게서 깊은 인상을 받아 훗날 자신도 같은 길을 걷게 되었다. 시애틀에 정착한 뒤에는 인종과 문화가 다양한 도시에서 시민들이 한 권의 책을 함께 읽고 토론하며 공동체 의식을 나누기를 바라는 마음으로 이 프로그램을 구상했다. '한 도시 한 책(One City, One Book)' 운동은 이러한 고민 속에서 출발했다. 특히 이곳 북센터가 도서를 선정하는 기준이 흥미롭다. 예를 들어 소설을 선정할 경우 다음과 같은 네 가지 원칙이 적용된다.

첫째, 소설의 결말이 모호할 것.
둘째, 주인공이 자신의 여생에 영향을 미치는 결정을 할 것.
셋째, 작가가 소설의 이야기 구조에 평범하지 않은 무언가를 시
도할 것.

넷째, 화자를 신뢰할 수 없어야 할 것.

열린 결말, 비일상적 구성, 결단의 순간, 신뢰할 수 없는 시선 (unreliable narrator)* 등은 모두 한 권의 책이 독자의 감각을 흔들고 공동체에 파문을 일으키도록 설계된 장치다. 정답이 분명한 소설은 사유의 여지를 단절시킨다. 스쳐 지나가듯 남의 삶을 엿보는 데 그쳐선 안 되고, 독자의 내면 어딘가를 건드려야 오래 곱씹고 토론할 수 있다. 구조가 평범하면 쉽게 진부해지고, 화자가 너무 드러나면 해석의 틈이 좁아진다. 참가자들은 그러한 기준 아래 함께 읽고, 함께 토론하며 읽을 책을 스스로 결정했다.

'한 도시 한 책' 프로그램에서 처음으로 선정한 작품은 러셀 뱅크스(Russell Banks)의 소설 『달콤한 내세(The Sweet Hereafter)』(1991)였다. 1997년, 애텀 에고이얀(Atom Egoyan) 감독에 의해 영화로도 각색되었다. 이 작품은 뉴욕주 북부의 작은 마을 샘덴트를 배경으로, 아이들의 목숨을 앗아간 스쿨버스 추락 사고 이후 마을 사람들의 내면을 그린다. 네 명의 화자가 교차하는 독백 형식을 통해 평온했던 일상에 스며드는 비극의 결을 섬세하게 포착한다. 삶의 불안정성과 상실, 공동체의 분열과 재구성이라는 주제를 다루며 독자에게 깊은 사유를 요구하는 작품이다. 뱅크스는 노동자 서민 계층의 보이지 않는 삶에 꾸준히 천착해온 작가로, 그의 작품 전반에는 인종과 계급, 권력에 대한 문제의식이 일

----

* 화자가 거짓, 착각, 혹은 자기합리화를 통해 독자에게 사실을 왜곡해 전달하는 서술 방식이다. 독자는 화자의 말에 의문을 품으며 이야기를 재구성하게 되며, 이로써 단순한 반전 이상의 서사적 긴장과 인식의 불확실성을 발생시킨다.

관되게 흐른다.

가족의 상실을 통해 공동체의 균열을 비추고, 그 안에 내재한 모순과 편견, 분노와 침묵을 드러낸다는 점에서 '한 도시 한 책' 정신에 걸맞은 첫 번째 책이었다. 서로 다른 시선이 교차하는 이 작품은 독자 각자에게 질문을 던지며, 우리가 속한 공동체의 의미를 함께 되짚어보게 만든다.

이 프로젝트를 위한 별도의 기금도 조성되었다. 낸시 펄은 라디오 방송에 출연해 책을 소개하고 추천하는 등 시민들이 책을 자연스럽게 접할 수 있도록 다양한 활동을 펼쳤다. 이러한 활동이 큰 호응을 얻으면서 여러 도시에서 벤치마킹되며 확산되었다. 2004년에는 '시애틀 시민 모두가 함께 같은 책을 읽는다면'이 '시애틀 리즈(Seattle Reads)'로 명칭이 바뀌어 지속되고 있다. 이후 이 독서 운동은 시민들의 독서에 대한 관심을 높이는 데 그치지 않고, 이웃의 삶을 이해하고 문화를 나누며 지역 공동체의 회복을 상상하는 실천으로 자리 잡았다.

그런데 이 운동이 더 널리 주목받고, 그 효과에 대한 확신을 얻게 된 결정적 계기는 시카고에서의 독서 운동이었다. 당시 시카고는 인종 차별 문제로 내홍을 겪고 있었다. 갈등이 겉으로 폭발하지는 않았지만, 구조적 문제로 악화될 가능성이 충분했다. 따라서 시 정부와 시의회에 이 문제는 최우선 당면 과제였다. 그때 주목한 것이 낸시 펄의 '한 도시 한 책' 프로젝트였다. 시카고 공공도서관은 이 운동이 효과적인 접근이 될 수 있다고 판단했다.

주목할 지점은 이 대목이다. 하나의 도시가 당면한 문제를 함께 읽고 토론하며 성찰하는 과정을 통해, 공동체가 해법을 모색하고 나아가 미래 의제를 설계할 수 있다는 점이다. 시카고는 이 가능성에 주목했고, 곧 실천으로 옮겼다. 시카고 공공도서관을 중심으로 '시카고 한 책 (One Book, One Chicago)' 프로그램을 본격적으로 시작하며, 도서 선정 기준 또한 마련했다. 시애틀에서 낸시 펄이 세운 원칙을 참고해 시카고만의 기준을 세웠다.

> 첫째, 시카고 시민들이 일상에서 마주하는 보편적인 문제를 반영할 것.
>
> 둘째, 소설과 비소설을 아우르되 반드시 베스트셀러일 필요는 없을 것.
>
> 셋째, 영어 외 언어로도 접근 가능할 것.
>
> 넷째, 인쇄본으로 널리 유통될 수 있을 것.
>
> 다섯째, 성인과 청소년 모두에게 적합할 것.
>
> 여섯째, 시카고와의 직접적 연관성이 있다면 더 바람직할 것.
>
> 일곱째, 작가 초청, 독서 토론, 연극 · 영화 · 전자책 등 다양한 프로그램으로 확장 가능할 것.
>
> 여덟째, 독서 이후 적극적인 토론을 유도할 수 있을 것.

이 기준을 보면 다인종이 섞인 연방 국가라는 미국의 특성과 시카고가 당면한 지역적 과제를 고려한 흔적이 곳곳에서 드러난다. 예를 들어 '다른 언어로도 구할 수 있을 것'이라는 조건은 유럽계 이민자뿐 아니라 히스패닉이나 동양계 이민자들을 염두에 둔 것이다. 인종 갈등은 단지 흑백 간의 문제가 아니라 다양한 소수 인종에 대한 구조적 차별과 폭력의 문제이기도 하다. 또 '시카고와 연관이 있으면 더 좋을 것'이라는 기준은 해당 도시가 처한 현실적 문제와 그에 대한 사회적 성찰이 독서를 통해 구체적 의제로 발전할 수 있음을 시사한다. 이는 향후 이 프로젝트를 도입할 다른 도시들에 하나의 준거 틀을 제시해준 셈이다.

당시 시카고 시장 리처드 M. 데일리(Richard M. Daley)는 이 프로젝트를 적극적으로 지지하고 후원하며 강한 지도력을 발휘했다. 시카고 공공도서관 역시 '도서관 마케팅(Library Marketing)' 전략을 통해 사업을 적극 지원했다. 하지만 무엇보다 결정적인 힘은 시카고 시민과 단체, 기관들이 자발적으로 참여하고 각자의 위치에서 협력한 데서 비롯되었다.

2001년, 이 프로젝트의 첫 번째 선정 도서로 하퍼 리의 『앵무새 죽이기』가 선택되었다. 인간의 편견과 이해, 용서, 인종, 젠더를 아우르는 이 작품은 시카고뿐 아니라 오늘날의 세계와도 맞닿아 있는 보편적 주제를 담고 있다는 평가를 받았다. 시카고 공공도서관은 영어, 스페인어, 폴란드어로 번역된 책 2,000부씩 구입해 산하 79개 도서관에 배포하고, '10월 시카고 도서 주간' 동안 시민들이 독서 토론에 참여하도록 장려했다.

시카고의 법률가들은 '톰 로빈슨의 재판 장면(Tom Robinson's trial)'을 재연하며 시민들과 함께 이 작품이 제기한 쟁점들을 토론했고, 스타벅스 시카고 본부는 60여 개 매장에 안내지를 배포하는 한편, 다섯 곳의 매장을 독서 토론 장소로 개방하고 다과도 제공했다. 지역 청과상 체인 주얼-오스코(Jewel-Osco)와 소비재 기업 P&G(Procter & Gamble)는 1만 달러의 기부와 함께, 매장 내 광고 전단과 포스터, 구내 방송, 쿠

폰 증정 등으로 캠페인 홍보에 적극 동참했다.

특히 NBA 슈퍼스타 마이클 조던(Michael Jordan)의 역할도 컸다. 그는 자신의 재단인 '마이클·후아니타 기부기금(Michael and Juanita Endowment Fund)'을 통해 시카고 전역의 도서관에서 진행된 12개의 청소년 독서토론 모임을 후원하고, 장서표를 붙인 300권의 도서를 인근 학교에 기증했다. 조던의 참여는 압도적인 파급력을 불러왔다. 시카고 불스의 영광을 기억하는 팬들, 그리고 지역 시민들이 프로젝트에 관심을 갖고 적극적으로 참여했다. 지역 언론도 이를 집중 조명하며 참여 열기를 더욱 확산시켰다. 이로써 시민 참여가 더욱 확산되는 한편, 흑인 인종차별 문제에 대한 인식에도 큰 변화를 불러왔다. 이후 시카고 모델은 빠르게 확장되었다. 2002년에는 128개 프로그램으로 확대되었고, 2006년에는 446개 지역이 참여하게 되었다. 여러 도시에서 공공도서관은 물론, 대학·노동단체·문화·시민단체 등이 대거 참여하며 후원하는 방식으로 이 모델이 계속되었다.

**책 한 권에
도시의 시대정신을 담다**

시카고에서의 성공은 이 프로젝트가 단순한 문화행사가 아니라 도시의 미래를 바꾸는 공공적 실천이 될 수 있음을 보여주었다. 그리고 그 영향력은 전 세계로 퍼져나갔다. 우리나라에는 2003년 한국도서관협회가 충남 서산시에서 '범시민 한 책 읽기 운동'을 시범사업으로 채택하며 본격적으로 도입했다.

그러나 국내에서는 이 운동이 지닌 문제의식과 시민의 자발적 참여를 이끌어내기 위한 구체적 의제 설정에 대한 관심이 상대적으로 부족했다. 기업과 유명 인사의 참여, 시민사회의 토론 문화가 어떻게 작동하는지 고민하기보다는 이를 지역 행사이자 지방정부의 문화 역량을 홍보하는 수단으로 활용하는 경향이 더 컸다. 그런 탓에 비록 시민들은 이 독서 운동을 의미 있는 이벤트로 받아들였지만, 그것이 지역 사회 문제와 어떻게 연결될 수 있는지에 대한 논의가 충분히 이뤄지지 못했다. 이는 공공도서관이나 시민단체가 주도권을 갖기 어려운 행정 구조, 독서 행위를 공론장이 아닌 축제형 콘텐츠로 소비하는 관행과도 무관치 않다.

2024년 한국출판문화산업진흥원 자료에 따르면, '한 도시 한 책 읽기' 프로그램은 전국적으로 60여 곳의 지자체에서 진행되고 있다. 서울(노원구, 중구, 서대문구 등), 부산(기장군, 연제구, 부산광역시), 대구, 인천, 광주, 대전, 울산 등 광역시는 물론, 경기(성남시, 안산시, 수원시, 연천군 등), 강원(원주시, 동해시), 충청, 전라, 경상, 제주 등 대부분의 시·군 단위 지방자치단체가 참여하고 있다. 한국출판문화산업진흥원은 이 사업을 이렇게 소개한다.

"이 독서 운동은 지역의 공공도서관이 자치단체와 각종 기관, 시민과의 네트워크를 형성하고, 같은 책을 함께 읽으며 다양한 행사에 참여하도록 함으로써 '읽기'의 경험을 사회적으로 확장하는 데에 목적이 있습니다. 나아가 혼자 읽는 독서에서 벗어나,

토론을 통해 생각을 나누고 서로의 다름과 같음을 이해함으로써 지역 공동체 의식을 공고히 하고자 합니다."

이 사업에 참여하는 지자체도 해마다 늘고 있다. 같은 책을 함께 읽는 과정을 통해 많은 도시들이 공동체적 경험을 나누고 있다는 긍정적인 평가도 이어진다. 그러나 일부 지역에서는 거창하게 시작했던 초기와 달리, 시간이 지나며 시민의 호응이 줄고 자치단체장의 관심마저 식어 흐지부지되는 사례가 적지 않다. 또 일부 도시에서는 처음엔 참신하게 받아들이다가 점차 연례행사처럼 형식적으로 치르는 경우도 많다.

국내에서 이 운동을 가장 먼저 시작한 도시는 충청남도 서산시와 강원도 원주시다. 서산시의 경우 2003년 서산시립도서관이 주축이 되어 '한 책 한 도시' 운동을 시작했다. 시민들의 추천을 받아 도서관운영위원회가 '올해의 책'을 선정하면, 400권의 책을 구입해 도서관 등에 비치하고 시민들이 이를 돌려 읽는 방식으로 운영한다. 이른바 '릴레이 독서'다. 이 프로젝트에는 독서토론회, 작가 초청 강연, 독후감 쓰기 등이 포함되어 단순한 독서를 넘어 참여형 활동으로 확장된다.

서산시에 이어 강원도 원주시가 나섰다. 2004년 원주시는 서산시와 달리 사회단체인 원주지속가능발전협의회가 중심이 되어 이 운동을 시작했다. 그 이듬해인 2005년 원주시와 원주시립도서관, 원주교육지원청, 원주교육문화관 등이 함께 '원주 한 도시 한 책 읽기 운동본부'를 결성했다. 여기서 주목할 점은 지역신문 『원주투데이』가 이 프로젝트에 참여했다는 사실이다. 특히 지역 언론의 지속적이고 집중적인 홍보는 시민 참여를 유도하는 데 큰 역할을 했다. 다양한 의견과 의제를 도출해 공동체적 논의를 가능하게 한 점에서, 원주시의 사례는 서산시보다 한결음 더 나아간 모범으로 평가된다. 책을 매개로 시민을 하나로 엮고, 이를 통해 문화적 역량은 물론 시민 민주주의와 지역 공동체의 결속력을 높이는 시도였다는 점에서 그 의미는 작지 않다.

2006년 이 운동에 동참한 청주시도 눈에 띈다. 청주시는 시민 참여형 도서 선정 방식을 도입하며 관심을 모았다. 마치 방송 오디션 프로그램을 연상시키는 선정 과정으로 흥미를 이끌어냈다는 평가다. 청주시는 독서와 토론 문화를 확산하기 위해 '책 읽는 청주(onebook.cjcil.com)' 누리집에서 책 선정 여론조사를 운영한다. 시민들이 함께 읽고 싶은 책 50~70권을 추천하면, 교수·시인·언론인·문학평론가·도서관장 등으로 구성된 '책 읽는 청주 추진위원회'가 꾸려진다. 위원 14명(남녀 각 7명)은 토론을 거쳐 후보 도서를 5권으로 압축하고, 각 책의 대표자는 청주방송 라디오 프로그램 '배틀북스'에 출연해 선정 이유를 설명하며 시민들의 투표를 호소한다. 이후 시민 청취자들의 투표와 추가 여론조사를 통해 후보를 3권으로 좁힌 뒤, 추진위원회가 최종 선정을 마무리한다. 이와 같은 전 과정은 단순한 추천을 넘어, 시민이 책을 매개로 깊이 참여하는 독서 공동체 형성의 실험이다. 청주시립도서관 관계자는 "시민 공통의 관심사와 보편적 접근 가능성, 특정 종교나 이념에 치우치지 않은 좋은 책을 고르기 위해 시민의 목소리가 가장 중요하다"고 강조했다.

초기에 청주시는 '책 한 권으로 하나 되는 청주'를 기치로 내세웠으나, 현재는 통일성보다는 차이를 인정하고 다양성을 포용하는 시민 문화를 지향하는 방향으로 전환한 상태다. 시는 상·하반기 두 차례에

걸쳐 선정된 책 1,500권 안팎을 구입해 청주시립도서관 등 도서관 10
여 곳을 통해 개인과 단체 신청자에게 배포하는 역할에 집중한다. 이후
책을 읽고 토론하며 내용을 공유하는 과정도 전적으로 시민들의 몫이
다. 청주에는 선정 도서를 함께 읽는 북카페 10곳이 자생적으로 형성
되었고, 소규모 북클럽을 통해 시민들이 자발적으로 토론하며 책을 나
누고 있다.

　이처럼 초기 '한 도시 한 책' 운동을 정착시킨 세 도시의 사례는 각
지역이 저마다의 특성을 바탕으로 이 운동을 발전시켜왔음을 보여준
다. 다만 그 '진화'가 일정한 패턴을 반복하는 데 그치고 있다는 점은
아쉬운 대목이다. 한 도시가 한 권의 책을 선정해 500~1,000권가량을
구입·비치하고, 많은 시민이 이를 접할 수 있도록 하는 것은 충분히 의
미 있는 시도다. 또 해마다 시민들이 같은 책을 함께 읽는다는 사실만으
로도 이 행사는 공동체 형성의 차원에서 성공적이고 매력적인 기획으로
평가받을 수 있다. 그러나 관점을 달리하면 다른 해석이 가능하다.

　적어도 '한 도시 한 책'에 선정된 책을 도서관에서 대량으로 구
입·비치하는 방식은 자칫 시민이 해당 도서를 스스로 구입해 읽으려
는 동기를 약화시킬 우려가 있다. 물론 책을 반드시 구매해야만 의미
있는 것은 아니다. 도서관에서 자유롭게 읽을 수 있는 환경만으로도 충
분하다. 그러나 한 도시가 한 해에 선정한 책은 단순한 다수결의 결과
가 아니다. 그것은 해당 도시 공동체가 그 시기에 어떤 가치와 문제의
식에 주목했는지 압축적으로 보여주는 결과물이다. 그렇게 선정된 책
은 도시의 시대정신을 상징하고, 구성원들이 향후 어떤 미래 의제를 지
향하고자 하는지 드러내는 상징이 된다.

만약 그 책들을 가정마다 한 권씩 비치해 10년, 20년 서가에 차곡차곡 꽂아 둔다면, 그것만으로도 도시가 걸어온 사유의 궤적과 가치의 변화를 일목요연하게 확인할 수 있다. 그 자체로 살아 있는 우리 지역의 압축된 역사이며, 시대정신의 반영이자 미래 담론의 토대다. 이런 흐름을 한눈에 조망할 수 있다면, 다음 시대의 방향성과 과제를 예측하고 논의하는 데에도 실마리를 제공할 수 있을 것이다. 이는 도시의 집단기억을 구성하는 중요한 문화적 기반이 될 수 있다. 이를 위해 시는 책 구매를 유도하는 실질적 프로젝트를 마련할 필요가 있다. 예컨대 선정 도서를 반값에 구매할 수 있도록 시에서 '도서 구입 바우처'를 지급하거나, 여유 있는 시민이 두 권을 구매해 한 권은 익명의 시민에게 기부하는 방식도 고려할 수 있다. 최근 확산되고 있는 '선결제 문화'를 응용해 공동체적 연대와 문화적 기부를 결합하는 방식도 흥미로울 것이다.

'한 도시 한 책' 운동,
그 이상을 묻다

과거와 비교하면, 오늘날 국내 도서관은 분명 개선된 모습이다. 시설이나 장서 면에서도 이전보다 충실해진 것도 사실이다. 그러나 이는 단지 과거와의 상대적 비교일 뿐, 여전히 갈 길은 멀고 해결해야 할 과제도 적지 않다. 무엇보다 도서관에 대한 사회적 기대 수준 자체가 낮다는 점이 문제다. 정부나 지방자치단체는 도서관 정책에 충분한 관심을 기울이지 않고 있는 형편이며, 시민들 또한 도서관의 역할과 가능성에 대해 무감각한 태도를 보이는 경우가 많다. 이는 무엇보다 도서관에 대한 높은 진입장벽과 경험의 부재에서 비롯된 문제이기도 하다. 이런 점에서 미국도서관협회(American Library Association)가 발행한 「미국 도서관에 대한 10가지 놀라운 사실들」이라는 문서에 주목할 필요가 있다.

1. 미국에는 맥도날드 매장보다 공공도서관이 더 많다.

2. 미국 도서관에서 매일 대출되는 자료는 페덱스 하루 물류량보다 많다(540만 대 530만).

3. 미국 공공도서관 회원 수는 아마존 회원의 거의 1/5 수준이다.

4. 미국인들의 도서관 출입은 극장에 가는 횟수의 2배가 넘는다.

5. 미국인들은 공공도서관에서 쓰는 돈의 3배를 스낵에 쓴다.•

6. 미국 도서관은 세계 각국의 책들을 약 160억 권 소장하고 있다.

7. 미국인들의 도서관 방문 횟수는 연간 11억 회 이상이며, 같은 해 판매된 스포츠 입장권은 2억 400만 장이다.

8. 학생들은 한 학년 동안 학교도서관·미디어센터를 거의 15억 번 방문한다.

9. 미국인들은 자녀의 학교도서관에 쓰는 돈의 7배를 비디오게임에 지출한다.

10. 대학도서관 사서들은 매년 9,700만 건의 참고 질의에 응한다.

• 이는 도서관이 상대적으로 얼마나 적은 공공 예산으로 운영되며, 그에 비해 얼마나 큰 사회적 기능을 수행하는지 상징적으로 보여주는 수치다.

흥미롭고 놀랍지 않은가. 이 10가지 통계는 도서관이 미국 사회에서 얼마나 뿌리 깊고 효율적인 공공재로 기능하고 있는지 보여준다. 반면에 한국의 현실은 어떤가. 통계에 따르면, 우리나라의 공공도서관 한 관당 서비스 대상 인구는 미국이나 유럽의 5배에서 10배에 이른다. 이를 달리 말하면, 우리가 실제로 필요로 하는 공공도서관의 10~20퍼센트 수준만 확보되었다는 뜻이다. 도서관의 접근성이 낮으므로 시민은 도서관을 찾지 않게 되고, 그런 현실 속에서 도서관법에 규정된 사서 인력을 충원한 공공도서관 또한 드물다. 더 근본적인 문제는 이에 관해 관심조차 기울이지 않는 사회적 무감각이다. 도서관의 필요성과 의미에 대한 시민 인식이 얕으니 선거에서 도서관 관련 공약을 찾아보기란

1895년 지어진 보스턴 공공도서관 본관 베이츠 홀 전경. 미국의 공공도서관은 약 1만 6,000여 곳으로, 1,000여 곳에 불과한 한국보다 많으며 인구 대비로도 두 배 이상 많다.
(Library of Congress / Public Domain)

어렵고, 그 결과 도서관법을 지키지 않는 상황이 벌어져도 별 문제 없이 넘어가는 구조가 고착된다. 심지어 도서관법에 명시된 법정 사서의 수를 충족한 도서관이 거의 전무한 게 현실이다. 사서를 도서 전문가로 인정하고 제대로 대우하며 체계적으로 양성할 기반조차 갖추지 못한 기형적 구조가 여전히 유지되고 있다.

공공도서관이 어느 부서에 속해 있는지 살펴보면, 그 도시의 도서관 정책에 대한 인식 수준을 가늠할 수 있다. 가장 흔한 경우는 '평생교육과' 또는 '문화체육과' 산하에 도서관이 편제되어 있으며, 최근 들어 약 20퍼센트 정도의 지자체는 '도서관과', '도서행정과', '도서정책과'와 같이 도서관 전담 부서를 따로 두고 있다. 일부는 아예 사업소로 분리하여 '시립도서관'으로 독립 운영하는 사례도 나타난다. 서산시는 그 대표적 예에 해당한다. 서산시는 비교적 정상적인 도서관 정책 집행 체계를 갖춘 곳으로 볼 수 있다. 반면, 사서가 승진해 도서관장을 맡는 경우가 여전히 드물다. 사서직이 기관장급 보직을 맡을 수 있도록 승진하는 통로 자체가 사실상 차단된 탓에 시·군 본청의 과장이나 팀장급 비사서직 공무원이 도서관장을 겸임하는 구조가 일반적이다. 따라서 도서관 전담 부서의 설치 여부는 단순한 행정 편제의 문제가 아니라 전문직 사서가 도서관을 실질적으로 이끌 수 있는 제도적 기반을 마련하는 데 핵심적인 의미를 갖는다. 이러한 구조하에 지자체가 외부 재정 지원 없이 자체 예산만으로 독서문화 프로그램을 지속할 가능성은 크지 않다. 문화체육관광부 산하 한국출판문화산업진흥원이 공모 사업을 통해 이러한 프로그램을 지원하는 것도 이와 같은 재정 및 행정 현실에서 비롯된 결과라 할 수 있다.

그나마 '한 도시 한 책' 프로그램을 운영하는 지자체는 도서관 정책에 적극적이며, 행정 조직 또한 도서관 전담 부서로 독립되어 있을 확률이 높다. 이들 도시에서는 사서의 승진 기회도 상대적으로 열려 있어, 사서직 공무원이 도서관장을 맡는 비율이 더 높을 수 있다. 하지만 이처럼 비교적 제도적 기반이 잘 갖춰진 도시들조차도 실제로는 도서관법이 정한 최소한의 기준조차 충족하지 못하는 경우가 대부분이다. 따라서 한국출판문화산업진흥원이 해당 공모 사업을 추진하는 데 있어 제도적 전향성과 행정 구조의 적합성을 갖춘 도시를 우선 대상으로 고려하는 차등적 지원 전략도 검토할 필요가 있다.

결국, 도서관에 대한 시민들의 인식부터 새롭게 해야 한다. 어떤 도시의 과거를 알고 싶다면 박물관을, 현재를 알고 싶다면 시장을, 그리고 미래를 알고 싶다면 도서관을 찾아보라는 말이 있다. 이 비유는 도서관이 단순한 시설을 넘어 한 도시의 미래와 문화적 잠재력을 가늠할 수 있는 공간임을 잘 보여준다. 도서관은 지식 콘텐츠를 축적하고 창출하는 전진기지이자, 공동체의 비전이 형성되는 장소여야 한다.

이는 '한 도시 한 책' 운동이 단순한 행사나 일회성 캠페인으로 평가 절하되어서는 안 되는 이유이기도 하다. 지역 공동체의 정신적 가치가 농축되고 배양되는 문화적 못자리로 이해되어야 한다. 이를 가능케 하려면, 도서관의 제도적 위상과 정체성이 지자체 행정 안에서 명확히 자리 잡아야 한다. 아울러 그 도시를 대표하는 공간으로 시민들이 자부심을 가질 수 있는 도서관 건축에도 공동의 역량을 모아야 한다. 도서관은 그 자체로 지역사회의 미래를 상징하는 랜드마크가 될 수 있다.

그런 가운데 우려스러운 소식이 이어지기도 했다. 국내에서 가장 먼저 '한 도시 한 책' 운동을 시작한 서산시에서 도서관 정책의 후퇴 조짐이 나타난 것이다. 시는 그동안 시내 중심부에 부지를 확보하고, 자체 예산과 정부·도 지원까지 이끌어내며 새로운 도서관 건립을 추진해왔다. 설계안까지 마련되어 사실상 착공만 남겨둔 상태였다. 그런데 새로 취임한 시장이 독단적으로 이 계획을 전면 백지화했다. 시 당국은 부지가 좁다거나 호수공원 상권과 조화롭지 않다는 불분명한 이유를 내세우며, 이미 확보된 예산과 지원금까지 반납하고 그 자리에 친환경 주차장을 조성하겠다고 밝혔다. 더 나은 도서관 건립을 위한 불가피한 조정이라 설명했으나, 언제 어디에 어떤 규모로 짓겠다는 구체적 계획은 제시하지 않았다. 결국 서산시 시립도서관 건립이 기약 없이 미뤄지게 된 것이다. 이 사례는 도서관 정책이 단체장 개인의 의지에 좌우되며, 그 결과 문화 기반이 얼마나 쉽게 허물어질 수 있는지 보여준다.

'한 도시 한 책' 운동은 단순한 독서 캠페인을 넘어, 도서관의 위상을 높이고 시민의 지적·문화적 역량을 고양하는 방향으로 확장될 필요가 있다. 그러나 더 본질적인 과제는 이 운동이 도시의 미래 의제를 진지하게 도출하고 토론하는 동력이 되도록 설계하는 일이다. 그러려면 책을 고르기에 앞서 시민들이 모여 도시가 당면한 주요 과제를 논의하는 과정이 선행되어야 한다. 그 논의를 토대로 미래지향적 의제를 설정하고, 이를 해결하거나 진전시킬 수 있는 주제를 추출한 뒤 우선순위와 시의성을 고려해 핵심 의제를 마련해야 한다. 그런 후에야 비로소 그 의제와 부합하는 도서를 추천받고, 토론을 거쳐 '올해의 책'을 함께 정할 수 있을 것이다. 이제는 우리에게 질문이 필요하다. 오늘 이 나라의 어느 도시가 과연 이러한 과정을 충실히 밟아 책을 선정하고 있는가.

이 운동은 단순한 책 읽기 캠페인을 넘어서는 가치를 지닌다. 지역사회가 같은 책을 함께 읽고 토론하며 다양한 행사를 통해 소통하는 계기를 마련한다는 점에서 공동체적 의의가 크다. 그러나 현실은 이러한 이상과 거리가 있다. 그 핵심은 시민 참여의 부족이다. 현재 대부분의 사업이 도서관과 시민추진단을 중심으로 이루어지고 있어, 관련 기관이나 단체, 학교, 상업 시설 등 다양한 주체들의 능동적 참여를 이끌어내는 구조가 미흡하다. 무엇보다 도시가 당면한 문제를 토론하고 그로부터 미래 의제를 도출하는 과정이 작동하지 않는다는 점이 크다. 이런 한계를 극복하려면 평소 독서나 지역 문제에 무관심한 시민들까지 참여할 수 있도록 인지도를 높이고, 보다 적극적인 유인 전략을 마련해야 한다. 그럼에도 현실은 여전히 도서 선정이 일방적으로 이뤄지거나 베스트셀러 위주로 편중되는 경우가 많다. 이는 '한 도시 한 책' 운동이 연례행사화되어 본래 취지를 잊은 채 형식에 머물기 쉬운 구조 때문이기도 하다. 뜻은 분명하지만, 실행 구조의 취약성을 직시할 때에만 이 운동은 성숙하고 지속 가능한 방향으로 나아갈 수 있다.

시애틀에서 시작해 시카고에서 절정을 이루고 전 세계로 확산된 '한 도시 한 책' 운동이 한국에 빠르게 전파되었다는 사실은 우리 사회의 독서문화가 일정 수준에 도달했음을 보여주는 의미 있는 지표다. 이후 국내에서도 많은 도시들이 이 흐름에 동참하며 전국적으로 확산된 것 또한 분명 바람직하다. 다만 아직 기억에 남을 만한 성과로 이어지지 못한 점은 아쉬움으로 남는다.

모든 것이 단번에 만족스러울 수는 없다. 꾸준히 이어져온 사실만으로도 우리 사회에 소중한 문화 자산이 축적되는 과정으로 이해할 수 있다. 이제는 이 운동을 다음 세대로 이어질 지속 가능한 문화로 발전되기를 기대한다. 하나의 책이 시민의 인식과 도시의 미래를 바꿀 수 있다는 믿음 위에, 새로운 문화적 의제와 실천을 모색해야 할 시점이다.

고전은 왜, 어떻게 읽어야 하는가
시카고대에서 시작된 질문

혹자는 백 권의 베스트셀러보다 한 권의 고전을 읽는 것이 더 유익하다고 말한다. 고전의 가치와 위상을 강조하기 위한 말이지만, 그렇다고 모든 시대의 베스트셀러가 무가치한 것은 아니다. 오히려 고전의 '위대함'을 반복해 말하면서도 그 속뜻은 헤아리지 못한 채 껍데기만 떠받드는 태도가 더 위험할 수 있다. 미국의 작가 마크 트웨인은 고전을 두고 '사람들이 모두 읽어야 한다고 말하지만 실제로는 아무도 읽지 않는 책'이라 정의했다. 해학의 달인다운 촌철살인이다. 즉, 고전의 가치를 높이 평가하면서도 정작 그것을 음미하지 못하고 있다는 것이다.

고전은 인류 문명의 위대한 유산이며 인간의 이성과 감성이 축적된 결정체다. 수천 년에 걸쳐 축적된 사유와 정서의 정수가 고전에 담겨 있다. '망각의 강'을 건너 살아남았고, 시간이 흐를수록 더 강한 힘을 발휘해왔다. 그 힘은 시간과 공간을 초월한 통찰, 곧 인간과 삶의 보편적 문제를 대가의 시선으로 해석하고 표현했다는 데 있다. 고전은 특정 시대의 텍스트가 아니라 오늘을 바라보게 하는 렌즈다. 우리는 고전의 권위를 인정하고, 그로부터 배우려 애쓴다. 그러나 고전은 답을 가르치지도, 특정한 해석을 요구하지도 않는다. 오히려 독자가 스스로 삶과 세계를 새롭게 읽어낼 수 있도록 다양한 시선을 열어줄 뿐이다. 바로 이 지점에 고전의 가치가 있다. 그럼에도 고전을 위대한 지식의 원천이라 떠받들면서, 정작 우리 자신의 지식에 권위를 더하기 위한 장식품처럼 소비하는 경우가 적지 않다.

시카고대의 교양 수업,
고전을 가르치는 이유

국내 주요 대학들이 저마다 고전 읽기 프로그램을 운영하고 있다. 이른바 '고전 100선' 시리즈다. 일부 대학은 이를 세분화해 '동양 고전 100선', '서양 고전 100선' 등으로 확장하기도 한다. 그러나 취업을 위한 스펙 경쟁 속에서 수십 권에 달하는 고전을 읽는 일은 많은 시간과 노력을 요구한다. 당장의 진로와 직접적 관련도 없어 보인다. 누가 그 여유를 감당할 수 있겠는가. 결국 이 프로그램은 대부분의 대학에서 신입생에게 권장도서 목록을 나눠주는 수준에 그치고 있다.

고전 목록은 지성인의 교양을 쌓기 위한 취지에서 비롯된 것이지만, 실제로는 대학의 교육 수준과 문화적 권위를 드러내는 상징으로 작동하는 경우가 많다. 고전 교육이 지녔던 본래의 가치가 충분히 공유되지 않은 채 외형만 모방되었기 때문이다. 이 문제를 이해하려면 고전 목록이 처음 어떤 맥락에서 출발했는지 살펴볼 필요가 있다. 그 출발점으로 언급되는 대표적인 사례가 시카고대학교다.

오늘날 시카고대학교는 세계에서 가장 많은 노벨상 수상자를 배출한 명문대 가운데 하나다. 그러나 이 대학은 하버드(1636년)와 예일(1701년) 등 동부의 전통 명문대학들보다 200여 년 늦은 1890년, 석유 재벌 존 D. 록펠러(John D. Rockefeller)의 후원으로 미국 중북부 시카고에 세워졌다.• 아무리 대부호의 돈으로 출발했어도 당시 시카고대학교는 변방의 신생 대학에 불과했다. 실제로 1929년까지 '둔재들의 대학', '삼류대학'으로 불리기도 했다. 그런 시카고대학교가 본격적인 변신에 나선 것은 1930년 무렵이었다. 이 시기를 기점으로 시카고대학교는 미국을 대표하는 연구 중심 대학으로 자리매김한다. 물론 시카고대의 성장은 록펠러의 막대한 기부 없이는 불가능했을 것이다. 그러나 그것만으로 설명된다면, 시카고대학교는 설립 직후부터 성장세를 보였어야 한다. 주목해야 할 점은 개교 후 40년 가까이 별다른 존재감이 없던 대학이 1930년을 전후해 눈에 띄는 성과를 내기 시작했다는 사실이다. 실제로 시카고대학교는 1930년부터 2000년까지 약 70명의 노벨상 수상자를 배출했다. 무엇이 이 변화를 가능하게 했을까.

변화의 중심에는 한 인물이 있었다. 1930년 미국 대학 역사상 최연소 총장이 시카고대학교에 부임했다. 그 주인공은 서른한 살의 젊은 법학자 로버트 M. 허친스(Robert M. Hutchins, 1899~1977)였다. 그는 총장과 재단 이사장을 겸하며 전권을 쥔 '어린 총장'으로 주목받았다.•• 허친스는 스물여덟 살이던 1927년에 이미 시카고대 법과대학 학장을 지

• 시카고대학교는 미국 침례교 교육회(American Baptist Education Society)가 설립을 주도해 일리노이 주정부의 인가를 받고 법인을 세웠다. 존 D. 록펠러는 당시로서는 전례 없는 거액을 기부해 대학의 재정적 기반을 마련했다. 이러한 이유로 그는 통상 '설립자'로 불린다.

1921년 시카고대학교의 캠퍼스 전경. 1890년 설립된 이 대학은 1930년대 들어 경제학·사회학 등에서 '시카고학파'를 형성하며 명문대로 자리매김했다.
(Library of Congress / Public Domain)

냈다. 총장에 부임한 그는 미국 고등교육이 지나치게 전문화되고 직업 중심 실용주의에 치우쳤다고 진단했다. 이에 균형 잡힌 교양 교육과 유럽의 지적 전통 계승을 주장하며, 고전 중심 교과과정을 도입해 학교를 구조적으로 혁신하고자 했다.

물론 이 모든 개혁을 허친스 혼자만의 힘으로 이룰 수는 없었다. 그중에서도 철학자 모티머 J. 애들러(Mortimer J. Adler)는 허친스와 지적 교감을 이루며 시카고대학교 교양 교육 개혁을 함께 이끌었다. 컬럼비아대학교에서 철학을 공부한 그는 시카고대에 합류해 '서양의 위대한 책들(Great Books of the Western World)' 프로젝트를 완성했다. 이후 '파

●● 당시 미국에서는 대학 총장을 '훌륭한 거지(good beggar)'라 불렀다. 연방·주 정부 예산 확보와 기업 후원 유치, 교수진 영입을 위해 전국을 누벼야 했기 때문이다. 젊고 활동적인 총장이 선호되던 이유다.

이데이아 제안(Paideia Proposal)'을 통해 고전 교육의 철학을 미국 공교육 개혁의 방향으로 확장했다.•

처음부터 허친스와 애들러는 아리스토텔레스와 토마스 아퀴나스의 전통을 자유 교양 교육의 이상향으로 삼았다. 단순한 철학적 동경 때문이 아니었다. 실용주의와 전문화가 지배하던 20세기 미국 교육 현실에 맞서 고대와 중세의 교양 교육 전통을 복원하려는 시도였다. 특히 그들이 주목한 것은 '여가(schole)'라는 고대 개념이었다.•• 허친스와 애들러는 산업화와 민주화를 거치며 누구나 일정한 '여가'를 확보하게 되었고, 이제 그 시간을 교양 교육에 쓸 조건이 마련되었다고 보았다. 그들은 고대의 엘리트 교육을 계승하되 "모든 사람을 위한 교양 교육(liberal education for all)"을 강조했다. 인간을 도구, 목적, 실용의 대상이 아니라 가치의 주체로 대하려는 철학 위에 이 프로그램을 세웠던 것이다. 교양 교육은 인간을 사적 존재로서뿐 아니라 공적 존재(시민)로서 탁월하게 육성하는 데 목적이 있었다. 이러한 통찰이 곧 시카고대학교 교양 교육의 핵심이었다.

• 1952년 출간된 54권 분량의 『서양의 위대한 책들』은 허친스가 편집장을 맡고 출판까지 주도했다. 그는 1943년부터 1974년 은퇴할 때까지 『브리태니커 백과사전』 편집위원장을 지냈으며, 브리태니커사 이사로 활동했다. 1961년부터는 애들러와 함께 『오늘날의 위대한 사상(The Great Ideas Today)』을 공동 편집했다.
•• 이 말은 단순한 휴식을 뜻하는 것이 아니라 자유민이 사유와 성찰을 통해 인간답게 성장하는 교육의 시간을 의미한다. 오늘날 '학교(school)'라는 말의 어원도 여기서 비롯되었다.

허친스는 교양 교육을 인간의 지성을 연마하는 과정으로 보았다. 인간은 존재의 시작을 선택할 수는 없지만, 어떤 인간으로 살아갈지는 스스로 결정할 수 있다. 다시 말해, 미성숙한 상태에 머물 것인지, 교양을 통해 스스로 단련할 것인지는 각자의 선택이라는 뜻이다. 그래서 교양 교육은 단순한 학문적 소양을 넘어 풍요로운 삶을 위한 가장 기초적인 교육이었고, 동시에 민주사회의 시민이라면 누구나 누려야 할 권리이자 공동체를 위한 책무였다. 그의 교육 철학은 곧 인간을 수단이 아닌 목적으로 대하며 살아가는 삶, 더 인간다운 삶에 대한 신념으로 이어졌다.

허친스와 애들러는 고전이야말로 순수학문의 뿌리이며, 대학은 본래 순수학문을 추구해야 한다고 믿었다. 1939년 시카고대학교 미식축구팀을 해체한 일도 그 연장선에 있었다. 대학이 대중의 흥미나 상업적 성공보다 학문의 본질에 충실해야 한다는 신념을 굽히지 않았다. 그의 개혁안에 대해 학내 구성원들은 거세게 반발했지만, 허친스는 권위로 누르기보다 끝까지 토론과 설득으로 돌파했다. 행정가로서 논쟁에 자주 휘말렸지만, 학부와 대학원 교육과정을 근본부터 재편해야 한다는 소신만큼은 물러서지 않았다. 그 철학과 실천이 집약된 성과가 바로 '시카고 플랜(Chicago Plan)'이다.

초기 시카고 플랜은 당시로서는 전례 없는 교육 실험이었다. 학부생들은 인문 교양 교육에 전념해야 했으며, 강의 출석보다 종합시험을 통해 종합적 사고력을 평가받았다. 허친스는 이러한 제도 개혁을 통해 고등교육의 본질과 목적에 대한 사회적 논의와 참여를 유도하고자 했다. 그는 다양한 수준의 고전 연구를 교과과정 전반에 도입해 이를 핵심 수단으로 삼았다. 무엇보다 교양 교육이 제대로 작동하기 위해서는 대학의 자율성과 교수의 학문적 자유가 보장되어야 했다.*

허친스는 학문의 본질을 외면하는 대학은 더 이상 대학이 아니라고 믿었다. 그에게 대학은 진리를 추구하고, 비판적 사고를 기르며, 인간의 지혜를 다음 세대에 전하는 공간이었다. 그 철학은 '그레이트 북스 커리큘럼(Great Books Curriculum)'이라는 형태로 구체화되었고, 그는 1951년 총장직에서 물러날 때까지 이 프로그램을 일관되게 추진하고 제도화했다.

시카고대학교가 고전 읽기를 강조한 이유는 인류의 지혜를 배우고 그 바탕 위에서 현대 사회를 비판적으로 성찰하게 하기 위함이었다. 허친스는 교육의 목적이 지식의 축적이 아니라 '이해'에 있다고 보았다. 학생은 배운 내용을 깊이 음미하며 거기서 자기 생각을 발전시킬 수 있어야 했다. 그는 또 교육을 하나의 정답을 빠르게 찾는 훈련이 아니라, 스스로 질문을 던지고 문제를 깊이 탐구하며 다양한 해석과 대안을 모색하는 과정으로 여겼다. 그것이 지성인의 본분이라는 것이다. 나아가 교육은 대학이라는 제도 안에 머무는 것이 아니라 평생 지속되어

---

* 매카시즘 광풍이 일던 1950년대 미국에서 이른바 '교수 충성 서약(loyalty oath)'이 널리 시행되었으나, 허친스는 이를 학문의 자유를 위협하는 정치적 강제라 판단하며 단호히 거부했다. 이후에도 그는 개인 자유와 국제 질서, 생태 문제와 소수자 권리, 그리고 선한 삶의 본질 등 다양한 공적 의제에 대해 일관된 철학을 견지했다.

야 했다. 오늘날 '평생교육'으로 불리는 관점도 그가 말한 '지적 근육'을 기르는 것에서 출발했다. 그리고 그 지적 훈련의 가장 확고한 기초는 고전 읽기였다.

허친스는 커리큘럼을 마련해 읽으라고 권하는 데서 그치지 않았다. 철학 고전을 비롯한 세계의 위대한 고전 100권을 암송할 만큼 숙독하지 않으면 졸업을 허용하지 않겠다고 천명함으로써, 고전 교육에 대한 확고한 의지를 드러냈다. 여기에 더해 모든 학생에게 다음 세 가지 과제를 요구했다.

1. 당신에게 가장 알맞은 인간적 모범을 한 명 정하라.
2. 삶의 중심이 될 만한 영원한 가치를 발견하라.
3. 그 가치에 기초한 꿈과 비진을 품어라.

학생들은 거세게 반발했다. 명문으로 분류되지 않던 중부의 신흥 대학에서, 그것도 아이비리그에서도 요구하지 않는 100권의 고전*을 졸업 요건으로 삼았기 때문이다. 허친스는 물러서지 않았다. 그는 고전 읽기뿐 아니라 수업 출석 의무화와 종합시험 중심의 평가제도까지 단호히 추진했다. 졸업을 원한다면 고전을 읽는 수밖에 없었다.

그렇게 강제로 시작된 독서였다. 하지만 30권, 50권을 넘어서자 학생들에게 변화가 나타났다. 위대한 사유의 전통과 고전 문화에 대한

---

* 이 목록은 대부분 서양·기독교·남성 저자들의 저작으로 구성되었으며, 동양 고전은 『논어』(그마저도 발췌본)와 『바가바드기타』 두 권에 그쳤다. 이로 인해 편향성과 배제의 문제를 둘러싼 비판이 있으나, 당시 시대적 조건을 고려한 불가피한 선택이었다는 반론도 있다.

이해가 지적 전환점이 되었고, 이러한 교육은 곧 시카고대학교의 정체성과 명성을 떠받치는 기반이 되었다. 학생들은 풍부한 교양과 깊은 사고를 갖추게 되었으며, 이는 단순한 학문적 성취에 그치지 않았다. 고전을 통해 연마된 품격과 사유는 사회에서 높은 평가를 받았고, 이렇게 양성된 인재들은 지식뿐 아니라 삶의 태도에서도 뚜렷한 차이를 보여주었다. 그 결과 이 교육과정은 학생들의 자부심을 이끄는 동력이 되었다.●

그러나 시카고대학교의 변화에서 우리가 주목해야 할 점은 따로 있다. 한국 대학 교육에서 거의 간과되고 있는 부분, 즉 고전이 수업 전반에서 실제로 작동하는 방식이다. 고전이 강의 속에서 인용되거나 사례로 활용될 때, 학생들은 독서 경험이 단순한 과제가 아니라 수업 이해에 실질적 도움을 준다는 사실을 체감한다. 반대로 고전 독서가 수업과 연결되지 않는다면, 그것은 졸업 요건을 위한 형식적 과제에 지나지 않는다. 하지만 수업 속에서 고전이 반복적으로 등장하며 핵심 개념을 이해하는 데 결정적 역할을 한다면 상황은 달라진다. 학생들은 즉각적인 인지적 보상을 경험하고, 고전 독서가 졸업 이후가 아니라 당장의 학습에도 유익하다는 확신을 얻게 된다. 그럴 때 비로소 고전 읽기는 의무가 아닌 필요로 자리 잡는다. 이를테면, 영국계 아일랜드 작가 조너선 스위프트(Jonathan Swift)의 『걸리버 여행기(Gulliver's Travels)』(1726)는 흔히 거인국과 소인국의 모험담으로 오해받지만, 본질적으로는 날

● 대공황 이후 미국 사회에서는 졸부들이 다수 등장했는데, 서양 고전에서 빈번히 등장하는 그리스어·라틴어 표현에 익숙한 이들은 일상 속에서 그것을 자연스럽게 활용하며 자신을 은연중에 차별화했다는 분석도 있다.

카로운 정치적 우화다. 이 작품은 정치학 강의에서 자주 인용될 수 있는 텍스트로, 미리 읽은 학생이라면 핵심을 쉽게 파악할 수 있지만 그렇지 않은 학생은 혼란에 빠질 수 있다.

스위프트의 복선과 풍자 구조를 이해한 독자라면 정치적 상상력과 해석의 깊이에서 훨씬 확장된 사고가 가능하다. 문학 수업에서는 언어적 탁월성과 주옥같은 문장을 예문으로 삼을 수 있고, 물리학이나 역사 강의에서는 각각 비례 원리의 설명이나 18세기 영국 정치사·제국주의 풍자의 맥락을 논의하는 데 활용될 수 있다. 이처럼 고전이 강의 전반에서 유기적으로 소환될 때 학생들은 고전 독서의 효용을 실감하게 된다. 그러나 한국 대학의 고전 읽기 프로그램은 이런 맥락적 연계 없이 목록만 제시하는 데 그치는 경우가 많아, 고전 교육의 실질적 가치를 놓치는 결정적 한계로 남는다.

대한민국 대학
고전 열풍의 허상

'고전 100선'이나 '동서고전 200선'과 같은 이름을 붙이는 일 자체는 어렵지 않다. 보통은 고전 추천위원회를 꾸려 기존 시리즈를 참고하고, 교수들이 몇 권씩 추천서를 제출한다. 추천되는 책들은 대개 과거에 감명을 받았거나 한때 중요하다고 여겼던 고전들이다. 그러나 대부분 오래전에 읽은 책들이며, 두 번 이상 정독한 경우가 드물다. 그 결과로 목록은 익숙하고 무난한 고전들을 중심으로, 추천 횟수가 많은 책들 위주로 정리되곤 한다. 전공 분야별 대표작을 덧붙인 뒤 몇 차례 위원회 토론을 거쳐 최종 목록이 완성되는 식이다. 문제는 그 이후다. 정작 그 책들을 다시 읽지 않는 이들은 교수 자신들이다. 이미 한 번 읽었다는 이유로 다시 읽을 필요를 느끼지 못하고, 수업에서도 해당 고전을 적극적으로 인용하거나 강의의 중심에 놓지 않는 경우가 많다.

학생들 역시 수업과 연결된 경험이 없으니 읽어도 그만, 안 읽어도 그만이라는 인식이 자리 잡는다. 예컨대 『자본론(Das Kapital)』처럼 방대하고 난해한 고전은 충분한 맥락 설명과 안내 없이 접근할 경우 내용을 따라가기도 버겁다. 19세기 유럽 자본주의의 역사와 이론적 맥락을 충분히 이해하지 못한 채 접근하면 내용을 따라가기도 어렵고, 의미를 파악하기도 힘들다. 더욱이 경제학이나 정치경제학에 대한 기초가 부족한 상태에서 혼자 힘으로 방대한 이론서를 끝까지 읽는 일은 결코 간단치 않다. 목록이 교육과정 속에서 살아 움직이지 않는다면, 학생에게 남는 것은 읽었다는 흔적뿐 사유의 확장이나 관점의 전환으로 이어지기 어렵다. 이 모든 것을 교수 개인의 문제로 탓하는 건 아니다. 고전 읽기가 대학 교육의 중심 과제로 자리 잡지 않는 한, 목록 제시는 형식에 머물 수밖에 없고 수업과의 연결 역시 기대하기 어렵기 때문이다. 고전 교육이 실제로 작동하려면, 대학의 교육 기조와 철학부터 점검되어야 하는 이유다.

서울대학교출판문화원이 2005년에 출간한 『권장도서 해제집』은 대학생보다 고등학생들에게 더 꾸준히 읽히는 책이다. 대학입시 수시 논술 전형을 준비하며, 고전과 인문 명저를 대강이라도 훑어보는 것이 유리하다는 판단 아래 선택되는 경우가 많다. 이 책은 서울대 교수들이 선정한 고전 100권을 어떻게 읽을 것인가에 대해 안내하는 일종의 가이드북이다. 출판문화원은 "각 분야 전공 교수들이 해당 도서를 선정한 이유와 함께 작가와 작품 세계, 관련 읽을거리까지 알기 쉽게 소개했다"고 설명한다. 여기에 작가의 다른 저작이나 유사 주제의 도서를 덧붙여 독자의 관심 확장을 유도하고 있다고 덧붙인다. 또 이 책을 '인간 이해와 삶의 성찰에 기초가 되는 고전들로 구성된 열린 지식의 보물창고'라고도 소개한다. 서울대처럼 자교 추천 고전에 대해 체계적 해설서를 낸 사례는 드물다. 그러나 문제는 그다음이다. 해제집은 출간 이후 십수 년이 지난 지금까지도 수시 논술을 염두에 둔 고등학생들의 수험용 참고서로 읽힐 뿐, 대학 교육과정에서는 그다지 활발히 다뤄지지 않는다. 결국 고전의 의미를 곱씹고 사유하는 대신, 입시를 위한 수박 겉핥기에 머무는 현실이 지속되고 있는 것이다.

국내 대학들은 시카고 플랜의 성과를 인정하고 모방하려 하면서도, 그 밑바탕이 된 철학과 제도적 맥락에 대해서는 진지하게 성찰하지 않는다. '고전 목록'을 만들어놓기만 하면 자연스레 유사한 효과를 거둘 수 있으리라는 안일한 기대 때문이다. 목록 자체도 한번 정해지면 수년간 별다른 논의나 갱신 없이 유지된다. 고전의 무게와 권위를 생각하면 일정 부분 이해할 수 있으나, 시대의 변화에 따라 그 의미와 효용은 재검토되어야 한다. 그러나 이러한 점검과 수정의 시도는 소수 대학의 특정 분야를 제외하면 거의 없다.

고전은 단순한 과거의 도서 목록이 아니다. 현재와 꾸준히 소통하는 과정 속에서 영감과 통찰을 길어 올릴 때 비로소 의미를 지닌다. 시카고 플랜이 지향했던 방향도 바로 그 지점에 있었다. 플라톤의 『국가론』을 읽는 일은 단순히 고대 철학자의 사상을 이해하는 데서 그치지 않는다. 2,500여 년 전 플라톤은 이상적인 국가를 어떻게 만들고 유지하며 그것이 시민에게 어떤 의미를 가져야 하는지 깊이 고민했다. 그렇다면 오늘날 우리는 어떤 국가를 꿈꾸고, 어떤 방식으로 그것을 구현할 수 있을지 스스로 묻고 답해야 한다. 고전의 권위에 맹목적으로 기대지 않으면서도, 그것을 비판적으로 해석하고 오늘의 삶과 연결하는 능력과 태도를 함께 갖출 때, 고전 읽기는 비로소 의미 있는 작업이 된다.

고전을 읽는 일은 결코 가볍지 않은 지적 행위다. 상당한 시간과 노력이 필요하며 그 과정을 통해 독서와 사유의 근육이 단단히 다져진다. 그렇다면 우리 대학에서 고전 목록을 보다 효과적이고 의미 있게 읽히기 위해서는 어떤 전제가 필요할까. 무엇보다 먼저 교수들이 그 고전들을 다시 읽는 일부터 요구된다. 과거의 독서 경험만으로는 충분하지 않다. 학창 시절의 독서와 교양 교육을 위한 독서는 그 목적과 접근 방식이 전혀 다르기 때문이다. 교수 스스로 고전을 새롭게 읽고 사유하는 과정을 거쳐야 수업에서 해당 고전을 다양한 맥락 속에 자연스럽게 소환하고, 논의와 해석을 풍성하게 이끌어낼 수 있다. 그러나 이는 교수 개인의 노력만으로는 감당하기 어렵다. 교양 수업의 학점 배분이 줄고 강의 시간마저 축소되는 상황에서, 대학 당국이 고전 교육을 핵심 과제로 인식하지 않는다면 그 책임을 교수 개인에게만 돌릴 수 없다. 고전 교육이 살아 숨 쉬려면 대학은 그 중요성을 제도적으로 보장하고, 교수에게 충분한 시간과 자율성을 부여해야 한다.

대학들이 고전 교육을 진지하게 고민한다면, 교수 연수의 형식과 내용도 돌아볼 필요가 있다. 리조트나 외부 공간에서 진행되는 연수가 친목 행사에 머무르고 교육의 본질과 동떨어진 형식에 그친다면 정작 필요한 질문, 곧 "교수들은 고전을 어떻게 읽고 가르칠 것인가"는 빠져 있을 수밖에 없다. 대학은 교정 안에서 토론과 성찰을 중심으로 고전 교육의 방향을 새롭게 모색하는 연수를 마련할 필요가 있다.

예컨대 매년 100권의 고전 목록 가운데 학기별로 12~13권을 선정해 집중적으로 읽고 토론하는 것이다. 방학 중에는 10일 정도의 기간을 정해 각 고전을 주제로 한 강의실을 마련한다. 이를테면 '논어 교실', '국가론 교실'처럼 구성하고, 그 안에서 교수, 연구자, 학생 누구나 자유롭게 참여해 고전을 토론할 수 있다. 교수와 연구자는 학생들의 재기발랄한 해석에서 자극을 받고, 부족한 이해를 파악해 이후 강의에서 보완할 실마리를 얻는다. 학생들은 교수와 연구자들의 깊이 있는 통찰을 들으며 사고의 폭을 넓히고, 서로 다른 관점과 해석이 충돌하는 과정에서 고전의 다층적 의미를 체감한다. 이런 과정을 통해 각 학기에 선정된 고전은 다양한 분야 수업에서 반복적으로 소환되며 해석과 사례 분석의 자료가 된다. 고전과 현대 학문의 접점이 어떻게 이루어지는지, 고전이 어떤 통찰과 상상력의 원천이 되는지를 몸으로 겪게 되는 것이다. 이것이야말로 고전을 읽는 목적이며, 고전 교육이 갖는 진정한 매력이다.

독자는 저자에게 질문을 던지고, 그 속에서 자신만의 해법을 찾는 사유의 방식을 익혀야 한다. 더디고 불편하더라도 고전을 자기 언어로 소화하는 길은 결국 그 방식뿐이다. 이를 뒷받침하려면 강의와 연구 속에서 고전이 다양한 방식으로 소환되고 연결되어야 한다. 자기 언어로 해석하지 못한 고전은 결국 권위의 그늘에 사고를 가둔다.

'먹는 것'에도 가치가 필요하다
닭고기 수프를 약속한 앙리 4세와 '먹방'의 전성시대

한국인이 즐겨 보고 해외에서도 인기를 끌고 있는 유튜브 콘텐츠 중 한 갈래가 이른바 '먹방'이다. 2025년 기준 구독자 수 1,000만 명을 넘긴 먹방 유튜버가 20명 안팎에 이를 정도라고 하니, '먹방의 전성시대'라는 표현이 과장만은 아닌 것 같다. 대표인 사례로 2012년 11월에 개설된 '설기양SULGI' 채널은 현재 1,600만 명이 넘는 국내외 구독자를 보유하고 있으며, 누적 조회 수도 50억 회가 넘는다. 수익도 상당한 모양이다.

이런 세태를 반영하듯 유튜브와 인스타그램 같은 SNS는 물론, 종편과 공중파 방송에도 온갖 형태의 먹방 콘텐츠가 넘쳐난다. 조리법을 소개하거나 요리 대결을 통해 흥미를 유도하는 프로그램도 적지 않지만, 놀랍게도 그저 먹는 것, 먹는 행위 자체가 내용의 전부인 경우도 많다. 이처럼 먹방 콘텐츠가 일상화된 상황에서 때로는 지나치다 싶은 장면과 마주하게 된다. 우리는 이를 어떻게 읽어야 할까.

'먹방'이라는 용어가 본격적으로 사용되기 시작한 것은 스트리밍을 통한 개인 방송이 등장한 2000년 이후였다. 하지만 그 문화적 토양은 이미 1997년 외환위기를 전후해 형성되기 시작했다. 갑작스러운 경제 붕괴로 환율이 급등하고 대량 해고가 이어지면서 사회 전반에 불안이 극심해지던 무렵이었다. 이때《VJ특공대》같은 프로그램이 등장해 '가성비 좋은 맛집'이나 '서민 음식'을 소개하는 프로그램이 생겨났고, 이후《한국인의 밥상》같은 여행과 결합된 음식이 주요 콘텐츠로 자리 잡기 시작했다.

의식주 가운데 주거와 의복은 축소하거나 유지로 감당할 수 있는 영역이지만, 식욕은 다르다. 충족되지 않으면 생존 자체가 위협받는 욕망인 동시에, 비교적 낮은 비용으로 감각적 만족을 줄 수 있는 행위다. 따라서 현실적으로 충족하기 쉬운 본능이다. 이 시점부터 음식 콘텐츠는 생존을 넘어 위로와 대리만족의 상징으로 부상했다. IMF 외환위기와 2008년 글로벌 금융위기를 거치며, 먹는 행위는 위축된 일상 속에서 비교적 손쉽게 누릴 수 있는 삶의 위로로 자리 잡았다.

이처럼 음식이 위로의 상징으로 자리 잡았다는 사실은 단순히 정서의 변화에만 그치지 않는다. 그것은 삶의 조건을 드러내는 방식의 변화이기도 하다. 음식은 단순한 소비재가 아니라 한 시대의 경험을 축적하는 일종의 매체다. 가난과 고락을 함께한 라면이나 졸업식 날 가족이 나눈 짜장면처럼 음식은 개인의 기억을 넘어 사회적 정서를 담아낸다. 사회가 어떤 조건 속에서 살아왔는지는 사람들이 무엇을 먹었는가를 통해서도 읽을 수 있다. 역사적으로도 음식의 의미는 사회구조의 변동과 함께 변화해왔다. 특히 육류 소비의 증가는 생존 중심의 식단에서 기호 중심의 식단으로 옮겨간 변화를 상징적으로 드러낸 것이었다.

앙리 4세가 '닭고기 수프'를
약속한 이유

　삶이 윤택해지면 가장 먼저 늘어나는 것이 육류 섭취다. 실제로 전 세계 육류 소비는 꾸준히 증가하고 있다. 2022년 기준 1인당 육류 소비량이 가장 많은 국가는 호주(121kg)이고, 미국(118kg)과 이스라엘(102kg)이 그 뒤를 잇는다. 한국은 65킬로그램으로 세계 8위를 기록했다. OECD와 유엔식량농업기구(FAO)의 공동 보고서 『OECD-FAO 농업 전망 2022-2031』에 따르면, 2031년까지 전 세계 인구는 약 11퍼센트 증가할 것으로 예상되며 육류 소비량도 지난 10년 대비 약 15퍼센트 증가할 것으로 전망된다. 특히 저개발 국가에서 구매력이 향상되면서 글로벌 육류 소비도 완만한 증가세를 지속할 것으로 보인다. 이에 반해 선진국에서는 육류 생산이 유발하는 환경오염과 건강 문제, 동물 복지에 대한 인식 확산, 대체 단백질 산업의 성장 등의 요인으로 인해 육류 소비가 되레 감소하는 추세다. 보고서는 1인당 GDP가 4만 달러 이상인 국가들에서 이미 육류 소비가 정점을 찍고 하락 추세로 전환하고 있으며, 이러한 하락세가 점차 더 많은 중·저소득 국가로 확산될 것으로 전망했다.

　전 세계에서 가장 많이 소비되는 육류는 단연 닭고기다. 닭고기는 거의 모든 종교와 문화권에서 금기시되지 않는 육류이자, 일상적으로 소비되는 사실상 유일한 육류다.* 닭은 사육 기간이 짧고 가격도 저렴한 데다 한두 마리만으로도 가족 모두의 끼니를 해결할 수 있다는 점에서 실용적이다. 여기에 더해, 달걀처럼 일상적으로 소비되는 부산물까지 꾸준히 제공한다는 점에서 이상적인 가축이다.

　인류가 육식을 풍족하게 즐기기 시작한 건 비교적 최근의 일이다. 인류는 오랜 세월 만성적인 영양 부족에 시달렸고, 끼니를 해결하는 것 자체가 생존의 과제였다. 오늘날 '미식의 나라'로 불리는 프랑스도 과거에는 사정이 다르지 않았다. 유럽 국가들 가운데서도 비교적 풍요로운 토지를 가진 나라였지만, 평민들이 육류를 일상적으로 먹을 수 있었던 것은 훨씬 나중 일이었다. 그리고 그 변화의 중심에 닭고기가 있었다.

　프랑스 축구 국가대표팀의 엠블럼에는 수탉(coq gaulois)이 새겨져 있다. 닭이 프랑스의 국조(國鳥)인 이유도 있지만, 프랑스인들의 닭에 대한 남다른 애정을 보여주는 것이기도 하다. 프랑스를 여행하다 보면 성당 첨탑 위에 닭 모형이 놓인 모습을 종종 볼 수 있다. 이는 닭이 새벽을 알리는 상징으로서 가톨릭 문화에서 특별한 의미를 갖기 때문이다.** 하지만 프랑스 역사에서 닭은 중요한 상징으로 전해진다. 그 배경에는 부르봉 왕조의 시조인 앙리 4세(Henri IV, 재위 1589~1610)가 있다. 그는 "프랑스 농민이라면 일요일마다 닭고기 수프를 먹을 수 있게 하겠다"고 말했을 만큼 닭고기를 국민 식생활의 중심으로 이끌었다. 물론 이는 단순한 식생활을 넘어 프랑스를 하나의 공동체로 결속시키

* 유대교와 이슬람교는 돼지고기를, 힌두교는 소고기를 금한다. 불교는 원칙적으로 육식을 금하지만, 우리나라와 중국에서는 일반인의 육식까지 금하지는 않았다. 일본은 메이지유신 전까지 전 국민에게 금육을 강요했으나, 이후 체격 향상을 위해 육식을 장려하면서 돈카츠(豚カツ) 같은 요리가 등장했다.
** 베드로가 닭이 울기 전 예수를 세 번 부인했다는 복음서의 내용에서 유래한 것으로, 닭은 신앙의 각성을 상징하기도 하다.

려는 정치적 상징이기도 했다.

프랑스의 여러 군주 가운데 성군으로 칭송받는 앙리 4세는 '자비로운 왕'(le bon roi Henri)이라는 별칭으로도 불린다. 그는 우리의 세종대왕에 비견될 만큼 프랑스인들에게 사랑받는 왕으로, 민생을 안정시키고 근대적 기틀을 마련했다는 평가를 받는다. 또한 상공업 진흥으로 무너진 프랑스 경제를 다시 세웠고, 1598년 낭트 칙령(Edict of Nantes)을 반포함으로써 종교전쟁을 마무리하고 관용의 시대를 열어낸 왕이었다. 앙리 4세가 즉위하기 전까지 프랑스는 종교전쟁의 소용돌이에 빠져 있었다. 다수 가톨릭교도와 소수 신교도(위그노, Huguenot) 간 36년에 걸친 전쟁은 나라를 폐허로 만든, 말 그대로 프랑스 역사상 최악의 내전이었다. 더욱이 1572년에는 샤를 9세(Charles IX, 재위 1560~1574)의 묵인 아래 벌어진 '성 바르톨로메오 축일의 학살(St. Bartholomew's Day Massacre)'에서 수만 명의 신교도가 학살되기도 했다. 그러한 혼란의 한가운데에서 부상한 인물이 앙리 4세였다. 신교도 출신이었던 그는 프랑스 전역을 장악하고 파리에 입성하기 직전 가톨릭으로 개종했다. 국민 대다수가 가톨릭교도였던 현실을 고려한 정치적 선택으로, 이를 통해 그는 더 큰 유혈 충돌 없이 왕위에 올랐다. 하지만 개종 이후에도 신교도 탄압을 단호히 거부하여 양 진영의 화해를 위해 힘썼다. 그 결실이 바로 종교적 공존의 원칙을 담은 낭트 칙령이었다.

낭트 칙령은 신교도의 종교적 자유와 시민적 권리를 일정 부분 제도적으로 보장한 조치였다. 이를 통해 신교 예배가 허용됨은 물론, 목사들은 국가로부터 급료를 받았다. 게다가 신교도들이 점유한 요새의 수비 비용까지 왕실이 부담했다. 그렇다면 가톨릭 진영의 반발은 없었

프랑수아 푸르부르(Frans Pourbus the Younger)가 17세기 초에 그린 앙리 4세의 전신 초상화. 위엄
을 드러내는 갑옷 차림과 함께 온화한 표정이 잘 표현된 작품으로, 앙리 4세의 대표적인 초상
화로 평가된다. (Louvre Museum, Wikimedia Commons, Public Domain)

을까. 이에 앙리 4세는 신교도에 일정한 종교 자유를 허용하면서도, 동
시에 가톨릭 중심 국가라는 원칙을 유지하며 구교의 회복 조치와 신교
확산 억제 조항을 포함시켰다. 종교 간 균형을 유지하면서도 극단의 반
발을 피하려 한 절묘한 절충안이었다.•

앙리 4세는 낭트 칙령을 통해 오랜 종교전쟁의 갈등을 수습하고,
혼란스러웠던 정국에 평화의 기반을 마련했다. 그러나 그가 국왕으로
서 더 집중한 과제는 전쟁과 기근으로 피폐해진 민생의 회복이었다. 당

• 그러나 1685년 루이 14세는 '퐁텐블로 칙령(Édit de Fontainebleau)'을 반포해 앙리 4세의 낭트
칙령을 폐지했다. 이에 따라 신교도들은 공공예배와 교육, 시민권을 박탈당했고, 대규모 망명
사태가 뒤따랐다. 이때 프랑스는 상공업과 문화 분야에서 핵심 인재 상당수를 잃게 되었다.

시 프랑스는 전통적으로 소와 양을 중심으로 한 농축산 국가였고, 닭은 어디까지나 달걀을 얻기 위한 부차적 가축에 불과했다. 앙리 4세는 사육이 간편하고 단기간에 식용이 가능한 닭의 실용성에 주목했다. 굶주림에 시달리던 백성들에게 단백질을 공급할 수 있는 가장 현실적인 수단이었기 때문이다. 그는 닭고기 소비를 장려하는 정책을 국정 과제로 삼아 제도화에 나섰고, 이는 곧 민생 안정의 상징으로까지 받아들여지게 된다.

Je veux qu'il n'y ait point de laboureur en mon royaume qui n'ait les moyens d'avoir une poule au pot le dimanche.

(나는 내 왕국의 어떤 농부도 일요일에 닭 한 마리를 냄비에 넣을 형편이 못 되는 일이 없게 하겠다.)

앙리 4세의 식생활 정책은 국민이 적어도 일주일에 한 번은 고기를 먹을 수 있게 하겠다는 구체적 목표에서 출발했다. 닭의 사육을 장려하고 방목지를 늘리며 생산성을 높일 수 있는 종자 개량 정책을 함께 추진했다. 그 결과 닭고기뿐 아니라 달걀 생산도 크게 늘어 전쟁과 기근으로 지쳐 있던 민생이 점차 회복되기 시작했다. 프랑스에서 닭은 더 이상 달걀만을 생산하는 부차적인 가축이 아니었다. 특유의 경제성 덕분에 닭고기는 식탁에서 주요 단백질 공급원으로 자리 잡았다. 이때 탄생한 대표적인 프랑스 음식이 바로 풀 오 포(poule au pot)다. 일종의 프랑스식 삼계탕이라 할 수 있는 이 요리는 오늘날까지도 프랑스 서민들이 가정에서 가장 즐겨 찾는 음식 중 하나로 자리 잡고 있다. 이후 다양한 닭 요리가 발전하면서, 닭고기는 프랑스 음식문화에서 빼놓을 수 없는 식재료가 되었다.

지금도 프랑스는 닭고기와 달걀의 품질에 대한 자부심이 대단하다. 프랑스 축구대표팀의 마스코트가 수탉이라는 점 역시, 닭을 향한 오랜 역사적 애정과 자부심을 상징적으로 보여준다. 군주든 대통령이든, 국민을 배불리 먹이는 일이야말로 국가를 안정시키고 사회를 발전시키는 가장 근본적인 정치의 역할이다. 그런 점에서 앙리 4세의 선택은 백성을 위할 줄 아는 성군의 결정이었다. 맹자의 말처럼 먹고사는 문제가 해결되어야 인의(仁義)를 바탕으로 한 왕도정치가 가능한 법이다. 종교적 갈등과 대립을 끝내고, 그로 인한 분열과 상처를 수습한 것만으로도 앙리 4세는 위대한 지도자였다. 그러나 그는 거기서 멈추지 않고, 백성들이 배불리 먹고 살 수 있는 길까지 고민하고 실천했다.

물론 프랑스인들이 요리에 대한 자부심을 갖게 된 배경에는 다른 요인도 있었다. 무엇보다 다른 유럽 국가보다 농업 기반이 튼튼했고, 귀족 세력도 폭넓게 존재했다. 영국이 장자 상속으로 귀족 수가 제한된 데 비해 프랑스에서는 자녀 모두가 명목상 귀족 지위를 인정받았기 때문이다. 그만큼 품위를 유지하려는 문화적 소비가 활발했고, 음식이 그 중심에 놓였다. 프랑스의 다양한 요리가 이 시기를 거치며 발전한 것도 이와 무관하지 않았다. 그러나 프랑스 요리문화가 '국민적 자부심'으로 자리 잡게 된 더 근본적인 전환점은 앙리 4세가 강조한 민생 안정 정책이었다. "모든 농부가 일요일마다 솥에 닭 한 마리를 넣을 수 있게 하겠다"는 그의 발언은 귀족의 식탁에 머물던 요리를 전 국민의 생활로 확장하려는 의지를 상징했다.

식욕의 시대,
문화의 빈곤

먹는다는 것은 결코 사적인 행위에 그치지 않는다. 무엇을 통해, 누구에 의해, 어떤 방식으로 소비되느냐에 따라 한 사회의 윤리 수준과 공동체의 구조가 드러난다. 앙리 4세가 '닭고기 수프'를 통치의 상징으로 제시한 까닭도 먹는 문제를 개인의 욕망만이 아니라 공동체 회복의 과제로 보았기 때문이다. 음식이 사회적 조건을 드러낸다는 점에서 그의 시대와 오늘이 크게 다르지 않다. 이제 치킨은 언제든 배달로 소비되는 일상식이 되었고, 그 배경에는 공장식 사육과 대기업 중심의 유통 구조가 자리한다. 한때 잔칫상에 오르던 귀한 음식이 가장 손쉬운 소비재가 된 이 변화는 우리의 삶이 개선되었음을 보여주기도 한다. 그러나 동시에 우리가 얼마나 효율과 가격의 논리에 깊이 포획되어 있는지도 드러낸다.

효율과 가격의 논리가 지배하는 식문화 속에서 음식은 점차 '경험'이 아니라 '소비'의 대상으로 다루어지기 시작했다. 그 흐름 속에서 오늘의 먹방은 식사를 '소비로서의 행위'로 환원하는 경향을 보인다. 따라서 우리가 곱씹어야 할 질문은 '무엇을 먹느냐'보다 '어떻게 먹고, 어떤 의미를 부여하느냐'다. 그리고 그 질문은 곧 우리가 어떤 시대를 살고 있는가에 대한 성찰로 이어진다.

육류 소비가 폭증하면서 비만과 성인병에 대한 우려가 커졌다. 또한 최근에는 환경과 생태 문제까지 육식 문화와 직결되고 있다. 실제로 가축이 내뿜는 메탄가스는 이산화탄소보다 훨씬 강력한 온실효과를 일으킨다. 축산업은 전 세계 운송수단보다 약 1억 톤 더 많은 온실가스를 배출하며, 이는 전체 배출량의 약 15퍼센트에 해당한다. 역사학자 유발 하라리(Yuval Harari)는 이러한 공장식 축산을 '인류 역사상 가장 끔찍한 범죄'라 단언하기도 했다. UN 통계에 따르면, 전 세계 농경지의 77퍼센트가 방목지와 사료용 경작지로 쓰이고 지구 담수의 70퍼센트와 곡물 생산량의 37퍼센트가 가축을 위해 소비된다. 축산의 팽창은 곧 농작물 생산 위축과 생물 다양성 붕괴로 이어진다. 육류 소비가 단지 건강의 문제로만 치부될 수 없게 된 것이다. 이러한 소비 방식은 기후위기의 중심에 놓인 구조적 문제이자, 이미 우리의 일상과 맞닿아 있다. 더 많이 먹는 것이 아니라 절제하며 먹는 것이 오늘날 가장 실천적인 윤리의 출발점일지 모른다.

다이어트 중이든 경제적 사정이든 식사를 절제해야 하는 이들에게 누군가 마음껏 먹는 모습을 지켜보는 일은 대리만족을 불러일으킨다. 먹방 콘텐츠는 바로 그 심리를 자극하며 성장했다. 그러나 최근의 일부 먹방은 '먹는다'는 행위를 넘어 감각을 자극하는 쇼로 변모하고 있다. 식탁 위를 음식으로 가득 채우고 마치 전투하듯 해치우는 퍼포먼스는 절제 없는 소비의 전시처럼 보인다. 누군가에겐 생존의 조건이고, 누군가에겐 다이어트와의 싸움이며, 또 다른 누군가에겐 경제적으로 감당하기 어려운 사치일 수 있는 음식을 앞에 두고 놀이처럼 과잉된 식사를 반복하는 모습은, 역설적이고 때로는 폭력적으로조차 비칠 수 있다. 음식은 감각의 도구이기 이전에 생명의 흔적이자 공동체의 자산이다. 그런 점에서 오늘날 먹방이 자극하는 욕망이 과연 위로가 되는지, 아니면 또 다른 결핍을 낳고 있는지 의문이 드는 건 자연스럽다.

과거에도 맛집 소개는 일부 프로그램에서 곁가지로 다뤄졌지만, 이제는 맛집 순례 자체가 프로그램의 중심 주제가 된 콘텐츠들이 우후죽순처럼 등장하고 있다. 시청률이 높게 나오면 곧바로 유사 프로그램이 따라붙는, 이른바 '미투(Me Too)' 기획이 반복된다. 형식과 내용이 거의 동일하더라도 시청률만 보장된다면 광고 유치가 쉬워지기에 방송사들은 기획의 자율성이나 창의성보다는 이익에 집중한다. 그렇게 텔레비전의 오래된 악습이 또 반복된다. 시청자들 역시 그 단조로움을 지적하면서도 소비를 멈추지 않는다. 식욕이라는 본능적 욕망과 직결된 데다, 음식을 매개로 일상의 풍요로움을 경험하는 듯한 착각이 겹치기 때문이다. 충족할 수 있는 욕망이 그것뿐이라는 자각을 회피한 채, 먹방 콘텐츠는 형태를 달리하며 30년 가까이 진화와 확장을 거듭해왔다. 더욱이 유튜브의 등장은 아예 이것을 거대한 시장으로 만드는 데 큰 몫을 했다.

먹는 일에 진심인 것을 탓할 수는 없다. 어떤 이에게는 관심 밖의 일이지만, 또 다른 누군가에게는 분명한 즐거움이 된다. 조리법을 소개하거나 요리를 매개로 이야기를 풀어가는 프로그램에는 나름의 유익함도 있다. 문제는 특정한 소비 방식이 과도하게 반복되며 하나의 시대적 현상으로 굳어질 때다. 유명 맛집을 찾아다니며 폭식에 가까운 먹기 경쟁을 벌이는 프로그램들은 '음식물 포르노'라는 비판을 피하기 어렵다. 출연자들이 '푸드 파이터'처럼 음식을 소비하는 장면은 관음적 쾌락과 맞닿아 있고, 구독자 수를 늘리기 위한 자극적 연출 역시 노골화되고 있다.

누군가는 이런 시선을 두고 '꼰대'라 부르거나, 편협한 잣대로 타인의 취향을 재단한다고 비판할 수도 있다. 그러나 먹방에 빠진 사회의 모습은 단지 개인의 기호로 치부하기에는 과해도 너무 과해 보인다. 장시간 노동과 불안정한 삶의 조건 속에서, 다른 형태의 만족과 성취는 일상에서 점점 체감되기 어려워졌다. 그 결과 먹는 즐거움만이 유독 과도하게 부각된 사회적 조건이 형성되었다. 식욕은 생존에 직결되는 가장 기본적인 욕망이다. 그렇기에 먹는 일은 개인의 취향 문제가 아니라, 일상의 조건이 가장 직접적으로 드러나는 영역이 된다. 감각에 직접 호소하는 먹방의 확산은 우리가 어떤 삶의 조건 속에 놓여 있는지 되묻게 한다. 이 현상은 개인의 취향을 넘어 사회를 되돌아보게 하는 하나의 계기가 된다.

그런 의미에서 간혹 마주치는 프로그램은 더욱 반갑다. 일부 프로그램은 '무엇을 어떻게 먹는가'라는 질문을 넘어 음식에 담긴 역사와 문화, 삶의 태도를 성찰하도록 이끈다. 예컨대 KBS 1TV 다큐멘터리 《인사이트 아시아 – 누들로드》(2008~2009)는 단순히 면 요리의 기원을 탐구하는 데 그치지 않고, 음식이 한 지역의 생태와 문명, 교류와 갈등의 역사를 어떻게 관통하는지 보여주었다. 《요리인류: 서울의 맛》(2018) 또한 서울이라는 도시공간에 축적된 이주와 융합의 흔적을 음식이라는 렌즈로 풀어내며, 먹는 행위가 도시의 정체성과 어떻게 맞닿아 있는지 탐색했다. 이러한 콘텐츠는 먹방과 전혀 다른 층위에서 음식을 다룬다. 음식은 더 이상 시청자의 욕망을 자극하는 수단이 아니라, 인간의 삶과 기억, 사회적 관계가 응축된 문화적 텍스트로 제시된다. 먹는다는 것은 감각의 문제가 아니라 존재와 시간, 관계의 문제임을 일깨우며 시청자가 스스로의 삶을 되돌아보게 만든다. 먹방이 욕망을 소모시키는 방식으로 구성된다면, 이 같은 콘텐츠는 삶을 되새기게 하고 음식을 매개로 세계와 인간을 다시 읽는 시선을 제안한다. 이러한 접근은 방송이 먹는 행위에 철학을 되찾아줄 수 있는 가능성을 보여준다. 다만 이런 양질의 프로그램이 거의 다 특별기획으로 편성된 터라, 고정된 프로그램으로 꾸준히 시청할 수 없다는 아쉬움이 남는다.

음식은 단지 배를 채우는 수단이 아니다. 그것은 한 사회의 가치관과 생활양식, 기억과 정체성이 축적된 문화적 자산이다. 어떤 음식을 어떻게 먹느냐는 질문은 곧 우리가 어떤 존재로 살아가고 있는지 묻는 일이다. 음식은 정체성을 형성하는 언어이자, 문화적 사유의 대상이다. 지역마다 고유한 방식으로 음식이 발전해온 배경에는 기후와 지리, 역사와 사회구조, 종교와 윤리가 얽혀 있으며, 이 복합성은 음식을 단순한 소비재가 아니라 삶을 이해하는 통로로 자리매김하게 한다. 오랫동안 한국의 식문화를 연구해온 정혜경 호서대 명예교수는 『한국음식 오디세이』(생각의나무, 2007)에서 인기 드라마 《대장금》을 두고, 음식을 만드는 행위가 지역이라는 삶의 터전에 대한 고민과 어떻게 맞닿아 있는지 생생하게 보여주는 텍스트라고 평가했다. 그는 "장금이가 음식을 만드는 것은 음식 재료와 그것이 생산되는 지역 생태에 대한 지식, 음식이 신체에 미치는 영향 등 다양한 앎을 종합하는 행위"라고 말한다.

최근 세계 각지에서 한국 음식에 대한 관심이 높아지는 현상이 단순한 유행이나 콘텐츠 소비의 결과만은 아닐 것이다. 김치, 불고기, 치킨 같은 대표 음식이 널리 알려진 이후, 시선은 점차 음식 너머(가족의 서사, 공동체의 가치, 조리의 미학)로 확장되고 있다. 이러한 흐름은 한국 사회에도 중요한 물음을 던진다. 우리는 과연 음식을 단지 자극적이고 손쉬운 상품으로 소비하고 있는 것은 아닌가, 혹은 그 안에 담긴 삶의 방식과 윤리를 함께 되새기고 있는가. 음식이 자기 문화에 대한 성찰로 이어질 때, 그것은 곧 정체성과 연결된다. 더 잘 먹는 것, 더 많이 먹는 것이 아니라 더 깊이 있게 먹는 것이다. 그런 방향에서 한국 음식은 자부심과 의미를 동시에 지닌 지속 가능한 문화 자산으로 자리매김할 수 있을 것이다.

먹는다는 것은 가장 일상적인 행위이지만, 동시에 가장 깊은 성찰의 출발점이 될 수 있다. 그것은 곧 삶의 태도와 세계를 대하는 방식을 드러낸다. 또한 단순한 취향이 아니라 하나의 윤리이자, 문화이고, 정치다. 프랑스의 닭고기 문화가 앙리 4세의 정치철학에서 비롯되어 국민적 삶과 정체성의 일부를 형성했듯이, 한국의 음식 문화 또한 단순한 'K-푸드' 열풍에 머물지 않고 우리 삶의 서사와 철학을 담아내는 그릇으로 확장될 수 있다. 고기를 먹을 때 환경과 기후를 떠올리는 일은 소비를 윤리로 바꾸는 시작점이 될 수 있다. 또한 닭고기 한 그릇에서조차 위민 정치의 언어가 스며 있음을 되짚어볼 수 있다. 이런 사유는 우리가 어떤 존재로 살아가고 싶은지 스스로 묻게 한다. 음식은 철학이다. 그 자체로, 이미.

우리는 지구라는 한 마을에 산다
혁명과 라키 화산, 그리고 우리가 외면한 경고

자연법칙이란 '자연계의 모든 현상이나 질서를 지배하는 본질적이고 보편적이며 필연적인 법칙'을 뜻한다. 그러나 여기에는 간과되기 쉬운 전제가 있다. 자연법칙은 언제나 일정한 '가정된 조건' 아래에서만 보편적으로 적용되며, 그러한 조건이 충족될 때에만 유효하다. 이를테면 어떤 조건이 변함없이 다른 조건과 함께 나타날 때 우리는 그것을 '보편적'이라고 간주한다. 또 어떤 현상이 특정 조건에서 항상 발생하지 않더라도 통계적으로 높은 확률로 반복된다면, 그것을 '확률 법칙'이라 부른다. 이처럼 자연은 일정한 질서를 따르고, 예측 가능하다는 믿음 아래 인간은 안도했고 그 질서를 신뢰했다.

인간은 자연을 감각하고 기대며 살아왔다. 자연은 위협의 조건이기보다 인간에게 안도와 풍요를 제공하는 품이었다. 자연의 질서는 오랫동안 인간 삶의 전제였고, 쉽게 흔들리지 않는 믿음이기도 했다. 이러한 인식은 이상향에도 깊이 새겨져 있다. 낙원을 뜻하는 '파라다이스(paradise)'라는 말의 어원이 그러하다. 고대 아베스타어 *pairidaēza*(담장을 두른 곳)에서 비롯된 이 말은 고대 페르시아의 '파라다야담'을 거쳐 그리스어와 라틴어, 그리고 유럽 여러 언어로 전파되며 오늘날의 단어로 굳어졌다. 담장으로 차단된 자연의 위협, 그리고 그 안에서 자라나는 식물의 풍요는 고대인이 꿈꾸던 이상향이었다. 이는 동양에서 도연명이 그려낸 무릉도원(武陵桃源)의 풍경과 다르지 않았다. 물이 흐르고 과실이 익는 곳, 인간이 자연과 더불어 살아가는 삶이 곧 이상향이다. 인간은 자연에서 분리된 존재가 아니며, 이성과 감성을 통해 자연과 끊임없이 관계를 맺는다. 인간의 욕망과 교환마저도 자연은 어머니처럼 감싸주었다. 우리는 그렇게 믿으며 살아왔다.

그러나 언제부터인가 인간이 품어온 자연에 대한 신뢰에 균열이 생기기 시작했다. 어제의 자연법칙은 오늘 더 이상 보편적이고 안정적인 질서로 받아들여지지 않는다. 남극과 북극의 얼음이 녹아내리고, 통계를 벗어난 기상이변이 세계 곳곳에서 되풀이된다. 한여름의 눈, 겨울의 더위, 사막을 덮치는 폭우는 이제 놀라운 일이 아니다. 국지적 예외로 여겨졌던 일들이 일상의 일부가 되어가고 있다. 그 변화는 더욱 가팔라지고 있고, 인간은 더 이상 자연 속에 안주할 수 없게 되었다. 우리가 마주한 것은 단순한 날씨의 변덕이 아니라 세계를 이해해온 인식의 틀 자체가 흔들리는 경험이다. 그리고 그 질서가 어긋나기 시작한 지점에 인간의 흔적이 있다는 사실 또한 점점 부인하기 어려워지고 있다.

위기의 징후는 누구나 느끼고 있다. 그러나 근본적인 대응은 여전히 더디다. 피해가 당장은 내게 닿지 않을 것이라는 막연한 기대, 지금 누리는 편익을 쉽게 내려놓지 못하는 이기심이 우리를 붙든다. 자연은 우리의 주저에 답하지 않는다. 다만 제 나름의 방식으로 변화를 드러낼 뿐이다. 변화의 문턱은 언제나 우리 앞에 놓여 있었다. 그리고 그 문턱을 넘어야 하는 것은 인간의 몫이었다.

프랑스 혁명은
화산 폭발에서 시작되었나

1793년 1월 21일, 파리 혁명광장에서 프랑스 국왕 루이 16세(Louis XVI, 재위 1774~1792)가 단두대에서 처형되었다. 왕권은 군중의 손에 의해 무너졌고, 왕비 마리 앙투아네트(Marie Antoinette)도 그해 10월 같은 운명을 맞이했다. 1789년에 시작된 프랑스 혁명은 왕정을 뒤엎고 세계사적 격변을 일으켰다. 그러나 이 혁명은 정치 투쟁만으로 촉발된 사건이 아니었다. 혁명 전야의 민심을 흔든 것은 곡물 가격 폭등이었고, 그 배후에는 이상기후라는 뜻밖의 원인이 있었다. 그리고 그 기원을 거슬러 올라가면 화산 폭발에 닿는다. 혁명과 화산, 전혀 무관해 보이는 두 사건은 어떻게 맞닿아 있었을까.

보통은 먹고사는 데 큰 문제가 없을 때 민란이 일어나지 않는다. 삶이 팍팍해지고 생존이 위협받을 때 사람들은 하늘을 원망하고 지도자를 비난한다. 불만은 쌓이고, 상황이 더 악화되면 분노는 폭발할 수밖에 없다. 파리 시민들은 왜 분노했을까. 단지 마리 앙투아네트의 사치 때문이었을까. 열악한 현실에 대한 불만을 '외국 출신 왕비'에게 투사함으로써 회피하려는 심리가 아니었을까.

그 시작은 루이 14세(Louis XIV, 재위 1643~1715)까지 거슬러 올라간다. '태양왕(Le Roi Soleil)'으로 불린 그는 절대왕정의 위엄을 높이고자 방대한 관료제와 상비군, 베르사유 궁정 중심의 호화 문화를 유지하며 막대한 재정을 소진했다. 여기에 장기적인 대외 전쟁이 더해지며 국가는 점차 빚에 의존하게 되었다. 그러나 구조적 위기를 고착시킨 인물은 그 뒤를 이은 루이 15세(Louis XV, 재위 1715~1774)였다. 그는 오스트리아 왕위 계승 전쟁과 7년 전쟁을 치르며 부채를 더욱 키웠고, 식민지 상실과 국력 약화 속에서도 통치 개혁에는 소극적이었다. 프랑스 절대왕정의 균열은 이때부터 더 이상 감출 수 없는 상황으로 전개되고 있었다. 이런 조건에서 보위에 오른 인물이 루이 16세였다. 재정은 이미 위태로웠고, 국가 예산의 절반 이상이 선왕들의 부채 상환에 쓰이고 있었다. 그럼에도 왕실은 여전히 사치스러운 생활을 이어갔다.

하지만 그와 무관해 보이는 또 하나의 사건이 있었다. 혁명이 일어나기 16년 전인 1783년, 아이슬란드의 라키(Laki) 화산이 대규모로 분화한 것이다. 화산폭발지수(VEI) 6에 달하는 이 분화는 기록된 것으로서 인류 역사상 가장 많은 용암이 분출된 사례로, 아이슬란드 남부 지역의 절반 이상을 뒤덮었다. 대기로 퍼진 화산가스로 수많은 주민이 목숨을 잃었고, 가축의 약 4분의 3이 폐사했다. 그러나 그 영향은 아이슬란드에만 국한되지 않았다. 유럽 전역에서 대기 오염과 이상 저온 현상이 보고되었고, 그 여파는 북아메리카와 아프리카에까지 확산되었다. 기온 하강은 곧 농업에 타격을 주었으며, 반복된 이상기후 속에서 각국은 심각한 흉작과 생산성 저하를 겪었다. 미국 뉴잉글랜드에서는 한여름에 폭설이 내렸고, 대서양 연안이 결빙될 정도였다. 프랑스 혁명 전야의 식량난과 물가 폭등 역시 이 자연재해와 무관치 않았다.

그런데 한 가지 의문이 남는다. 라키 화산과 지리적으로 더 가까운 영국에서는 왜 시민혁명이 일어나지 않았을까. 이에 관해서는 몇 가지 이유를 짚을 수 있다. 우선 식민지 경제의 혜택을 누리던 영국은 프랑스에 비해 상대적으로 농업 의존도가 낮았다. 그리고 막 시작된 산업혁명 덕분에 상공업자 계층은 장인-도제식 수공업 체제를 벗어나 기술

(위) **1793년 파리에서 단두대에 선 루이 16세의 처형 장면.** (아래) **아이슬란드 라키 화산의 현 모습.** 프랑스 혁명 전야의 식량난과 격앙된 민심은 단순한 정치적 실패가 아니라, 1783년 라키 화산 대분화라는 자연재해와도 긴밀히 연결되어 있었다.
(Wikimedia Commons, Public Domain)

발전과 시장 확장의 흐름 속에서 충격을 어느 정도 흡수할 수 있었다. 게다가 프랑스처럼 무모한 전쟁이나 궁정의 사치로 재정이 극심하게 흔들리는 구조적 위기를 겪고 있지도 않았다.

어떤 이들은 프랑스를 덮친 대기근이 1789년 혁명 무렵에 이미 거의 끝난 상태였다는 점을 들어 기근이 혁명의 직접적 원인이 아니었다고 분석하기도 한다. 그러나 혁명과 폭동은 기근이 가장 극심할 때보다 오히려 상황이 조금 나아질 것이라는 기대가 생겼다가 그 기대가 다시 좌절되는 국면에서 더 쉽게 발생한다는 점에 주목할 필요가 있다. 그런 의미에서 본다면, 아이슬란드 라키 화산의 대분화가 프랑스 혁명의 도화선이 되었다는 해석은 단순한 기후사적 상상이 아니라 심리적·사회적 임계점을 설명하는 하나의 설득력 있는 역사적 관찰이라 할 수 있다.

자연의 충격은 혁명과 같은 정치적 사건에만 작용하지 않는다. 사회적 조건과 인간의 생존 기반을 동시에 흔든다. 1815년 분화한 인도네시아의 탐보라(Tambora) 화산은 그 대표적 사례다. 라키 화산을 훨씬 웃도는 규모의 분출은 전 지구적 이상기후를 불러왔다. 이때 분출된 막대한 양의 이산화황(SO_2)은 대기 중에서 햇빛을 차단하는 두꺼운 구름층을 형성하며 지구 전역을 뒤덮었다. 그 결과로 지구는 이른바 '화산 겨울(volcanic winter)'로 불리는 냉각 국면을 겪었고, 연평균 기온도 섭씨 약 0.4~0.7도 떨어진 것으로 추정된다. 흥미롭게도 메리 셸리(Mary Shelley)는 이 음울한 시기에 『프랑켄슈타인(Frankenstein)』의 구상을 시작했다고 전해진다.

심지어 탐보라 화산의 대폭발은 조선에도 영향을 끼쳤다. 순조 16년(1816년) 조선의 추정 인구는 659만 명으로, 불과 2년 전의 790만 명에서 약 130만 명이 줄어든 것으로 나타난다. 이는 전체 인구의 약 16 퍼센트가 사망하거나 호구에서 사라진 수치다. 그런데『순조실록』에는 이 시기에 전쟁이나 역병이 있었다는 기록은 보이지 않는다. 1816년 전후로 냉해, 장마, 서리, 흉작, 아사, 유민 증가 같은 기상이변과 그 여파만 빈번이 언급된다. 이 점에서 인구 급감의 원인을 기후 이상, 특히 탐보라 화산 대폭발이 불러온 전 지구적 기후 교란과 연결해 해석하는 것은 충분히 타당하다.

자연이 만든 재앙,
인간이 만든 위기

지진, 화산, 쓰나미 등 자연재해는 인간이 개입하거나 통제할 수 없는 영역이다. 특히 조선 후기의 기근처럼, 과거 인류가 겪은 재앙은 말 그대로 '하늘의 일'로 여겨질 수밖에 없었다. 당시 사람들에게 허락된 일은 오직 그 피해를 조금이라도 줄이기 위한 대응책을 강구하는 것뿐이었다. 그러나 오늘날 우리가 직면한 기후 재난은 사정이 다르다. 이제는 모든 재해를 자연 탓으로만 돌릴 수 없다. 산업화 이후 인간의 활동이 기후에 직접적인 영향을 미치기 시작했고, 그 결과가 점점 더 뚜렷하게 나타나고 있기 때문이다. 프레온가스를 비롯한 대기 중 온실가스의 급증처럼 일부 재난은 인간의 선택과 과오에서 비롯된 측면이 분명하다.

프레온가스는 미국의 화학자 토머스 미즐리 주니어(Thomas

Midgley, Jr.)가 개발한 물질이다. 그는 1923년 내연기관의 노킹 현상을 해결해 자동차의 대중화를 이끈 유연휘발유를 만든 인물로도 잘 알려져 있다. 당시 냉장고와 에어컨에 사용되던 냉매는 암모니아나 이산화황처럼 독성이 강하고 위험했기 때문에 보다 안전한 대체물이 절실했다. 미즐리는 이를 해결하기 위해 염화불화탄소(CFCs), 즉 프레온가스를 개발했다. 이 물질은 무색무취하고 화학적으로도 안정적이며 인체에 해가 없고 폭발 위험도 낮아 혁신적인 냉매로 주목받았다. 그렇다보니 냉장고와 에어컨은 물론, 에어로졸과 발포제 등 다양한 산업 분야에 널리 사용되었다. 그러나 1970년대 중반 이후 프레온가스가 오존층을 파괴한다는 사실이 과학자들에 의해 제기되면서 큰 충격을 안겼다. 당시 사회가 프레온가스에 지나치게 의존하고 있었기에, 그것이 없는 현대 생활은 상상하기조차 어려웠다. 더구나 이를 대체할 뚜렷한 물질도 마련되지 않은 상황이었다.

프레온 분자는 지나치게 안정적이어서 지상에서는 분해되지 않고, 성층권에 도달해야 자외선에 의해 분해된다. 이 과정에서 방출된 염소 원자가 오존 분자를 연쇄적으로 파괴하며, 오존층에 구멍을 만든다. 이렇게 손상된 오존층은 해로운 자외선을 그대로 지표면에 통과시켜 피부암과 백내장, 나아가 생태계 전반에 심각한 영향을 끼친다.• 결국 미즐리가 발명한 두 가지 '히트 상품', 즉 유연휘발유와 프레온가스는 모두 20세기 산업문명에 커다란 족적을 남겼지만, 환경 유해성이 드러나

• 1987년 채택된 '몬트리올 의정서'는 오존층 파괴 물질의 생산과 사용을 단계적으로 줄이는 것을 목표로 삼았다. 이후 프레온가스 사용은 급격히 줄었고, 이를 대체할 물질 개발이 본격화되었다.

며 퇴출의 운명을 맞았다. 인간의 편리를 위해 만들어낸 인공물이 자연을 파괴하고, 다시 그 피해가 인간에게 되돌아온다는 자각이 이 무렵을 전후해 전 지구적으로 확산되기 시작했다.

프레온가스 문제가 본격적으로 제기되기 전인 1960년대에도 환경 위기에 대한 경고는 있었다. 대표적으로 레이첼 카슨(Rachel Carson)은 『침묵의 봄(Silent Spring)』(1962)을 통해 화학물질의 폐해를 고발하며 세계적 경각심을 불러일으켰다. 한국에서는 비교적 늦은 1978년 '자연보호헌장' 선포를 계기로 환경운동이 공식화되었지만, 이는 적극적 실천이라기보다 자연에 대한 인식 교정에 가까웠다. 1994년 정부가 '환경처'를 '환경부'로 승격하며 제도 정비에 나섰으나 실질적 전환은 더디게 진행되었다.

우리가 '자연보호'를 말하기 시작한 것은 자연의 훼손이 곧바로 인간 삶에 위협으로 돌아오기 시작했기 때문이다. 이 자각이 없었다면, 자연은 여전히 자원과 소비의 대상으로만 인식되었을 것이다. 이러한 제도적 정비는 생활 속 변화로 이어졌다. 특히 분리수거는 세계적으로도 자랑할 만한 수준으로 올라섰다. 과거만 해도 단독주택에서는 집 밖 쓰레기통에, 아파트에서는 '쓰레기 투입구'에 쓰레기를 버리면 관리인이 수거해가는 방식이 일반적이었다.• 그러다 1995년 쓰레기 배출량을 줄이기 위해 쓰레기 종량제가 전면 시행되면서 상황이 크게 달라졌

• 1990년대 초까지 서울의 신축 아파트 설계도면에는 'D.C.', 즉 '더스트 슈트(Dust Chute)'가 표기되어 있었다.

다. 주민들이 쓰레기봉투를 직접 구매해 사용하고, 음식물 쓰레기를 별도로 배출하면서 생활 속 인식도 변하기 시작했다. 이후 분리수거가 일상화되었고, 그 실천 수준도 상당히 높은 편이다. 하지만 여전히 개선할 점은 많다. 분리수거만 잘하면 환경을 위한 책임을 다했다고 여기는 인식도 넘어야 할 과제다.

자연은 훼손하는 것보다 지키는 데 더 많은 비용이 든다. 환경을 상징하는 색으로 흔히 초록을 떠올리는데, 이는 산과 들의 녹색을 뜻하기도 하지만 동시에 1만 원권이나 달러 지폐의 색처럼 '돈'의 색이기도 하다. 환경은 이제 단순히 보호의 대상만이 아니라 기꺼이 비용을 지출해야 하는 대상이 되었다. 오늘날에는 탄소를 배출할 권리도 시장에서 거래된다. 탄소배출권(CERs, Certified Emission Reductions)은 교토의정서(Kyoto Protocol)에 따라 도입된 제도로, 일정 기간 온실가스를 배출할 수 있는 권리를 뜻한다. 온실가스 감축 의무가 있는 국가가 할당량보다 적게 배출하면 남는 권리를 다른 나라에 판매할 수 있다. 반대로 감축 비용이 높은 국가는 비교적 적은 비용으로 배출권을 구입해 경제적 부담을 줄일 수 있다. 이처럼 환경 문제는 윤리적 책무를 넘어, 시장 원리와 맞물린 현실적 문제가 되었다. 온실가스 감축을 유도하기 위한 제도와 규제는 앞으로도 더욱 정교하게 설계되고 강화될 것이다.

도널드 트럼프(Donald J. Trump) 미국 대통령은 대표적인 '기후 악당'으로 불린다. 그는 이미 자신의 집권 1기 때 미국의 경제적 이득을 앞세우며 파리기후협약(Paris Climate Change Accord)• 탈퇴를 강행했다. 그는 '지구온난화(global warming)'라는 용어조차 꺼린다. 인간이 지구를 가열시켰다는 인과가 내포되어 있기 때문이다. 대신 '기후변화

(climate change)'라는 보다 중립적인 표현을 선호한다. 이는 기후변화가 자연적 과정이라는 인식을 은연중에 전제하며, 자국의 책임을 희석하려는 의도가 담겨 있다. 게다가 집권 2기의 트럼프는 더 노골적으로 석탄의 부활을 선언했다. 내 배만 부르면 남이나 후세가 어찌 되건 상관 않겠다는 악당이 출현한 것이다.

세계에서 가장 많은 탄소를 배출해온 국가이자 가장 부유한 국가인 미국이 감축 책임을 회피한 것은 지구를 지키려는 국제사회의 공조를 크게 약화시켰다. '지금은 일시적으로 손해를 보더라도 장기적으로는 함께 살아야 한다'는 기후윤리의 대전제를 뒤흔든 책임도 크다. 단기적 이익에 집착하며 책임을 회피하는 선택은 결국 미국 자신에게 되돌아올 것이다. 인간이 자연을 보호하지 않으면, 자연 역시 인간을 보호하지 않는다. 훼손된 생태는 언젠가 더 거센 방식으로 인간 사회를 되받아칠 것이다.

정치는 생태를
살리기도, 죽이기도 한다

최근에는 '환경'보다 '생태'라는 표현이 더 자주 쓰인다. 이는 단어

• 기후변화의 주범인 온실가스 배출을 줄이기 위한 기존 협약인 교토의정서가 2020년 만료됨에 따라, 이를 대체하는 신기후체제로 2015년 12월 유엔기후변화협약(UNFCCC) 당사국 총회에서 채택되었다. 산업화 이전 대비 지구 평균기온을 2도 이상 상승시키지 않도록 온실가스 배출을 단계적으로 감축하는 것이 골자다.

가 담고 있는 관점의 차이를 반영한 변화다. 엄밀히 '환경(環境)'은 인간 중심적 사고에서 비롯된 개념이다. '環'이 고리를 뜻하듯, 환경은 곧 어떤 중심을 둘러싼 주변을 가리킨다. 인간을 중심에 두고 그 주변을 '환경'이라 부른 셈이다. 영어 단어 역시 마찬가지다. 'environment', 'circumstance', 'surrounding' 모두 '둘러싸고 있는 것'을 뜻하며, 결국 인간을 주체로 놓고 세상을 주변화하는 언어다. 이러한 사고는 종교적 언어에서도 발견된다. 이를테면 「창세기」에 등장하는 신이 인간에게 "땅을 정복하라"고 명령하고, 동식물을 먹거리로 주었다는 구절은 인간의 지배를 정당화하는 근거가 되어왔다. 이 구절을 오늘날까지 문자 그대로 받아들이는 태도는 위험하다.•

반면 '생태(ecology)'는 전혀 다른 어원을 지닌다. 여기서 'eco'는 그리스어 'oikos(가정)'를 뜻하며, 인간과 자연이 함께 살아가는 하나의 집이라는 인식을 함의한다. '환경'이 인간과 자연의 분리를 전제한다면, '생태'는 상호의존성과 공생의 윤리를 전제한다. 같은 어원에서 나온 'economy(경제)'가 본래 가정의 재정 질서를 뜻했다는 점도 흥미롭다.•• 결국 '환경'은 인간의 외부를 규정하는 언어이고, '생태'는 인간을 그 안에 포함시키는 언어다. 자연을 지배할 수 있다는 사고에서 벗어나지 못하는 한, 우리는 자연을 여전히 이용 가능한 자원으로만 보게 될 것이다. 필요할 때만 보호하면 된다는 태도 역시 정당화되기 쉽다.

• 종교적 텍스트를 당대의 맥락과 상관없이 문자적으로 해석하는 편협성은 생태 위기에 대한 책임을 회피하게 만든다.
•• 'economy'는 고대 그리스어 'oikonomia'에서 비롯되었으며, 본래는 '집안 살림의 관리'를 의미했다.

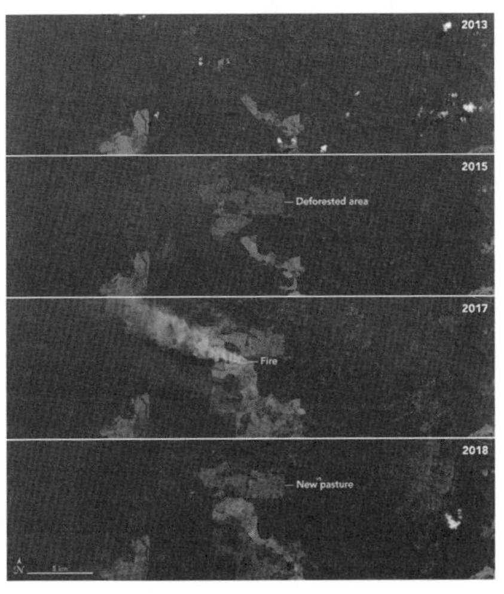

위성 시계열로 본 아마존 열대우림의 파괴 과정. 2015년 울창했던 원시림은 2017년 산불과 개간으로 크게 훼손되었고, 2018년에는 광범위한 지역이 목초지와 농지로 전환된 상태가 선명히 드러난다. (NASA Earth Observatory, Public Domain)

이러한 태도의 극단적 귀결은 아마존 열대우림을 끊임없이 파괴해온 서구 사회의 선택에서 드러난다. '지구의 허파'라 불리는 아마존을 위협해온 것도 결국 인간의 끝없는 개발 욕망이었다. 브라질 맵비우마스 프로젝트*의 최근 보고서에 따르면, 1983년 이후 파괴된 아마존 열대우림 면적은 8,800만 헥타르에 달한다. 아마존 전체의 12.5퍼센트에 해당하며, 이는 콜롬비아 국토 전체와 맞먹는 규모다(남한 면적은 약 1,002만 헥타르). 광업, 농업, 축산업을 위한 무분별한 개간지가 수십 퍼센트에서 많게는 1,000퍼센트 이상 증가했고, 그 결과 아마존의 울창한

• 맵비우마스 프로젝트(MapBiomas Project)는 환경 NGO, 대학, 다국적 IT 기업 등이 협력해 운영하는 연합체로, 브라질을 비롯해 볼리비아, 페루, 에콰도르, 콜롬비아, 베네수엘라, 가이아나, 수리남, 프랑스령 기아나 등 9개국에 걸친 아마존 열대우림 보호를 목표로 활동한다.

숲은 목초지와 농지, 금광으로 대체되었다. 오늘날 아마존에 가해지는 최대의 위협은 인간의 경제적 욕망이다. 이 파괴가 멈추지 않는 것은 각국의 개발 논리뿐 아니라 이를 조장하고 이익을 취하는 국제 자본의 구조적 탐욕 때문이기도 하다.

인도 면적의 두 배에 달하는 아마존 열대우림은 지구 생태계의 핵심 자산이다. 이곳은 막대한 양의 이산화탄소를 흡수해 지구온난화의 속도를 늦추고, 전 세계 담수의 약 20퍼센트를 저장한다. 나무 수종만도 1만 6,000종 이상으로 추정될 만큼 생물 다양성 또한 탁월하다. 과학자들조차 그 전모를 파악하지 못한 채 연구를 이어가고 있다는 사실은 이 숲이 얼마나 미지의 영역이자 동시에 인류 공동의 자산인지를 잘 보여준다.

생태는 더 이상 한 국가의 문제로 환원될 수 없다. 삼림 파괴를 막기 위해 위성 관측이나 사법적 단속만으로는 한계가 분명하다. 보호구역의 확대와 그 주변 지역까지 포괄하는 이중적 방어선이 필요하며, 목축과 도축의 전 과정을 투명하게 추적할 수 있는 제도적 장치도 마련되어야 한다. 그러나 제도로도 부족하다.

아마존 훼손의 주요 원인 중 하나는 육류 소비 구조다. 세계적인 육식 소비는 목축지 확대와 불법 벌채를 부추기는 구조적 동인이다. 소비 습관의 변화 없이는 실질적인 전환이 어렵다. 또한 버려진 목장을 숲으로 복원하는 데 필요한 막대한 비용은 일부 국가가 아닌 국제사회 전체가 분담해야 한다. 특히 책임이 큰 산업국가들이 그 부담을 회피해서는 안 된다. 불법 벌채를 조장하는 금융 흐름 역시 국제적 차원의 규제를 통해 제어해야 한다. 문제는 결국 선택이다. 우리는 이 거대한 생태계를 지켜내기 위해 필요한 비용을 감수할 준비가 되어 있는가. 과도한 소비의 구조를 바꾸는 일까지 포함해서 말이다. 아마존을 살리는 일은 멀리 있는 숲 하나를 보호하는 일이 아니라 우리가 어떤 삶을 택할 것인가에 대한 질문이기도 하다.

이 대목에서 간과할 수 없는 점은 아마존 열대우림의 파괴가 보수우파 정권 아래에서 더욱 심화되었다는 사실이다. 브라질 정부는 2022년 8월 위성사진 분석 결과를 바탕으로, 아마존 열대우림의 삼림 파괴 면적이 지난 1년 동안 전년도보다 절반 가까이 줄었다고 발표했다. AP통신 보도에 따르면 이는 2016년 현행 측정 방식이 도입된 이래 최대 규모의 감소였다. 반대로 극우 성향의 보수 정치인 자이르 보우소나루(Jair Messias Bolsonaro) 대통령 집권 시기에는 파괴 면적이 15년 만에 최대치를 기록했다. 그러다가 2022년 좌파 정치인 룰라(Luiz Inácio Lula da Silva) 대통령이 재집권한 이후에는 뚜렷한 감소세로 돌아섰다. 룰라 대통령은 2030년까지 '아마존 우림 파괴 제로(Zero Deforestation)'를 달성하겠다는 목표를 천명했다. 임기는 2027년까지이지만 정책의 연속성과 국제적 협력을 통해 실현 가능성을 높이겠다는 의지를 내비쳤다.

정치인은 표로 권력을 얻고 유지하는 존재이며, 유권자는 대개 자신의 이해관계를 기준으로 판단한다. 이 기본 전제는 대부분의 민주국가에서 크게 다르지 않다. 정치의식이 높다고 여겨지는 서구 사회 또한 예외는 아니다. 트럼프 정부의 등장과 그 지지 기반이 보여준 현실은 이를 잘 드러낸다. 이러한 정치 환경에서 보수 정치인은 환경 문제를 종종 사치스러운 의제로 치부한다. 대신 개발을 통한 성장과 일자리 확대를 내세워 대중의 표심을 자극한다. 문제는 그 정치적 수사가 단순한 허위나 기만이 아니라, 실제로 일정한 유권자의 요구에 뿌리를 두고 있다는 점이다.

　정치의 방향은 시민 사회의 의식 수준과 긴밀히 맞물려 움직일 수밖에 없다. 그렇기에 유권자인 시민의 각성이 결정적이다. 특히 자연을 파괴하며 소수의 이익을 극대화하려는 정치적 선택을 교묘히 포장하는 담론을 분별할 감각이 필요하다. RE100이나 탄소중립처럼 오늘날 환경 정책의 기초가 되는 개념조차 공유되지 못한 채 선거가 치러지고, 실제로 그 무지가 최고 권력자의 당선으로 이어지는 현실은 가볍게 넘길 일이 아니다. 우리는 그 무지를 비웃기보다 왜 그런 일이 가능했는지 공동체 차원에서 성찰해야 한다. 기후 위기에 대한 대응은 어느 한 정부의 책무로만 환원될 수 없다. 그것은 전 인류가 함께 감당해야 할 보편적 과제이며, 책임의 무게 역시 공동으로 나누어져야 한다.

　지금 우리가 당면한 또 다른 기후위기는 가상화폐와 인공지능에서 비롯되기도 한다. 21세기는 흔히 'ICBM'의 시대라 불린다. 여기서 ICBM은 사물인터넷(IoT), 클라우드(Cloud), 빅데이터(Big Data), 모바일(Mobile)을 가리키며, 모두 디지털 기반 기술이다. 그런데 이 기술들에는 공통점이 있다. 엄청난 전기를 필요로 한다는 사실이다. AI와 빅데이터는 눈에 띄는 매연을 내뿜지 않기에 오염과는 무관한 것으로 여겨지기 쉽다. 굴뚝이 없으니 그런 오해가 가능하다. 그러나 이들이 사용하는 막대한 전기는 상당 부분 화석연료에 의존한다. 결국 탄소 배출과 무관하지 않다.

　2019년 6월, 미국 매사추세츠대학 애머스트 캠퍼스의 엠마 스트

러벨(Emma Strubell, 현 카네기멜런대학교 교수) 등이 발표한 연구는 이러한 문제를 적나라하게 드러낸다. 자연어처리(NLP) 모델을 학습시키는 과정에서 신경망 구조 탐색(NSA, Neural Architecture Search) 방식 하나만으로도 약 284톤의 탄소가 배출된다고 한다. 이는 한 사람이 일상에서 57년 동안 내뿜는 탄소량에 해당한다. 미국 기준으로는 자동차 한 대가 생산에서 폐차에 이르기까지 발생시키는 탄소의 다섯 배 규모다. 이처럼 AI와 빅데이터는 우리가 생각하는 것보다 훨씬 많은 탄소를 발생시킨다. 그러나 많은 사람들은 IT 분야의 혁신과 효율성에만 주목할 뿐, 그 이면의 환경문제에는 무관심하다. 눈에 보이지 않는다고 해서 책임까지 사라지는 것은 아니다.

　AI 알고리즘은 본질적으로 성능과 데이터에 의존한다. 더 뛰어난 AI를 만들기 위해 IT 및 데이터 기업들은 더 많은 데이터를 활용하고, 그만큼 더 많은 에너지를 소비한다. 이 과정에서 탄소 배출도 기하급수적으로 늘어난다. 데이터가 곧 자산이 되는 시대에 기업들은 데이터와 알고리즘을 기반으로 막대한 이익을 얻으면서도 자신들이 배출하는 탄소에는 책임을 지지 않는다. 이제는 10억 개 단위의 빅데이터만을 추구할 것이 아니라 미드데이터나 스몰데이터처럼 에너지 소비가 적은 방향으로 기술을 전환하려는 노력이 필요하다. 기술의 진보는 데이터의 규모만으로 평가될 수 없다. 그것이 소비하는 에너지와 그에 따르는 책임까지 함께 고려되어야 한다.

　최근 주목받고 있는 챗GPT나 제미나이 등 AI 챗봇은 우리를 데이터와 알고리즘의 울타리 안에 더욱 깊숙이 묶어두고 있다. 이 기술은 인간의 많은 수고를 덜어주며 분명한 편의를 제공한다. 그러나 AI가 이른바 '직관'이라 불리는 기능을 수행하기 위해서는 최소 수천 와트의 전력이 필요하다. 반면 인간이 직관과 사유를 작동시키는 데 드는 에너지는 뇌에서 20~30와트면 충분하다. 2016년 알파고와 대국했던 이세돌 역시 그 제한된 에너지 안에서 사고하고 판단했다. 인간의 직관과 사유의 능력을 기르는 일은 더 나은 콘텐츠를 만드는 데 공헌할 뿐 아니라, 과도한 에너지 소비와 탄소 배출을 줄이는 길이기도 하다. 기술의 효율을 논하기에 앞서, 그것이 요구하는 생태적 비용 또한 함께 성찰해야 한다.

'디지털 자산'으로 각광받는 비트코인 역시 다르지 않다. 블록체인 기술을 기반으로 한 비트코인은 채굴 과정(Proof of Work, PoW)에서 막대한 전력을 소모한다. 고성능 컴퓨터가 복잡한 연산을 수행해 새로운 블록을 생성하는 과정에서 비롯된 것이다. 채굴 난도가 높아질수록 전력 소비는 기하급수적으로 늘어나고, 냉각을 위한 시스템까지 더해지면서 에너지 낭비는 가중된다. 2023년 기준으로 비트코인 네트워크의 연간 전력 소비량이 아르헨티나 전체 전력 사용량에 맞먹는다는 발표도 이제는 놀랍지 않다. 일부 지역에서는 실제로 전력난과 요금 상승이 발생하고 있다. 그럼에도 채굴이 안겨주는 막대한 수익 때문에 이 흐름은 좀처럼 멈추지 않는다.

다행히 최근에는 화석연료 대신 재생에너지를 활용하거나, 에너지 효율이 높은 새로운 방식으로의 전환이 논의되고 있다. 대표적인 사례가 작업 증명(PoW)에서 지분 증명(PoS) 방식으로의 전환이다. PoS는 고성능 연산이 필요 없어 에너지 소비를 획기적으로 줄일 수 있다. 실제로 이더리움은 2022년 PoS 방식으로 전환하며 에너지 사용량을 99퍼센트 이상 절감했다고 보고했다. 일부 국가는 비트코인 채굴 규제나 친환경 채굴 의무화를 추진하고 있으며, PoW와 PoS 방식을 병행하는 하이브리드 시스템 도입도 거론된다. 그러나 이러한 방안들이 속도를 내지 못하고 있는 것 또한 현실이다.

기술의 진보는 결코 중립적이지 않다. 어떤 기술이 선택되고 확산되는가는 그것이 만들어내는 이익과 권력, 그리고 그에 따르는 사회적 책임의 구조에 의해 결정된다. AI와 빅데이터, 블록체인처럼 막대한 에너지를 소모하는 기술은 이미 새로운 형태의 탄소 배출원으로 자리 잡았지만, 이에 대한 규제와 감시 체계는 여전히 미비하다. 이제 요구되는 것은 단순한 '절제된 소비'가 아니다. 기술을 어떤 기준으로 채택할 것인가에 대한 근본적인 재설계가 필요하다. 기업은 데이터와 알고리즘을 통해 얻은 수익만큼, 그 기술이 남긴 생태적 비용에 대해서도 책임지는 구조를 마련해야 한다. 국가와 사회 역시 기술의 윤리적 방향과 에너지 소비 구조를 민주적으로 통제할 수 있는 제도적 장치를 갖추어야 한다.

기술의 효율성만을 따질 것이 아니라 그 기술이 누구를 위해 어떤 세계를 만들고 있는지 묻는 감각이 필요한 시대다. 생태의 문제는 단지 환경의 문제가 아니라 사회의 문제이며, 기술에 대한 비판적 통제는 지속 가능성을 위한 가장 기본적인 출발점이 되어야 한다. 나는 과연 그 편의와 혜택을 누리는 것에 대해 기꺼이 많은 비용을 지불하거나, 욕망을 스스로 절제할 수 있는지 먼저 물어야 한다. 그것이 최소한의 윤리다.

폭력의 언어로는 평화를 설계할 수 없다
'반국가'와 '종북'의 낙인 정치를 넘어

독재 정권이든 정통성이 부족한 권력이든, 혹은 정치적 무능으로 통합보다 분열을 선택할 수밖에 없었던 정권일수록 '반국가세력 척결'이라는 말을 집요하게 반복한다. 2024년 12월 3일, 친위 쿠데타를 시도하다 실패한 윤석열 정권의 계엄령 포고문에도 그 언어가 고스란히 담겨 있었다. 계엄령 선포 이전부터도 그는 '반국가세력'을 입에 올리며 정권의 정당성을 주장해왔다. 주목할 점은 이 같은 표현이 줄곧 이른바 '보수'의 언어로 반복되어왔다는 것이다. 이들에게 정권에 비판적인 세력은 늘 '국가의 적'이었다.

과거의 '빨갱이'는 '용공 분자'로, 다시 '종북 좌파'로 이름을 바꾸며 반복적으로 재생되었다. 그 낙인 하나면 모든 상황이 정리되곤 했다. 광복 이후 분단과 전쟁을 겪은 우리 사회에서 공산주의는 누구에게나 오래도록 두려움과 적대의 대상이었다. 1986년에는 신한민주당 소속 국회의원 유성환(兪成煥)이 국회 대정부질문에서 "대한민국의 국시는 반공이 아니라 통일이어야 한다"고 발언했다가 면책특권에도 불구하고 전두환 정권에 의해 구속되는 일도 있었다. 그만큼 공산주의는 금기의 언어였고, 넘지 말아야 할 선으로 인식되었다.

　그러나 역사는 그 자리에 머물지 않는다. 1960년대 말까지 남한은 북한에 비해 국력이 열세였으나 1970년대 이후 균형이 맞춰졌고, 1980년대에 들어서면서부터는 남한이 북한을 앞서기 시작했다. 그리고 1990년대에는 그 격차가 결정적으로 벌어졌다. 여기에 더해 1990년 독일 통일과 1991년 소련의 붕괴, 동유럽 위성 국가들의 탈사회주의 전환은 공산주의의 구조적 실패를 분명히 보여주었다. 이로 인해 당시 운동권 내부도 엄청난 혼란에 빠졌다. 한때 주체사상에 경도되었던 이들조차 방향을 잃었고, 그중 일부는 이후 정반대의 길을 걷기도 했다.* 이러한 흐름은 공산주의가 더 이상 현실 대한민국의 대안도, 체제 전복의 위협도 되지 못하고 있음을 분명히 보여주는 것이었다.

　그렇다면 이제 이미 실패한 공산주의에 집착하기보다 민주주의와 자본주의의 내실을 다지는 것이 정권의 책임이자 시대적 과제다. 실체 없는 위협을 부풀려 위기의식을 조장하는 정치는 언제나 하책일 수밖에 없다. 북한이 가진 한 줌의 국력으로는 남한을 압도할 수 없으며, 오히려 남한의 압도적인 경제력과 군사력 앞에서 스스로의 체제 존립을 걱정해야 하는 형국이다.** 이렇듯 공산주의는 이미 역사의 무대에서 물러났고, 남은 일부 체제도 오래 지속되기 어려울 것이다. 정권에 비판적이라고 해서 곧 반국가로 몰아가는 사고는 반정부와 반국가의 개

---

* 대표적인 인사로 김문수, 김영호, 하태경 등이 있으며, 안병직은 한때 마르크스 경제학과 주체사상에 영향을 받았으나 이후 뉴라이트 진영의 이론적 기반을 제공한 인물로 변신했다.
** 2024년 김정은은 선대의 통일 목표를 사실상 폐기하고, 남북을 전혀 다른 국가로 선언하며 상징적 연결시설들을 폭파·철거했다. 전문가들은 이를 체제 위기의 방어적 조치로 해석한다.

념조차 구분하지 못한 채 모든 이견을 탄압하려는 퇴행적 정치행태다. 이념과 현실의 경계마저 희미해진 상황인식이라면 더 이상 '보수'는 하나의 정치철학이라기보다 정략적 도구로 쓰이는 것에 불과하다.

전쟁의 기억,
힘없는 평화는 오래 가지 않는다

모든 전쟁은 잔인하다. 인간적인 전쟁이란 존재하지 않는다. 전쟁은 언제나 사람을 살생하고 공동체에 지울 수 없는 상흔을 남긴다. 그렇기에 전쟁은 반드시 피해야 한다. 그러나 평화는 의지나 구호만으로 유지되지 않는다. 전쟁을 막기 위해서는 강한 국방력과 지속 가능한 전투력 유지가 전제되어야 하며, 동시에 국제 질서와 힘의 작용을 읽어내는 정치적 감각 또한 요구된다. 상대가 감히 넘볼 수 없는 군사력과 경제력, 그리고 유연하고 합리적인 외교 전략이 갖춰질 때 비로소 전쟁은 억제될 수 있다. 시대착오적 구호는 안보를 강화하기보다 오히려 상황을 오도하고 불필요한 긴장을 유발할 수 있다. 냉철한 인식과 이성적 판단, 그것이야말로 평화를 지키는 첫걸음이다.

우리의 안보에 가장 직접적인 위협으로 자리한 존재는 여전히 북한이다. 그러나 그 위협을 이유로 무작정 적대적 대치에만 몰두하거나, 반공 이데올로기를 정치적 도구로 활용하는 행태를 방치해서도 안 된다. 오늘날의 안보 위협은 단지 북한에 국한되지 않는다. 지정학적으로 한국은 미국, 중국, 러시아, 일본 등 강대국들 사이에서 직간접적인 영향을 받을 수밖에 없다. 또한 불안정한 세계정세는 항상 외부의 변수로 작용한다. 문제는 이러한 조건 속에서도 전쟁의 위험이 일상에서 점차 감각되지 않는다는 데 있다. 평화가 지속될수록 전쟁은 인간의 기억에서 서서히 희미해진다. 참혹함을 직접 목격한 세대는 같은 비극이 반복되어서는 안 된다고 다짐하지만, 그렇지 못한 세대는 전쟁의 두려움을 체감하지 못한다. 이 기억의 퇴색은 전쟁을 다시 '가능한 선택지'로 오인하게 만든다.

대한민국은 한국전쟁이라는 내전을 혹독하게 겪었고, 지금도 그 전쟁은 끝나지 않았다. 수많은 인명이 살상되었고, 전 국토가 초토화되었으며, 남북으로 나뉜 채 가족이 찢긴 이산의 비극은 아직도 끝나지 않았다. 우리는 오랫동안 투철한 반공의식으로 뭉쳐 있었다. 그러나 그와 동시에, 전쟁이 아닌 평화통일이라는 이상을 추구해야 한다는 국민적 합의 역시 지속되어왔다. 그 기억은 단순히 과거에 머물 뿐 아니라, 지금도 우리의 감정과 인식을 깊이 규정하고 있다. 그러나 반공의식만으로 전쟁을 억제할 수는 없다. 전쟁은 감정의 문제가 아니라 냉정한 현실의 영역이다. 상황을 제대로 판단하려면 상대를 알아야 하고, 그에 앞서 우리 자신을 정확히 인식해야 한다. 우리는 과연 남북한의 군사적 실체를 얼마나 정확히 알고 있는가.

국방백서에 따르면, 북한은 약 128만 명의 병력을 보유하고 있는 것으로 파악된다. 2023년 기준 북한의 총인구는 2,570만 명, 그중 남성은 1,258만 명이다. 세대별로 청년 인구를 대략 3분의 1로 추산하더라도, 이 병력 규모는 분명 정상적이지 않은 수치다. 과연 실제로 그렇게 많을까. 최근 북한도 인구 감소 국면에 접어들었고, 전문가들 사이에서는 실제 병력을 약 80만 명 선으로 추정하는 견해가 많다. 그마저도 전력의 30퍼센트 이상은 각종 건설 및 노동에 동원되고, 20~30퍼센트는 비전투 여성 병력으로 채워져 있다고 한다. 사실상 절반 가까이 후방 인력에 해당하므로, 실제 전투 가능한 병력은 40만 명 안팎이라는 분석도 존재한다. 복무 기간도 과거에는 10년이었지만 최근에는 7~8년 수준으로 줄어들었다. 물론 이 수치도 결코 짧거나 가볍지 않지만, 병력의 질과 효율을 생각한다면 유지의 어려움은 분명하다. 유지 자체에 막대한 비용이 들기 때문에 병력이 많다고 무조건 강한 것도 아니다.

극심한 재원 부족과 제재 속에서 북한이 거대한 병력을 유지한다는 것은 결코 간단한 일이 아니다. 게다가 식량 문제는 심각해서, 실제로 북한군은 조선 시대의 둔전처럼 밭을 경작해 자체적으로 식량을 조달하고 있다는 보도도 있다. 21세기에 그런 방식의 군대가 존재한다는 사실만으로도 충격적이다. 북한의 무기는 대체로 구식이지만, 대량의 방사포는 여전히 위협적이고, 무엇보다 핵무기를 보유한 현실은 절대 간과할 수 없다. 바로 그 점에서, 무모한 대결이 아니라 현실을 직시한 평화 전략이 더욱 절실하다. 압도적인 전력 차에도 불구하고 최선의 선택은 언제나 전쟁이 아닌 평화일 수밖에 없다.

전쟁을 결정짓는 건
경제력이다

평화를 지키려면, 평화를 외치는 목소리만으로는 부족하다. 스스로 지킬 수 있는 힘과 의지가 뒷받침되어야 한다. 그러나 평화를 모색하고 타협할 수 있는 환경과 여건이 있음에도 다른 이유로 그것을 외면하는 것은 반시대적이며 반역사적인 태도다. 우리는 여전히 명목상이지만 전쟁 중인 나라다. 총성이 멎었을 뿐, 진정한 종전도 아니고 불가침조약 같은 평화적 합의도 이루어지지 않은 상태를 지속하고 있다. 휴전이 장기간 계속되면서 사람들 마음에서 전쟁의 실감을 잠시 잊고 지낼 수는 있지만, 현실은 바뀌지 않았다. 그러므로 국방력 강화는 선택이 아닌 필연이다. 다만 안보를 이유로 모든 대화를 거부하고, 증오와 경계를 영속화하는 일은 오히려 평화로 가는 길을 막는 결과를 초래할 수 있다. 지나친 불신과 배타성은 결국 남과 북 모두에게 상처만을 남긴다. 평화는 힘의 균형 위에서 이뤄지되, 그 힘은 언제든 대화를 위한 문을 열어두기 위한 것이어야 한다.

북한이 경제난에도 불구하고 핵에 집착하는 이유는 단순한 군사력 강화 차원을 넘어선다. 군사력이 곧 국력이며, 수령의 지도력 역시 군사적 기반 위에서 나온다고 믿는 전형적인 공산주의 독재 체제의 습성에서 비롯된 것이다. 이른바 '선군정치'를 유지하지 않으면 정권 자체가 흔들릴 수 있는 구조 속에서, 북한은 군사적 우위의 이미지를 체제 결속의 핵심 수단으로 삼아왔다. 내부적으로는 자신들이 강하며 어떤 적과도 싸워 이길 수 있다는 신화를 반복 주입해야 하는 그것이 바로 핵무기가 상징하는 힘이다. 하지만 냉정하게 들여다보면, 그 집착은 대외적 위협이기보다는 체제 내부 결속을 위한 상징 장치에 가깝다. 특히 재래식 무기 경쟁에서 북한은 더 이상 남한과 상대가 되지 않는다. 무기를 개발·생산하는 데는 막대한 비용이 들지만, 경제 제재로 인해 판매처가 거의 없는 북한의 현실에서 지속 불가능한 '돈 먹는 하마'에 불과하다. 이런 배경 속에서 경제력 격차를 넘어서기 위한 비대칭 전략으로 핵무기에 집착하는 것이라고 이해할 수 있다. 그것은 단지 미국을 비롯한 서방세계와 정치·경제적 거래를 시도하기 위한 협상 카드일 뿐 아니라, 정권을 유지할 수 있는 거의 유일한 생존 수단으로 인식하는 것이기도 하다.

사실 북한의 권력 세습은 단지 북한 내부의 문제만이 아니라, 한반도 전체에 불행한 구조를 고착시킨 선택이었다. 세습 권력은 본질적으로 전임자를 비판할 수 없기에 체제의 자기 갱신이 원천적으로 불가능하다. 김정은은 김일성, 김정일의 유산을 부정하지 못하고, 그에 따라 누적된 모순과 비효율, 정치적 실패조차 계승할 수밖에 없다. 과거 소련에서 스탈린(Joseph Stalin) 사후 흐루쇼프(Nikita Khrushchev)가 단행한 '격하 운동'은 전임자 비판을 통해 체제를 수정하고, 정당성을 다시 세우려는 시도였다. 비록 흐루쇼프도 그리 오래 권력을 유지하지는 못했지만, 스탈린 체제를 일정 부분 청산하는 데에는 큰 역할을 했다. 중국의 덩샤오핑(鄧小平) 역시 마오쩌둥(毛澤東)의 상징성을 직접 건드리지는 않았지만, '탈마오쩌둥'적 방향 전환을 통해 중국을 전혀 다른 궤도로 이끌었다. 그것은 실용주의적 개혁이었고, 의도된 전략적 거리두기였다. 만약 김일성 사후에 혈연관계가 없는 다른 인물이 권력을 잡았다면 마찬가지로 경제난과 체제 모순을 전임자의 책임을 돌리고 새로운 노선을 제시할 기회가 있었을 것이다. 그러나 아들에 이어 손자까지 권력을 이어받으며, 그 가능성은 구조적으로 봉쇄되고 말았다. 그 선택은 단지 북한의 민주주의만을 훼손한 것이 아니라, 남북한의 격차와 갈등을 더욱 깊게 만드는 결과로 이어졌다. 그런 점에서 북한의 권력 세습과 우상화는 단순한 정권 유지 수단이 아니라, 민족 전체에 고통을 안겨준 구조적 악수(惡手)라 할 수 있다. '세습은 나쁘다'는 감정적 비판을 넘어서, 우리는 왜 그것이 역사적 실패였는지 구조적으로 이해해야 한다.

전쟁은 결코 의지나 훈련만으로 승패가 갈리지 않는다. 모든 전쟁이 그렇지만, 특히 현대전에서 결정적 요인은 바로 경제력이다. 전자전 능력을 갖추고, 첨단 장비를 지속적으로 공급할 수 있는 경제적 토대 없이는 아무리 용기와 사기가 높더라도 전쟁에서 이기기 어렵다. 그런 점에서 경제력은 단지 평시의 번영을 위한 수단이 아니라, 전시의 생존을 결정짓는 핵심 자산일 수밖에 없다. 지도자와 사회가 그 중요성을 간과하거나 경제 성장을 저해하는 선택을 한다면 전쟁은커녕 미래조차 잃게 된다. 경제적 토대가 없다면 전쟁은 시작조차 할 수 없다. 고대 로마의 키케로(Marcus Tullius Cicero)의 말처럼 "전쟁의 원동력은 무한한 돈이다."

압도적 격차,
그러나 '평화 설계도'가 없다

언제든 전쟁이 터질 수 있다는 불안과 공포는 남북한 모두의 마음속에 깊이 각인되어 있다. 하지만 냉정하게 보자면, 그 공포는 북한 쪽이 훨씬 더 클 수밖에 없다. 오늘날 남북한의 경제력 격차만 봐도 명확하다. 이제는 '비교'라는 말 자체가 무색할 정도다. 2021년 기준 남한의 1인당 국민소득은 약 3만 5,000달러인 데 비해, 북한은 2019년 기준 640달러에 불과하다. 전체 GDP를 놓고 봐도 남한은 1조 8,000억 달러 수준이고, 북한은 약 136억 달러에 그친다. 무려 140배에 가까운 차이다. 인구 규모 역시 남한이 북한보다 두 배 가까이 많다. 이미 선진국 반열에 오른 남한과 달리, 북한은 몽골의 6분의 1 수준에 불과한 세계 최빈국이다. 이런 상황에서 두 국가의 경제력을 비교하는 행위 자체가 의미가 없다.

군사비도 마찬가지다. 비율만 보면 북한이 커 보인다. 2022년 기준 남한은 GDP의 약 2.5퍼센트를 국방비에 쓰는 반면, 북한은 약 25퍼센트를 투입하고 있다는 추정이 있다. 비율만 보면 북한이 10배 많아 보이지만, 실제 액수로 환산하면 전혀 다르다. 남한의 2023년 국방비는 약 57조 원에 이른다. 이는 전체 정부 재정의 약 12.8퍼센트에 해당하고, GDP 대비로는 약 2.8퍼센트다. 반면 북한의 연간 총예산은 CIA 추정 기준 약 3.5조 원에 불과하다. 즉, 국방비 총액만 놓고 보면 남한이 북한보다 무려 20배 가까이 많다. 이 격차는 단순한 방어력의 차원을 넘어, 지속 가능한 군사력 발전과 국방기술 우위를 가능케 한다. 결국 핵을 억지력으로 삼는 북한과 달리, 우리는 경제력을 기반으로 첨단 정밀무기와 기술 중심의 국방력 강화가 가능하다. 게다가 국산 첨단 무기 개발, 방산 수출 확대, 지휘통제 체계의 디지털화 등 '스마트 안보 시스템' 구축 또한 남한이 절대적으로 우위에 있다.

북한이 국제적 제재와 경제적 고립을 감수하면서도 핵 개발을 멈추지 않는 이유는 또 있다. 경제력과 첨단 무기 경쟁에서 밀릴 수밖에

국제우주정거장에서 촬영한 한반도 야경. 남한은 도시 불빛으로 가득 차 있지만, 북한은 평양 일부를 제외하고 대부분이 어둠 속에 잠겨 있다. 남북 간 경제 격차를 극명하게 보여주는 장면 이다. (NASA, Public Domain)

없는 현실 인식도 있지만, 무엇보다 핵이 이제 단순한 무기를 넘어 체제 유지를 위한 핵심 수단이자 정권의 정당성을 떠받치는 상징이 되었기 때문이다. 문제는 핵이 만들어내는 비대칭성이 단지 군사력 차원을 넘어, 남북 간 갈등과 긴장을 구조화하는 핵심 요소로 작용하고 있다는 점이다. 비핵화는 당연히 우리가 추구해야 할 최우선 목표다. 그러나 이미 핵 개발을 위해 막대한 대가를 치른 북한이 그것을 쉽게 내려놓을 가능성은 거의 없다. 특히 이란이나 베네수엘라의 최고 지도자들이 미국에 의해 손쉽게 제거되는 모습을 지켜본 북한으로서는 핵을 미국과의 협상에서 활용할 전략적 지렛대로 여기며 개발을 멈추지 않을 가능성이 절대적이다. 그럴수록 남북 간의 안보 구조는 더욱 복잡해질 수밖에 없다.

오랜 기간 국제사회는 북한의 핵 개발을 저지하기 위해 경수로 지원 등 다양한 대안을 모색했지만, 성과가 없었다. 북한의 핵무기 집착이 가장 큰 이유였으나, 우리가 보다 주도적으로 비핵화에 대한 대안을 제시하고 상황을 관리했어야 했다는 점에서 아쉬움이 남는다. 특히 정권에 따라 남북 긴장이 국내 정치에 활용되어온 측면은 매우 안타깝다.

남북 문제는 단 한 번도 쉬웠던 적이 없다. 희망이 보이는 듯하다가도, 순식간에 무너지는 일이 반복되어왔다. 독일의 통일 전후 전 과정은 우리가 항상 교과서처럼 지니고 살펴야 한다. 상황이 다르고 여건도 다르지만, 서독과 동독은 오랜 시간에 걸쳐 꾸준히 교류하고 신뢰를 쌓는 노력을 멈추지 않았다. 그러나 과연 우리가 그러한 노력을 진지하게 검토해본 적이 있었는지 자문할 필요가 있다. 1990년 독일이 통일되었을 당시, 우리는 "이제 지구상에 마지막 분단국만 남았다"는 감상적 분위기에 젖었고, "다음은 우리 차례"라는 막연한 기대감에 빠져 있었다. 정작 독일이 통일을 위해 얼마나 집요하게 준비했는지, 국제정세를 얼마나 전략적으로 활용했는지에 대해서는 관심도, 연구도, 실천도 부족했다. 이제라도 달라져야 한다. 남북 간의 불신과 긴장을 해소하고, 구체적이고 실질적인 통일의 길을 고민할 때다. 그 첫걸음은 무엇일까.

이제는 '되돌릴 수 없는' 평화를
설계할 때다

현실을 바로 보자. 앞서 살펴봤듯이 북한의 인구는 남한의 절반 수준에 그친다. 군 병력은 인구 대비 과도하게 많고 복무 기간 역시 여전히 과도하게 길다. 냉정히 따져보면, 가장 노동력이 왕성하고 기술과 경험을 축적해야 할 시기에 수십만 명의 인력이 생산이나 경제와 무관한 군대에서 시간을 보내고 있는 셈이다. 이는 노동력 낭비일 뿐 아니라, 국가 산업적 측면에서 치명적인 약점이다. 이 지점에 주목해야 한다.

게다가 군 복무자에 대한 처우가 열악하다고 해도 대규모 병력을 유지하기 위해서는 상당한 재정 지출이 필요하다. 결국 과도한 국방비 지출이 경제발전의 장애로 작용할 수밖에 없다. 병력을 줄이고 싶어도 핵전력을 제외하면 기존 군사력만으로 경쟁이 불가능하다고 판단하므로 줄일 수 없다. 더군다나 병력을 줄인다 해도 이들을 흡수할 일자리가 없다. 과잉 병력 유지, 낮은 생산성, 고질적인 경제난이 맞물리며 실질적 노동력뿐 아니라 잠재적 노동력까지 소진되는 악순환에서 벗어나지 못하는 것이다. 이는 북한의 구조적 한계다. 이 고리를 끊지 않는 한, 북한은 지금보다도 정체되거나 퇴행할 수밖에 없다. 그 구조를 해체하는 일이야말로 남북이 진지하게 머리를 맞대야 할 지점이다. 이를 위해서는 상호 선의와 투명성 보장이 선행되어야 한다. 그 전제가 흐려졌을 때, 정당한 협력조차도 음모론과 '퍼주기' 논란에 휘말려 방향을 잃는 일이 반복되어왔다. 이제는 그러한 실패를 되풀이하지 않도록 성숙한 접근이 필요하다.

종전협정이나 상호 불가침조약에 대한 논의는 그동안 여러 차례 제기되기는 했다. 하지만 남북 간 깊은 불신과 내부 정치적 이해관계가 맞물리며 갈등이 오히려 커지는 경우가 적지 않았다. 이제 그 구조 자체를 근원적으로 전환할 시점이 되었다. 진정한 의미의 평화와 통일을 지향한다면, 보다 담대한 상상력과 주도면밀한 구상이 필요하다. 과거 서독의 빌리 브란트(Willy Brandt)가 동방 정책을 통해 냉전 질서에 균열을 시도했던 것처럼, 한반도 역시 상투적인 안보 프레임을 넘어선 발상의 전환이 요구된다. 종전협정이 주한미군 철수로 이어질 수 있다는 우려가 보수 세력에 여전히 존재하지만, 이를 근거로 모든 대화를 원천적으로 차단하는 접근은 냉전기의 인식에 머물러 있는 것일 뿐이다. 보다 전향적인 관점에서 평화체제를 구축할 현실적 방안을 모색할 때다. 과연 그러한 방안은 존재하지 않는 것일까.

앞서 언급한 것처럼 북한의 병력이 100만 명 안팎이라는 사실은 곧 가장 노동력이 왕성한 세대의 공백을 의미한다. 긴 복무 기간은 기술 습득의 기회를 제한하고, 병력이 사회로 복귀하더라도 고착화된 경제 구조는 이들을 흡수할 여력을 갖지 못한다. 노동력의 낭비와 일자리 부족이 맞물리는 구조적 악순환이다. 이러한 악순환을 끊으려면 경제적 측면에서 병력 감축과 복무 기간 단축이 시급하며, 이를 가능하게 할 제도적 환경으로 상호 불가침조약 체결이 선행되어야 한다. 이는 단순한 외교 문제가 아니라 북한 내부의 경제사회 재편을 견인할 수 있는 유인 구조이기도 하다. 조약이 언제든 무력화될 수 있다는 회의론은 존재한다. 그러나 그 불안정성조차 감내하지 않겠다면, 남북 모두 출구 없는 대치에 갇힐 수밖에 없다.

현실적으로 북한은 핵무기를 통해 군사적 비대칭성을 확보한 상태다. 이 조건하에서라면 남한이 북한을 선제적으로 공격한다는 시나리오는 사실상 상정하기 어렵다. 그렇다면 지금이야말로 양측이 서로의 현실을 인정하고, 설득과 의견 접근을 통해 새로운 합의를 모색할 골든 타임이다. 정치와 외교에는 언제나 담대한 상상력이 필요하다. 지금은 그 상상력을 가장 현명하게 실현해야 할 때다.

북한이 생산과 유통, 소비의 선순환 구조를 갖기 위해서는 우선 그에 걸맞은 생산시설이 필요하다. 군수품이 아닌 일반 소비재를 안정적으로 생산하고 유통할 수 있는 공장부터 갖춰야 한다. 나아가 국제관계 개선을 통해 수출입 경로를 복원하고, 중화학공업 등 부가가치가 높은 산업으로의 전환도 병행해야 한다. 결국 외부 자본이 유입되어 산업의 기반 시설을 마련하고, 이를 가동함으로써 고용을 창출할 수 있는 구조를 만들어야 한다. 현실이 녹록지만은 않을 것이다. 국제사회의 제재로 외부 자본 유입이 차단된 상황에서, 제도적 불안정성과 낮은 수익 가능성까지 겹치며 북한 진출을 모색하는 기업은 거의 없기 때문이다. 그런 상황에서라면 북한 역시 국제사회에 신뢰를 줄 수 있는 조치를 취해야 한다. 단지 구두 약속이 아닌, 신뢰할 수 있는 의지 표명과 구체적 행동이 병행되어야 한다.

바로 이 과정에서 우리가 할 수 있는 역할이 크다. 실제 개성공단이 그러한 역할을 했다. 개성공단은 남한의 자본과 기술, 북한의 노동력이 결합된 상징적 협력 모델이었다. 남한은 남북 긴장을 완화하고 경제적 이익을 얻었고, 북한은 체제 안정과 외세 배제를 전제로 노동력을 제공함으로써 이익을 얻는 구조였다. 이는 적지 않은 시간과 노력이 필요했지만 상호 이해관계가 분명히 맞아떨어졌기에 가능했다. 실제로 남한은 개성공단이 운용된 12년(2004~2016) 동안 약 120개 중소기업이 입주하며 생산비 절감과 안정적 생산기지를 확보했고, 북한은 5만 명

이상의 노동자 고용과 연간 1억 달러에 가까운 외화 수입을 통해 일정한 경제적 안정 기반을 마련할 수 있었다. 아울러 개성공단은 군사분계선 인근에서 남북 간 직접 충돌을 방지하는 완충지대 역할도 훌륭하게 수행했다. 즉, 개성공단은 단순한 상징이었을 뿐 아니라, 서로의 현실적 필요가 맞물린 경제 협력의 성공적인 실험장이었다.

그러나 안타깝게도 박근혜 정부는 북한의 도발에 대한 '단호한 대응'을 명분 삼아 개성공단을 전면 중단했다. 북한 또한 이를 체제 내부 동요의 통로로 간주하며 강경하게 반응했고, 끝내 공단 내 남측 시설을 폭파하는 극단적 조치까지 감행했다. 이 사건은 개성공단이 정치적 긴장에 따라 언제든 일방적으로 중단될 수 있다는 냉정한 현실을 드러냈다. 정권이 교체되더라도 상대와 맺은 '신뢰 협력'의 틀만큼은 지켜져야 한다는 점에서, 독일 보수 정부가 브란트의 동방 정책 기조를 흔들지 않았던 태도는 우리에게 시사하는 바가 크다. 어쨌든 개성공단은 허무하게 실패로 마무리되었고, 박근혜 정부의 대북 정책은 '북한은 곧 붕괴할 것'이라는 오판 아래 소극적으로 흐르며 실질적 해법을 마련하지 못했다. 말인즉슨, 개성공단 방식이 아무리 유효하더라도 제도적 보완 없이 다시 반복된다면, 같은 실패를 피할 수 없다는 것이다. 그런 방식은 이제 북한에도, 한국에도 더는 설득력을 얻기 어렵다.

남북 간 협력 모델이 안정적으로 지속되기 위해서는, 결국 국제적 컨소시엄이라는 보다 견고한 틀 위에 올려야 한다. 특정 국가, 특히 한국이 단독으로 책임을 지는 형태는 정치·군사적 긴장이 고조될 때 쉽게 붕괴할 수 있다. 반면, 미국 등 다국적 주체가 공동으로 참여하는 구조라면 한 국가가 빠지더라도 프로젝트 자체의 지속 가능성은 유지될 수 있다. 그런 점에서 우리는 북한을 설득하는 데 그치지 않고, 외국 정부와 기업들이 안심하고 참여할 수 있도록 국제사회의 신뢰를 확보해야 한다. 이를 위해선 다자 외교와 제도적 보장, 그리고 장기적 리스크 분산 구조에 대한 설계가 병행되어야 한다.

북한 역시 언제까지나 폐쇄적이고 비생산적인 체제를 유지할 수 없다는 사실을 스스로 인식해야 한다. 더욱이 지속되는 대치 국면은 한국뿐 아니라 북한에도 결코 이롭지 않다. 북한이 더 이상 군사력만으로 체제를 지탱할 수 없다면, 결국 새로운 질서와 미래를 모색해야 한다. 그 실마리를 국제사회가 제도적으로 보장하는 것만큼 의미 있는 일은 없다. 개성공단에 투자된 자금이 북한의 군사력 증강에 전용되었다는 주장을 반복하는 것도 이제는 낡은 프레임에 불과하다. 오늘날의 국제 협력 모델은 그러한 우려를 제도적으로 상쇄할 수 있는 구조를 전제로 움직이며, 국제 컨소시엄 역시 자본의 투명한 운용을 가능하게 하는 제도적 틀 없이는 작동하지 않는다.

지금 우리에게 필요한 것은 의심과 공포가 아니라, 현실을 넘는 상상력과 그것을 뒷받침할 구체적 설계다. 극우 세력의 반발은 차치하더라도, 보수 진영 내부에서도 여전히 '북한에 대한 경제 협력이 곧 핵무기로 연결된다'는 식의 이분법적 논리로 정쟁을 이어가는 태도는 단호하게 극복되어야 한다. 언제까지 흡수통일론이나 자발적 붕괴론에만 기대어 북한 문제를 다룰 것인가. 오히려 보수가 먼저 상상력의 전환을 보여줄 때, 진보 세력의 동의는 그보다 훨씬 쉽게 도출될 수 있다. 국론의 합의란 그렇게 이뤄질 때 가장 이상적인 형태에 가까워진다. 북한도 마찬가지다. 북한에 대한 의구심을 불식시키기 위해서 국제기구의 참여를 통해 자금 흐름의 투명성을 감시하고 보증하는 제도적 장치를 제공해야 한다. 아울러 정전협정 재논의나 상호 불가침조약과 같은 전향적인 자세로 임해야 한다.

박근혜 대통령 탄핵 후 등장한 문재인 정부는 트럼프 1기 행정부 시기에 남북 문제를 해결할 수 있는 절호의 기회가 주어졌다고 판단하고 거의 전적인 외교적 역량을 그 방향에 집중했다. 그러나 현실은 그 낙관적 기대에 부응하지 못했다. 남북관계에 과도하게 매달리는 동안 다른 주요 개혁 과제들이 상대적으로 소홀해지는 결과를 야기하기도 했다. 그 결과 기대와는 다른 성과와 미진한 국내정치 개혁과 경제 발전이 이루어지지 않은 것에 실망한 국민이 정권에 등을 돌리며 정권 교체로 이어졌다. 그 후 결과는 우리가 너무도 잘 알고 있는 참혹함으로 이어졌다. 그러나 남북문제는 특정 정권이나 정파의 단기적 이해관계로 접근할 수 있는 사안이 아니다. 이는 우리 사회가 중장기적으로 풀어가야 할 핵심적인 미래 의제다. 조급함보다는 차분하고 정교한 전략이 필요하며, 국제정세의 변화에 능동적으로 대응할 수 있는 유연함도 요구된다. 남북문제는 결코 우연에 맡겨서도, 외부의 의도에 내맡겨서도 안 된다. 필요한 것은 합리성과 상상력, 그리고 국민적 공감대다. 그 기반이 마련될 때 비로소 지속 가능한 해법이 가능해진다.

1960년대 북한에 열세였던 기억에 머문다면, 그것은 오히려 갈등을 고착시키고 통일을 가로막는 장애가 될 뿐이다. 이 점을 냉정하게 인식해야 새로운 평화 프로세스가 가능하다. 핵무기는 여전히 위협적이며 위험천만하지만, 현실적으로 북한이 이를 공격무기로 사용하는 것은 극히 제한적일 수밖에 없다. 그렇기에 우리는 도발의 빌미를 제공하지 않는 신중한 전략이 필요하다. 동시에 그 위협을 무력화할 수 있는 대담하면서도 구체적인 해법을 마련해야 한다. 더 이상 통일 문제를 정치적 이해관계나 단기적 이익에 따라 미루거나 소모적으로 다뤄서는 안 된다. 통일은 감상도, 이상도 아니다. 그것은 실현 가능한 현실이며, 우리가 실천해야 할 역사적 과제다. 그리고 그것이야말로 미래의 대한민국이 진정한 의미에서 강해질 수 있는 원천적 힘이 될 것이다.

통일에 대한 부정적이거나 소극적인 인식을 넘어서는 일 또한 여전히 풀어야 할 중요한 과제다. 독일의 사례를 들며 막대한 통일 비용을 우려하는 목소리도 있다. 그러나 비용의 규모만을 강조하고, 통일 이후 독일이 유럽연합의 중심국가로 자리 잡았다는 사실은 외면하는 태도 역시 균형 잡힌 시각이라 보기 어렵다. 통일을 막연한 감상이나 낭만의 문제로 다룰 것이 아니라, 장기적 국가 전략의 관점에서 검토해야 한다. 통일은 단순한 지출이 아닌 인구 구조와 산업 기반, 지정학적 조건까지 재편하는 사건이다. 총인구 8,000만 명 이상의 국가로 전환된다는 점만 보더라도 그 파급력은 결코 작지 않다. 북한 주민들의 교육수준과 학습 역량을 고려한다면, 체계적인 제도 설계와 충분한 시간, 그리고 안정적 지원이 전제될 경우 새로운 노동력과 생산 기반으로 편입될 가능성이 충분하다. 이는 정체 국면에 놓인 대한민국 경제에 긍정적인 변수로 작용할 수 있다. 또한 장기적으로 군사적 긴장이 완화됨으로써 과도하게 투입되고 있는 국방비를 합리화해 보다 생산적인 결실을 이끌어낼 연료로 활용할 수 있다.

물론 통일은 상당한 재정 부담을 수반할 것이다. 사회 통합과 제도 정비, 인프라 확충에도 적지 않은 비용이 들 수밖에 없다. 그러나 확장된 국토와 인구, 시장 규모의 확대, 경제구조의 재편 가능성까지 함께 고려한다면 그 부담을 단순한 손실로만 규정하기는 어렵다. 일례로 북한의 토지가 국가 소유라는 점을 고려하면 통일 이후 인프라 구축 과정에서 토지 보상 비용 부담은 상대적으로 크지 않다. 그럼에도 통일을 오로지 비용의 문제로 환원해 복지 축소 등의 공포와 연결 짓는 태도는 충분한 검토를 거치지 않은 주장에 가깝다. 통일은 보수와 진보에 국한된 이념적 의제가 아니라 공동체의 미래를 설계하는 문제다. 체계적 연구와 현실적 준비 없이 가능성을 단정하는 것도 위험하지만, 가능성 자체를 봉쇄하는 태도 또한 책임 있는 자세라 보기 어렵다. 이제는 통일을 이상이나 공포의 대상으로 두기보다 냉정한 분석과 구체적 설계를 통해 다루어야 할 국가적 과제로 바라볼 필요가 있다.

국민적 합의를 도출하는 일은 언제나 어렵다. 그러나 여전히 '빨갱이'라는 낡은 낙인에 기대거나, 그 번주로서 '종북 좌파', '반국가세력'이라는 모호한 개념을 들먹이며 정당한 견해마저 공격 대상으로 삼는 일이 반복되고 있다. 심지어 그것을 명분 삼아 정치적 폭주나 친위 쿠데타를 정당화하려는 시도까지 있었던 것은 민주주의의 본질을 거스르는 퇴행적 행태다. 이러한 사고는 개념조차 명확히 정의하지 못한 채 과거의 프레임에 매달리는 것이며, 오늘의 시대정신과는 거리가 멀다. '안보'와 '발전'을 내세우면서 정작 당면한 공동체의 문제를 외면하고, 자신의 정치적 이해만을 좇는 태도는 이제는 끝내야 한다. 한반도의 통일은 결코 양보하거나 포기할 수 없는 절대적 가치일 뿐 아니라 우리 미래를 담보할 중요한 전환점이다. 끈기를 갖고 해결책을 찾아야 한다. 우리는 지금 마지막 기회를 마주하고 있는지도 모른다. 낡은 공포와 이념의 언어로는 미래를 설계할 수 없다. 필요한 것은 대담한 발상과 실천의 용기다. 남북문제를 해법의 테이블로 끌어내고, 시대를 이끌어갈 담대한 상상력으로 전환할 때다.

왜냐고 묻지 않으면
아무것도 바뀌지 않는다

1판 1쇄 2026년 3월 27일

지은이 김경집
펴낸이 김형필
디자인 김희림
펴낸곳 북인어박스
주소 경기도 하남시 미사대로 540 (덕풍동) 한강미사2차 A동 A-328호
등록 2021년 3월 16일 제2021-000015호
전화 031) 5175-8044
팩스 0303-3444-3260
이메일 bookinabox21@gmail.com

책값은 뒤표지에 있습니다.
ISBN 979-11-997789-0-0 03120

북인어박스는 삶에 힘이 되는 책을 만듭니다.
출간 문의는 이메일로 받습니다.